JE FUS UN SAINT

Du même auteur :

AUX EDITIONS ANNE CARRIERE
Récits des friches et des bois, 1997.
Du côté des Bordes, 1998.
Rempart de la Miséricorde (*Mémoires d'un enfant du rail,* nouvelle édition), 1998.
Nouvelles ironiques, 1999.
Toute la Terre est au Seigneur, 2000.
Les Yeux en frace des trous, 2000.
A rebrousse-poil, 2001.

AUX EDITIONS DENOËL
Walter ce boche, mon ami, 1954.
La Pie saoule, 1956.
Les Chevaliers du chaudron, 1960 (prix Chatrian).
La Princesse du rail, 1967 (feuilleton télévisé).
Le Pape des escargots, 1972 (prix Olivier de Serres), rééd. 2000.
Le Sang de l'Atlas, 1974 (prix franco-belge) (épuisé), rééd. 2002.
La Billebaude, 1978, rééd. 2000.
Cuisine de Bourgogne, 1979.
Psaumes à Notre-Dame en faveur de notre fils, 1979.
L'Age du chemin de fer, 1980 (épuisé).
Les Etoiles de Compostelle, 1982, rééd. 2000.
Les Voyages du professeur Lorgnon, tome 1 et 2, 1983-1985.
L'Œuvre de chair, 1984.
Locographie (épuisé).
Le Maître des abeilles, 1987.
Le Livre de raison de Glaude Bourguignon, 1989.

AUX EDITIONS HACHETTE
La Vie quotidienne dans les chemins de fer au XIXe siècle, 1975 (bourse Goncourt et prix de la revue indépendante) (épuisé).
La Vie quotidienne des paysans bourguignons au temps de Lamartine, 1976 (prix Lamartine) (épuisé).
Hommes et terres de Bourgogne, 2000 (rééd. de *La Vie quotidienne*).

AUX EDITIONS NATHAN
Pierre, le Chef de gare, 1967 (épuisé).
Robert, le Boulanger, 1971 (épuisé).

AUX EDITIONS PLON
Collection « Omnibus », 2001.

AUX EDITIONS RIVAGES
Canaux de Bourgogne, 1984 (épuisé).

Préface

Nous sommes en 1952. Henri Vincenot écrit depuis toujours mais il n'a encore jamais été édité. Il peint, sculpte et fait du théâtre. C'est d'ailleurs le théâtre qui va lui ouvrir les portes de l'édition. La jeune troupe cheminote les Compagnons de Tivoli, dirigée par Jacques Ducrot, présente au concours du théâtre universitaire et amateur organisé par le ministère de l'Education nationale une pièce intitulée *Ceux du vendredi*, passion moderne du Christ jouée en masques, à l'antique, dont Vincenot est l'auteur et dont il conçoit également les costumes, les décors et la musique [1].

Le jury est composé, entre autres, de Jean-Louis Bory, Jean-Jacques Bernard (le fils de Tristan), Léon Chancerel, président de la Société d'histoire du théâtre, Gabriel Marcel, Charles Vildrac. Séduit par le spectacle, il décerne le premier prix aux Compagnons de Tivoli et demande à connaître cet auteur inconnu du nom de Vincenot. Jean-Louis Bory, apprenant que celui-ci a « des manuscrits plein une armoire », comme on dit en Bourgogne, lui propose d'apporter un de ses romans à Robert Kanters, alors lecteur chez Julliard. Conquis par le manuscrit de *Je fus un saint*, Kanters décide

1. Claudine Vincenot, *Le Maître du bonheur*, Editions Anne Carrière, 1995, p. 217 *sq*.

de publier ce texte qui s'inscrit dans la tradition littéraire des romans d'adolescence. Mais il quitte les éditions Julliard et en informe mon père : « Votre contrat est prêt chez Julliard mais je ne pourrai vous épauler. Je pars chez Denoël. » A cela Vincenot répond : « Je ne connais que vous. Je vous suis chez Denoël. » Fidélité d'un auteur à son éditeur, bien dans la ligne de conduite de mon père... Les éditions Denoël lui proposent alors un contrat pour sept romans ! Ainsi, l'aventure éditoriale d'Henri Vincenot débute avec *Je fus un saint*.

Cette publication, avec les gratifications financières qui s'ensuivirent, eut pour conséquence immédiate de permettre la restauration du hameau perdu de la Peurrie. C'est ici que se situe l'anecdote rapportée par Robert Kanters dans son recueil de souvenirs : « Nous parlâmes contrat et je proposai [à Henri Vincenot] l'à-valoir, qui était normal dans son cas, de cinquante mille francs. Il parut réfléchir, comme s'il faisait des comptes dans sa tête et soupesait la médiocrité de la somme, puis il me répondit : "Non, trente mille", et il m'expliqua que c'était juste la somme dont il avait besoin pour refaire les toitures d'un village dont il s'occupait [1]. »

Les éditions Denoël présentèrent en 1953 *Je fus un saint* au prix Goncourt. Il y obtint une voix. Le prix fut décerné à Pierre Gascar pour *Les Bêtes*. Le prix précédent, attribué à Béatrix Beck pour *Léon Morin, prêtre*, avait beaucoup intéressé mon père. Les responsabilités de prêtre l'avaient toujours préoccupé : je rappelle qu'il avait été sollicité par le curé de Saint-Pierre de Montmartre, aumônier des vocations tardives, lors de ses études à HEC.

Dans tout premier roman, dit-on, l'auteur se raconte. Il est vrai qu'ici Vincenot fait la part belle à sa propre expérience adolescente. Certains éléments, dans le roman, renvoient

1. Robert Kanters, *A perte de vue : souvenirs*, Le Seuil, 1981, p. 236.

directement à la vie de l'auteur : la passion pour la Bretagne et le petit peuple des pêcheurs qu'il découvrit lors d'une convalescence enfantine et aima au point d'en reparler dans d'autres livres, *L'Œuvre de chair* notamment ; ainsi que le village bourguignon des jeunes années et le grand-père, « Merlin jovial et sarcastique », tant évoqués dans *La Billebaude*. Après le certificat d'études, qu'il obtint à douze ans dans une école communale dijonnaise, Henri poursuivit ses études secondaires à l'école Saint-Joseph, réputée dans la capitale bourguignonne. Il y découvrit le clergé séculier enseignant, le monde particulier des internes, et c'est là qu'il vécut sa « crise d'adolescence » : éveil des sens et des pulsions instinctives parallèle au désir d'héroïsme pour atteindre la sainteté et au désir de purification.

Enfant de cheminot comme l'auteur, le héros de *Je fus un saint* a aussi l'esprit de clan et manifeste un désir de revanche sociale : « Ça allait être une “campagne”. J'allais combattre, moi, le fils du chef de train, pour l'amélioration de mes camarades », pour la plupart fils de famille qu'une « grande maison d'éducation » comme Saint-Pancrace préparait bien à « leur existence molle, indifférente et inutile de bourgeois ». Enfant unique comme Henri, il souffre de la solitude : « Je souffrais trop d'être fils unique pour repousser la seule chance qui me restait d'avoir des “frères”. » Solitude de l'« anarchiste » sincère qu'il fut toujours : « C'est ainsi que je fus considéré comme une forte tête dont il convenait de se méfier. La sincérité est une injure à la société et le sincère est un individu dangereux. » Solitude aussi de l'artiste considéré par le Préfet de discipline comme un « baladin » mystificateur ; or le héros écrit des nouvelles pour ses camarades.

Comme dans les deux autres ouvrages de la trilogie « Les années de colère », *Les Yeux en face des trous* et *A rebrousse-poil*, le personnage principal, par idéalisme, se confronte à un cadre de vie sociale où il a dû s'insérer à la suite d'une rupture brutale : l'institution religieuse. Devant le hiatus séparant la vie réelle des collégiens et leur conduite de façade, le garçon, animé d'une sainte colère, réagit à cette hypocrisie, non pas en enfreignant les règles de la discipline, mais en les poussant à leur paroxysme. Il se choisit une « idole » dont il fait son modèle, saint Jean de la Croix, et se construit un mode d'existence fondé sur l'ascétisme et sur une volonté de réforme maximale.

Surtout, *Je fus un saint* nous donne à lire, déjà, l'humour d'un homme qui ne se prend pas au sérieux. Ainsi, pour évoquer saint Jean de la Croix, l'auteur précise, amusé un brin : « C'est inimaginable ce que ce garçon-là avait de facilité pour trouver, dans les actes le plus banals de la vie courante, l'occasion de se mortifier. » Apparaît aussi en filigrane la remise en question ironique de la vie moderne, telle qu'on la retrouvera à plein dans *Les Yeux en face des trous* et *A rebrousse-poil*. Et si le roman se termine sur une note de tristesse désabusée, on pressent la « santé » d'un auteur qui sait toujours, dans ses romans comme dans sa vie, « remettre les choses en place » par une remarque à l'emporte-pièce ou, en contrepoint d'un moment de gravité, par une scène cocasse, comme l'apparition du père en chemise de nuit, qui, avec tout son bon sens et sa fatigue de travailleur, saura relativiser la fièvre mystique de son fils.

Cette distanciation est le fruit d'un travail effectué en 1952 sur le manuscrit de jeunesse. Humour beaucoup moins évident – si l'on excepte les premières pages – dans la suite de *Je fus un saint*. En effet, mon père écrivit une suite à ce premier roman, inédite jusqu'à ce jour, et dont « le titre rest[ait] à trouver ». Si l'on en juge d'après le matériau utilisé (un méchant papier jaune des temps de guerre, que la plume accroche), ce texte date des années quarante. Lorsque, bien longtemps après, Vincenot relut son manuscrit, il ajouta au stylo-feutre sur la couverture : « Mauvais manuscrit inédit, et pour cause. A revoir néanmoins. » La publication de cet inédit se justifie par le fait que l'auteur, s'il ne reprit jamais ce manuscrit, s'inspira de certains passages dans deux ouvrages bien ultérieurs : *La Billebaude* et *L'Œuvre de chair*.

Dans *La Billebaude*, Vincenot reprendra, en la modifiant et en la développant, l'évocation de la campagne bourguignonne et de certains personnages pittoresques de son enfance. Ainsi, les grands-parents, rapidement décrits, trouveront en 1978 toute la place – majestueuse et emblématique – qu'ils eurent aux yeux du petit Henri. Dans *L'Œuvre de chair* (1983), c'est la « matière de Bretagne », mise en scène au premier degré, qui prendra elle aussi toute sa puissance symbolique.

Livré tel quel, cet inédit comporte, on le verra, certaines incohérences de composition. Par exemple, le « je » des premières pages prend, dans la majeure partie du texte, la place du héros annoncé. Mais, on l'a compris, l'intérêt de ce manuscrit est ailleurs que dans la forme : très autobiographique, la suite de *Je fus un saint* est le lien incontournable entre le roman de 1953 et ceux des années quatre-vingt. Il nous éclaire sur l'évolution spirituelle de l'auteur, sur la maturation de ses idées et, par là, sur la genèse de son œuvre.

Claudine VINCENOT

Je peux m'enorgueillir d'avoir eu dans ma vie un an de sincérité. Tout le monde ne peut pas en dire autant.

En outre, j'aime les causes perdues. A la « laïque », j'ai toujours écrit « Roi » avec un R majuscule, non par complaisance pour le régime monarchique, dont je n'avais cure, mais à cause de Louis XVI. Eût-il été un tyran sanguinaire que j'eusse tenu à lui dire ainsi ma sympathie : n'était-ce pas le seul roi de France mort guillotiné ?

Sous Calvin, je suis papiste. Sous Richelieu, je suis parpaillot. – Ce n'est pas par esprit de contradiction, c'est par amour de l'équilibre.

Ces traits de mon caractère expliquent une vie si complètement remplie d'échecs parfaits qu'on ne peut s'empêcher d'y voir une réussite totale, car d'une telle continuité dans l'insuccès finit par monter une musique délicieuse, surtout lorsque le temps en atténue les brutalités et qu'il n'en reste que le souvenir de l'effort qu'on fit pour s'en accommoder.

Et puis, le plaisir d'égrener les bons moments n'a d'égal que celui d'évoquer les mauvais car si les premiers vous réjouissent d'avoir été jeune, les seconds vous consolent de vieillir.

1

J'ai fait six ans à la « communale », et puis un beau jour d'octobre ce fut mon entrée dans la cour d'honneur de l'école Saint-Pancrace où plus de cinquante voitures automobiles stationnaient devant le grand escalier.

Mon père, un bon employé de chemin de fer, me tenait par la main ; accoutumé à rester au dernier rang, qui est celui des honnêtes gens, il me fit attendre plus d'une heure avant d'oser gravir les trente-cinq marches du perron. C'est ainsi que je vis défiler devant nous la plupart de mes futurs condisciples accompagnés de leurs parents.

De chaque côté du rond-point, des allées s'incurvaient pour s'enfoncer dans un parc de grands platanes encore verts. Des groupes y circulaient sous les derniers ombrages : on y voyait des abbés souriants regroupant leurs élèves alors que les grands, les gants à la main, venaient jusque près de nous dévisager les belles femmes.

J'étais inquiet.

Je le fus bien davantage lorsque, coiffé de ma belle casquette neuve à visière droite, vêtu de mon uniforme à boutons dorés, je me trouvai engagé dans la grande galerie des fresques au bout de laquelle le bureau du Supérieur béait comme une sacristie après un grand mariage.

Dans ces salles, parmi cette foule un peu maniérée, j'étais loin de l'école primaire, publique, gratuite et obligatoire et, la perspective de devenir élève de ce collège me parut grotesque ; à vrai dire, j'étais un peu dédaigneux de ces grandes maisons d'éducation car je partageais avec les enfants du peuple cette opinion que rien ne s'y passe jamais et j'étais persuadé que la présence de ces prêtres vertueux faisait régner, derrière ces grands murs, un calme monotone qui préparait bien les bourgeois à leur existence molle, indifférente et inutile.

Oui c'était l'ennui que je m'attendais à rencontrer au premier pas que je ferais dans cet établissement. C'est donc avec résignation que je me laissai conduire devant celui que tout le monde appelait « Monsieur le Supérieur ».

C'était un homme imberbe, au crâne rasé, qui ressemblait, moustache en moins, aux paysans de chez nous, mais un paysan qui n'aurait pas touché la pioche depuis plus de vingt ans et dont la peau serait devenue flasque et douce.

Personne ne pouvait lui adresser la parole sans lui donner son titre. On lui disait : « Oui, monsieur le Supérieur. Non, monsieur le Supérieur. Certainement, monsieur le Supérieur. »

C'était ridicule. J'en étais gêné pour lui. Aussi je ne sus me plier à cette étiquette et, suivant la savoureuse habitude de la communale, je répondis par un : « Oui, m'sieur » qui fit sensation et scandalisa tout le monde, sauf lui.

J'ai toujours conservé cette habitude et, à l'heure actuelle, c'est encore par ces syllabes familières à mon enfance que je réponds à un évêque, à un facteur, à un juge, à un contrôleur de chemin de fer ou à un officier. J'en suis pour le moins aussi fier que de la prise de la Bastille.

« Nous allons le mettre en troisième, dit le Supérieur, bien qu'il n'ait encore fait ni latin ni langue vivante ; il se trouvera, de ce fait, désavantagé par rapport à ses camarades qui ont déjà plusieurs années de formation secondaire, mais s'il a autant de cœur que de tête (j'avais été reçu le premier du canton au certificat d'études), il saura bien les rattraper. »

Bon Supérieur ! Il avait l'accent de mon grand-père et son sourire disait : Je ne suis supérieur à personne.

J'ai toujours regretté, par la suite, que ses recherches astronomiques ne lui permissent pas de s'occuper de ses élèves.

Lorsque, pour la première fois, la cloche nous rassembla, ce matin du 3 octobre, ce fut pour nous conduire à la chapelle, avant toute chose.

C'était une très grande pièce qui occupait tout un étage de l'aile gauche. Qu'on imagine une immense salle de classe dont les murs auraient été peints de draperies en trompe-l'œil semées du monogramme SP. Le jour entrait par de simples fenêtres armées de verres de couleurs qui, par les mérites de saint Pancrace, se muaient en d'admirables vitraux. L'autel était en bois peint mais tout cela était tellement surchargé de bougeoirs, de dorures, de statues en plâtre polychrome que j'en fus émerveillé.

J'allais m'agenouiller sur un des bancs réservés à ma classe lorsqu'un remous se produisit parmi mes camarades : un élève jouait des coudes pour se placer près de moi.

La chose eût été simple si trois « grands » ne l'en eussent empêché. C'était un garçon délicat et rose. Il avait un beau visage de femme, des cheveux blonds, drus et souples. Ses mains, petites et potelées, étaient crispées sur le dossier du banc. Les « grands » le retenaient par ses vêtements. Lui, les larmes aux yeux, tentait de s'approcher de moi.

Un grand sortit alors de sa poche un trousseau de clés et, le tenant serré dans son poing fermé, en frappa le poignet du petit qui murmura : « Brute ! »

« Je t'interdis d'aller près d'un externe !

– Tu m'embêtes, j'irai où ça me plaira !

– Non, tu n'iras pas.

– Si, j'irai. D'abord je ne t'aime plus. »

Tout ce dialogue était fait dans un souffle et les surveillants, endormis sur leur chaise, de loin en loin, dans l'allée, ne s'apercevaient encore de rien.

Déjà résonnait la clochette de *l'Introibo*. Le grand sortit alors un compas de sa serviette et en appuya la pointe sur la main de sa victime.

« Si tu résistes, j'appuie ! »

Mimi fit un effort pour se dégager. La pointe du compas touchait déjà la peau.

« Tu me fais mal !

– Reste ici, ou j'enfonce ! »

Le spectacle devait être fréquent, car les voisins se contentaient de ricaner pendant que l'officiant attaquait le *Confiteor*.

« Grand lâche ! », pleurnichait Mimi ; et je récitais avec les autres : *mea culpa, mea culpa, mea maxima culpa.*

Ayant dénoué sa ceinture, l'un des ricaneurs en fit une boucle, se baissa et lia la jambe gauche de Mimi, puis il tira d'un coup sec.

Mimi, toujours cramponné au banc, de la main droite, tomba sur le sol en poussant un petit cri d'oiseau, la pointe du compas perça la peau et une goutte de sang coula.

... *« Omnes sanctos, et te Pater... »*

Je jugeai que le moment était venu d'intervenir, car la vue du sang m'échauffa. Je me penchai vers le bourreau. D'un direct du gauche en pleine face, je mis fin à cette scène de torture qui, je le sus plus tard, n'avait torturé que moi et, alors que le prêtre récitait le *Gloria*, Mimi put gagner la place de son choix. Il y parvint et, pour ma récompense, me lança un sourire qui compte parmi mes plus lointains émois.

Je croyais clos cet incident, mais d'un seul coup je venais de m'insérer, moi le nouveau, dans la vie du grand collège. Comme l'avait prédit le Supérieur, je venais de rattraper, d'un bond, mes camarades.

A la sortie de la chapelle, en effet, je fus rejoint par le tortionnaire qui m'attaqua sans explications. Je n'étais pas préparé à cet assaut, mais je ceinturai durement mon agresseur et le couchai à terre d'un tour de reins.

Je le vois encore tomber, sur le dos, dans les premières flaques d'eau de l'automne où croupissait un brouet de feuilles mortes. Je le revois à terre, je me revois aussi, les jambes écartées, en garde, prêt à la bataille.

Il se leva en geignant et, sans un geste, s'éloigna.

Je regardai alors autour de moi : toute la classe était là, en cercle, silencieuse. J'eus conscience de ma force et je me repentis d'en avoir fait usage, mais, un peu à l'écart, mon jeune ami me regardait, avec dans les yeux, l'expression de la plus pure admiration, et la joie gonfla ma poitrine alors que quelques pensionnaires, groupés près des pissotières, se fussent mis à scander sur un air de rengaine :

« A mort les externes ! »

Dès le lendemain, je fus conquis par la prière. Nous la disions deux fois par jour, sans compter, bien entendu, les *Ave* que nous récitions au début de chaque cours. La prière du soir était, de bien loin, celle que je préférais.

« Mettons-nous en la présence de Dieu et adorons-le », disait le lecteur. Sa voix s'élevait, monotone et fluette.

A vrai dire, on n'avait pas le temps de comprendre le sens de ces phrases que l'habitude avait patinées, car le récitant mangeait une partie des mots, mais ainsi, l'esprit, bercé par cette bredouillante psalmodie, pouvait s'évader dans le silence impatient des soirs d'octobre.

« Remercions Dieu des grâces qu'il nous a faites et offrons-nous à lui », ronronnait le lecteur. Mon esprit se mettait à tournoyer comme la cire d'un disque vierge où se gravaient pour toujours ces textes incompris. Un vertige me prenait aussitôt et, sans perdre contact avec les phrases de l'eucologe, mon imagination devenait vacante pour évoquer la mer, que je ne connaissais pas, mais vers laquelle je me sentais attiré.

« Sainte Vierge, mère de Dieu, ma mère et ma patronne, je me mets sous votre protection et j'implore... », disait le lecteur. Et j'imaginais des fleurs poussées au milieu d'un chemin sur lequel s'apprêtait à défiler un corps d'armée.

« Souvenez-vous, ô très pieuse Vierge Marie... », disait le lecteur. Et je regardais le profil de mon voisin. Je le trouvais joli et je le contemplais. Il rougissait alors en me souriant. J'aurais voulu que la prière durât toute la nuit.

Hélas, venaient ensuite les *Ave Maria*, les *Pater*, les *Confiteor* qui, le diable seul sait pourquoi, étaient composés de deux strophes. Le récitant disait la première et nous reprenions tous la seconde en un bafouillage ridicule qui s'achevait dans un bruit démoniaque de pupitres et de galoches.

Ces prières, dites si posément avec ma mère, auparavant, devenaient des compétitions, de purs exercices de vélocité. Il me reste, de ces heures de véritable débauche, le souvenir de cette voix pâle du lecteur, clignotante comme la flamme d'une chandelle, tôt éteinte par la tempête de toutes nos voix réunies.

Ces pâtes de mots sirupeux, d'interjections pieuses, débitées à une vitesse record, dans un vacarme étourdissant créaient un tourbillon dans lequel, abrutis par deux heures d'étude silencieuse, nous nous laissions entraîner avec ivresse. Chacun de nous saisissait cette occasion de se dégourdir enfin la langue. La prière qui eût dû m'être si douce devenait odieuse et fatigante.

C'est là que se place le premier malentendu qui est à l'origine du drame.

Je ne prétends pas avoir entendu des voix, et c'est ce qui me sauve du bûcher, mais pour moi la prière devait être, quoi qu'on puisse en penser, une chose sérieuse. Les prêtres qui dirigeaient la maison nous l'enseignaient d'ailleurs tous les jours. Alors pourquoi toléraient-ils ce scandale ?

Sur le carnet où je notais mes impressions, j'écrivis : « ... Ils vont beaucoup trop vite et je crois que Dieu ne peut pas écouter ce bafouillage. Il serait préférable de ne pas prier...

... Il faut réformer ça. Mais comment ?

... Il faudrait être un saint.

... Il faudrait être un saint. »

Le lendemain, j'écrivis dans ce même journal : « ... Il est visible que Satan lui-même est à l'origine de ce désordre. Ainsi la prière qui devrait être un facteur de sanctification devient une arme satanique. »

« ... Dois-je en parler à un prêtre de la maison ? Lequel ? Peut-être le Préfet de discipline ? »

Dans la soirée du même jour, après avoir longuement réfléchi, je repris ma prose :

« ... Oui, c'est le prêtre barbu que je choisirai, car ce matin à la messe, il nous a parlé de la prière. Il a très bien parlé. Il me conseillera et, suivant ce qu'il me dira, j'agirai. »

Un peu plus tard :

« ... Je suis décidé à commencer seul et à continuer même si le Préfet me conseillait d'attendre. De toute façon il existe des livres où la vie de tous les saints est racontée, j'y trouverai les enseignements qu'il me faut pour commencer ma campagne... »

Car ç'allait être « une campagne ». J'allais combattre, moi, le fils du chef de train, pour l'amélioration de mes camarades.

Non seulement ces pensées m'absorbaient tout au long du chemin que je devais faire quatre fois par jour entre l'école et la maison, mais encore elles débordaient sur les heures d'étude, ce qui m'obligeait à diminuer d'autant le temps dévolu à mes devoirs que je voulais cependant parfaits. Et c'est bien ici le début de cette tragique et pitoyable histoire.

Fort heureusement, le soir, pour me délasser de ces soucis, je rejoignais ma goélette à bord de laquelle je pouvais respirer l'air vivifiant du large.

En effet, aussitôt que, dans ma petite chambre, l'électricité était éteinte, mon lit devenait un voilier à bord duquel, dans ma grande solitude d'enfant unique, j'avais entrepris une campagne à Terre-Neuve.

L'obscurité de la pièce figurait assez bien l'horizon marin et la pluie glacée qui tambourinait sur le zinc de la mansarde indiquait que l'on croisait dans les mers du Nord.

Le travail à bord était celui de tous les voiliers pêcheurs : réparation des lignes et des vêtements, petits travaux de menuiserie, mais surtout gymnastique harassante et dangereuse dans les enfléchures où, suspendu entre ciel et eau, il fallait carguer des voiles raides dans la bise glacée, secoué par la grande houle du courant froid du Labrador. Exercice violent, mais sain, auquel je me donnais tout entier, jusqu'à tomber de sommeil, secouant durement mon lit dont le sommier grinçait sous mes ahans de gabier.

C'est que la partie était rude. Ayant appareillé le premier jour d'octobre, la goélette *Santa Anna* bravait des brumes infernales drossées par des vents contraires, et je n'en finissais pas d'élinguer les boisseaux de saumure qui, secoués, s'en allaient à la débandade sur le pont.

Il m'arriva un soir, par un terrible coup de torchon, de perdre quatre de mes doris, qui, arrachés littéralement par une lame, s'étaient envolés comme plume au vent. Aussi, au péril de ma vie, étais-je allé embosser les autres et les amarrer solidement.

Rampant sur le pont pour éviter d'être enlevé à mon tour, je peinais comme un diable, lorsque ma mère entrant dans ma chambre ouvrit brutalement la lumière et vint à moi.

Elle me vit éveillé, gisant, hirsute, le ventre nu dans un lit en désordre. Je n'oublierai jamais son visage bouleversé, ni surtout sa rougeur subite, ni le tremblement de son menton. Elle parut faire un violent effort pour ne pas se sauver à toutes jambes et enfin me demanda :

« Que fais-tu là, mon pauvre enfant ? »

Pouvais-je répondre que j'embossais des doris sur le pont de la *Santa Anna* ?

Je me tus donc. Elle vit mon air gêné et, baissant les paupières, me dit :

« Il ne faut pas faire ça, mon petit chéri, Jésus ne serait pas content. » Puis, après un silence angoissé, pendant lequel j'entendis battre le volet, elle continua d'une voix douce :

« Je ne voulais pas te parler de ça tout de suite, mais j'ai tout entendu, je comprends tout, moi... Je suis ta maman... On peut tout dire à sa maman... Sans savoir tu pourrais te faire beaucoup de mal... en faisant certaines choses... Crois-moi, c'est un péché très grave et je connais des garçons qui se sont rendus affreusement malades. »

Elle resta là, n'osant plus m'abandonner aux puissances du mal. Pour masquer son émotion elle mit de l'ordre dans ma literie, puis s'étant agenouillée brusquement :

« Nous allons dire une dizaine de chapelet... pour que tu fasses une bonne composition d'espagnol. »

Je n'eus pas l'audace de lui tout avouer. Dans l'obscurité retrouvée, je revins sur le pont de ma goélette. Mais, chose curieuse, la mer était tombée. C'était le calme plat, et je pus, en toute tranquillité, penser à tous ces péchés inconnus qui vous guettent, entre deux eaux, comme ces récifs menaçants semés sur le passage de la *Santa Anna*.

Peu de temps après, il était à peu près minuit, j'entendis le pas de mon père dans l'escalier. Sa sacoche en bandoulière, son panier à la main, il rentrait de faire le 4812, rapportant dans sa capote le parfum des messageries et le grand froid de la nuit.

Je l'entendis embrasser ma mère de deux gros baisers de sa moustache piquante en disant : « Bon Dieu, quel mistral entre Donzère et Valence ! »

Puis il entra dans ma chambre. Je fermai les yeux car je craignais une pénible confrontation. Il se contenta de me regarder dormir puis sortit rejoindre ma mère. Le long murmure de leurs voix me tint éveillé. Dans la chambre, mon père avait apporté un parfum de voyage et tout le fracas des convois dans la vallée du Rhône que j'imaginais, car je n'avais, de ma vie, fait qu'un seul voyage qui m'avait laissé sur les lèvres un goût inoubliable de sandwiches et de vin pur.

Comme tous les fils du rail je ne prenais jamais le train, car le père, las de rouler, passait ses loisirs en sabots, dans son jardin, aux portes de la ville.

Blotti dans mon lit, j'écoutais donc ce que me disaient les trains. En voici un qui passait sur les aiguilles du Poste 2, avec ce bruit rompu de marteau sur enclume, alors qu'un roulement sourd soutenait, de sa basse, cette petite musique de l'évasion.

Plus loin, un rapide, sur le raccordement, s'en allait grand largue vers Marseille, sous l'averse, et ces seuls bruits entendus me suffisaient pour imaginer le reste : bousculades, départs, halos entrevus, au passage, dans les gares, lueurs de villes endormies, sans parler de cette inoubliable phrase, lue et relue, si musicale, si mystérieuse, imprimée sur une plaque d'émail, la plus belle phrase que les poètes aient jamais écrite :

« NEI CASI DE PERICOLOSO, TIRARE L'ANNELLO. »

Quelques jours après la rentrée, eut lieu la Retraite, vieille et chère coutume des maisons religieuses. Elle fut prêchée par un grave et triste prédicateur, évêque *in partibus* de Tibériade.

Aussi terne que fût ce prédicateur, il me vint pourtant en aide d'une façon fortuite. En effet, au cours d'un sermon, il s'écria : « Ecoutons saint Jean de la Croix lorsqu'il dit... »

Bien entendu, je ne retins pas ce qu'avait dit saint Jean de la Croix, mais son nom m'avait frappé. Saint Jean de la Croix, quel beau nom !

Voilà bien l'homme qu'il me fallait. Oui, saint Jean de la Croix devait me donner la force et l'esprit qui m'étaient nécessaires pour accomplir mon œuvre de réformation.

C'est vers lui que je devais donc me tourner. Je me promis de m'y employer activement.

Les exercices de cette retraite étaient particulièrement sévères et pénibles. C'est qu'il s'agissait, ni plus ni moins, d'arracher de nos jeunes âmes les mauvaises tendances qui, à la faveur des loisirs de vacances, avaient pu y prendre naissance. Il fallait aussi amener à la vie spirituelle de la maison les jeunes recrues venues, comme moi, des milieux suspects.

Messe à sept heures et demie. Prédication à dix heures. Prédication à trois heures. Complies et Salut du Très Saint Sacrement à six heures.

Qu'on n'aille pas croire que ce dispositif imposant d'exercices de piété me lassât le moins du monde. Au contraire, ce fut un éblouissement. Car au lieu des héros des manuels laïques qui, dans les entreprises les plus grossières de leurs ambitions terrestres, triomphent toujours, au milieu de l'allégresse populaire, on me parla de saints qui perdent secrètement leur vie pour la gagner, de victimes victorieuses, de pauvres qui sont riches, de faibles qui sont forts, et de justes qui meurent en souriant sous la dent des lions et dont le sang est, sans en avoir l'air, une nouvelle semence de chrétiens.

Il n'en fallait pas plus pour préciser ma vocation.

La retraite s'écoula donc trop vite à mon gré. C'était la première fois que l'on me décrivait le péché avec tant de raffinement : chaque journée était consacrée à l'étude approfondie d'un commandement de Dieu.

On ne saurait nier que tous ces commandements soient pleins d'intérêt, mais certains, il faut bien le dire, sont plus particulièrement conçus pour attirer l'attention des jeunes gens.

Dans tous nos missels, par exemple, le sixième et le neuvième étaient marqués d'un coup d'ongle. Comme nous avancions dans l'étude de nos turpitudes à raison d'un commandement par jour, on conçoit que le début de la première semaine nous parut long. Mais le sixième jour vint enfin.

Dès le matin, il régnait dans la maison une lourde atmosphère de cataclysme et l'arrivée des élèves à la chapelle se fit dans un calme inaccoutumé.

Lorsque le prédicateur monta en chaire, un frisson nous parcourut tous. Avec onction d'abord, avec fougue ensuite, enfin avec véhémence, il parla de la luxure.

L'évêque de Tibériade dépassa de bien loin tout ce que j'avais pu imaginer à ce sujet à tel point que dès les premières phrases, ma gorge se contracta, mes mains devinrent moites alors que mes pieds se refroidissaient. J'aurais voulu sortir, me promener dans le parc au grand air, mais ce n'était pas possible, car j'étais délicieusement prisonnier de ce regard qui, du haut de la chaire, nous paralysait tous. Le sang cognait à mes tempes alors que la voix du prédicateur martelait :

« Il est là, l'impur, il est là, là encore (et il montrait du doigt l'assistance), il est là, le luxurieux, assis au milieu de nous ! Je le vois ! »

Ah ! non décidément, cette voix, ces paroles étaient tellement insupportables que j'aurais voulu que ce sermon durât des heures.

« Il est là, reprenait la voix, déjà mort pour la vie du ciel ! Qu'un malaise inopiné le terrasse à l'instant et il est mort pour l'éternité ! »

On entendait dans l'assistance des soupirs qui étaient presque des sanglots. Certains grands, la tête haute, pâles comme des cadavres, affectaient de sourire vaguement, mais les coins de leur bouche tombaient en frémissant et leur sourire se figeait. C'était intolérable.

Je m'efforçais de penser à des choses banales et amusantes, comme la pêche aux écrevisses dans le ruisseau, mais comment échapper à cette voix qui pénétrait dans nos âmes et disait :

« C'est un cadavre qui est auprès de vous, sur votre banc de collège, un cadavre de quatorze, de quinze, de seize ans, un cadavre de jeune homme ! le cadavre d'un jeune homme qui s'est suicidé. »

J'étais merveilleusement atterré. Je me demandais : « Est-ce de moi qu'il veut parler ? »

Pauvre école communale ! Pauvre ridicule petit instituteur, aurais-tu jamais su me donner ce frisson glacial qui me secouait jusqu'à la nausée ?

Et le prédicateur continuait :

« Heureux encore si Dieu lui accorde de vivre jusqu'à sa confession prochaine ! car alors, lavé de toute l'horrible fange du plus odieux des péchés, il pourra rejoindre la phalange des élus. Ainsi soit-il. »

Ce fut dès lors la panique. Chacun se serait précipité au confessionnal s'il n'eût fallu encore attendre la fin du salut. Le *Tantum ergo* parut interminable à tous, les litanies furent chantées à la sauvette, et l'ostensoir, étincelant comme l'œil de Caïn, traça trop lentement le signe de la croix sur une assistance prostrée. Lorsque le Préfet de discipline monta en chaire pour nous prier de rédiger les billets de confession, chacun déchira en hâte une feuille de cahier, la plia en quatre et écrivit : Je désire me confesser, pendant l'année scolaire, à M. l'abbé X.

Les chefs de rang recueillirent ces papiers dans des corbeilles et, revenus dans nos classes dans le plus grand silence, nous attendîmes.

J'avais choisi ce prêtre barbu qui cumulait les fonctions de Préfet de discipline et de professeur de latin. Tout bien pesé, son air sévère et hautain convenait mieux à mon genre de contrition que ces abbés trop souriants et bons garçons qui poussaient la flagornerie jusqu'à se mêler à nos jeux, en retroussant leur soutane, ce qui scandalisait ma mère.

Vu de loin, au contraire, le Préfet paraissait fort rébarbatif et cérémonieux et, surtout, portait des lunettes, ou plutôt des lorgnons dont l'éclat ajoutait à sa dignité.

Il était fort soigné de sa personne et paraissait autoritaire, vindicatif et coléreux. En un mot : c'était un confesseur rêvé. En effet, puisque j'avais péché gravement, il me fallait une punition rigoureuse et il était bon que l'angoisse ressentie devant le tribunal de Dieu fût à la mesure de mon indignité.

L'étude était silencieuse.

De temps en temps, la porte s'ouvrait et un pénitent entrait. Tout de suite on lisait sur son visage que ses péchés venaient de lui être remis : son regard était clair, sa peau plus nacrée, sa démarche plus légère.

Au lieu de rester immobile sur son tabouret, comme nous, il sortait un livre de son pupitre, l'ouvrait d'un air décidé, en entreprenait immédiatement la lecture, prenait un cahier, un porte-plume, sans cesser de siffloter entre ses dents et cherchait à entrer en relation avec un de ses voisins. Tous ces gestes criaient bien haut son innocence retrouvée, gage d'un salut assuré.

On m'appela enfin.

Dans ma hâte, je me perdis dans les couloirs de cette immense bâtisse où flottaient des odeurs de soupe aux légumes, de café au lait et de sciure de bois humide (celle des balayages).

Enfin, j'arrivai à la porte du bureau. Une trentaine d'élèves s'y pressaient, impatients d'aller se laver, avant une catastrophe possible, des péchés qu'avait fait naître le sermon.

Nous attendions, muets et immobiles. De temps en temps un élève sortait, remplacé par un autre. Il se précipitait vers la chapelle et s'effondrait dans une attitude de contrition vraie.

J'entrai à mon tour.

Vêtu d'une bonne douillette d'hiver, quoique la saison fût encore douce, mon confesseur était assis sur un fauteuil à pieds torsadés, dans une pièce tendue de reps beige où s'alignaient des motifs sans époque. Une vaste bibliothèque, noyée dans l'ombre, un bureau cossu, donnaient à sa figure grasse et jaune, une ressemblance avec certains portraits de Philippe de Champaigne.

Il m'accueillit par mon prénom et m'invita à m'agenouiller sur le velours grenat d'un prie-Dieu placé à droite de son fauteuil. Ce début me déplut. J'aurais préféré la grille du confessionnal et la planche dure à mes genoux. Je commençai par les prières d'usage et, le cœur battant, je récitai les péchés que, par habitude, j'avais groupés dans l'ordre du Décalogue. Il en parut satisfait car il professait que la contrition la plus vive n'exclut pas la méthode.

Il importe, pour recréer ce drame de nuances que je veux conter dans un but pédagogique, que je cite cette liste : Je confessai certains écarts de langage (mais des plus bénins car je ne prononçais jamais la moindre grossièreté), une ou deux gourmandises, quelques mensonges d'excuse à peine caractérisés et, je m'en souviens bien, une distraction au cours d'un office, précisément le jour de ma bataille.

Il attendit un instant.

« Vous ne voyez plus rien à me dire, mon fils ?

– Non mon père. »

Il parut étonné. J'hésitai à mon tour. N'avais-je pas regardé avec obstination les filles de l'Ecole Primaire Supérieure ? et un jour, n'avais-je pas contemplé avec ahurissement une vieille femme occupée à uriner dans le caniveau ? Un trouble dut paraître sur mon visage, car mon confesseur me dit :

« Pensez bien à tout, mon fils.

– C'est tout, mon père.

– C'est très bien. »

Il quitta sa position nonchalante en faisant une grimace douloureuse, joignit les mains, me fit un long sermon et me pria de réciter l'acte de contrition, ce qui me prit dix secondes, puis je restai ployé dans l'attitude la plus contrite, pendant qu'il finissait de prononcer la formule d'absolution, c'est alors que je remarquai qu'un parfum écœurant et troublant émanait de sa personne : une odeur chimique pénétrante et fétide, lourde et malsaine comme une maladie rebelle.

C'est depuis ce temps-là que la rémission s'accompagne, chez moi, d'une senteur de salicylate de méthyle.

Enfin j'entendis le « *Amen*, allez en paix ».

J'étais acquitté.

Je me levai. Il me prit alors les mains qu'il pétrit doucement dans les siennes et me demanda :

« Es-tu satisfait de tes débuts ? »

J'aurais voulu lui dire : Je suis ravi ! La confession, la retraite, les complies, les jeux et surtout les sermons sur la luxure, tout cela me plaît vivement.

Je ne sus que lui dire :

« Oui, mon père.

– Travaille bien, me dit-il, pour récompenser ton bon papa et ta bonne maman. »

Puis il me congédia.

Les camarades m'attendaient à la porte :

« Quelle pénitence t'a-t-il donnée ?

– Un *Ave Maria.* »

Ce fut comme un scandale. Tous étaient condamnés à deux ou même trois dizaines de chapelet. On se tut. Je venais d'étonner mes condisciples pour la deuxième fois.

Pendant l'étude qui suivit, Mimi murmura à mon oreille :

« Moi j'ai trois dizaines à dire. »

Puis, comme je prêtais l'oreille, il continua :

« Qu'est-ce que tu avais comme péchés ? »

Une grande pudeur m'empêcha de livrer le secret de mon âme. Il insista :

« Dis-le-moi ! C'est bien drôle quand on se raconte ses péchés. »

Je ne doute pas qu'il l'eût fait volontiers si le surveillant n'eût interrompu notre dialogue par une menace de colle pour le dimanche suivant.

Pourtant, un peu plus tard, mon jeune camarade reprit la conversation. Il semblait curieux de connaître les défaillances des autres ainsi que les manies de leur confesseur. Sans que je le lui eusse demandé, il me dit :

« Moi, je vais me confesser à l'aumônier. Il est drôle, il passe sa main sur mon cou en me tapotant et j'ai envie de rire. »

Pour ne pas faire voir mon trouble, je regardai par la fenêtre. Je vis le parc du collège et, à travers les branches nues, j'aperçus les hauts murs qui le clôturaient.

La retraite se termina par une confession suivie d'une communion générale, après quoi nos maîtres, convaincus que nos souillures de l'été étaient définitivement lavées, jugèrent que nous pouvions sainement commencer à travailler.

De fait, avec ces jours sombres et terribles, puis ce pardon, très doux, puis enfin ces fêtes de clôture, la retraite avait balayé des pupitres les souvenirs des horribles débauches de vacances. On ne vit plus ces groupes mollement accoudés aux balustrades et les jeux d'équipe connurent tout le succès qu'ils méritent.

Comment ne pas être conquis ? L'école qui m'avait paru si grise, si froide, était devenue pour moi un foyer ardent qui m'attirait à un tel point que, le jeudi, j'étais navré d'être rendu à ma famille.

Comme j'avais été sot de supposer que Saint-Pancrace était le sanctuaire de l'ennui ! La présence des prêtres, à la fois professeurs et confesseurs, loin de rendre la vie insipide, comme eussent pu le croire les mécréants, donnait au contraire une saveur spéciale à toutes ces choses, banales ailleurs et le geste le plus indifférent devenait, grâce à toute cette agitation spirituelle, délicieusement troublant.

Les prêtres ? mais jusqu'à leur parfum de vieux linge et leur haleine fade me mettaient en transes.

Comme je plaignais les camarades de la laïque privés de toutes ces sensations dont l'absence constitue précisément, pour moi, le matérialisme !

Car en somme, le matérialisme, c'est l'absence de scandale qu'on fait autour du péché.

Il me semble bon, avant que le vrai drame se déroule, de verser au dossier des extraits d'un document précieux. Je veux parler de mon diaire [1] sur lequel, ainsi qu'on nous le

1. Journal.

recommandait, je résumais mon examen de conscience quotidien.

Voici donc ce que dit mon journal à la date du 15 octobre :

> Je suis très inquiet.
>
> Nous avons fait la première composition de l'année, la compote de rédaction. On nous demandait de raconter nos vacances. Si j'avais raconté mes vacances, le professeur eût pensé que je me moquais de lui. Tous mes camarades sont riches, ils ont des automobiles avec chauffeur, même des yachts, ils passent le mois d'août à Deauville et le mois de septembre à La Baule. De quoi aurais-je eu l'air, si j'avais raconté mes vacances dans un pauvre village de la région, buvant du lait, mangeant du pain, du lard et des pommes de terre ?
>
> J'ai imaginé des vacances dans un port breton et j'en ai tiré une assez bonne rédaction. Je ne connais la Bretagne que par ce que j'en ai lu dans Pierre Loti. C'est bien tant qu'il en faut pour donner de la couleur locale, sans doute, puisque le professeur m'a classé premier et a lu ma copie aux camarades.
>
> Que dois-je en penser ?

En somme mon premier succès littéraire coïncidait avec ma première mystification, ce qui n'est pas sans enseignement, et ce succès devait me conduire, en somme, à ce que l'on a appelé depuis « la littérature engagée ».

Peut-on en vouloir à l'écrivain si ses lecteurs exigent qu'il s'identifie à son œuvre, épouse les opinions de ses personnages et tienne les promesses de ses héros ?

Je pensais pouvoir imaginer un autre moi-même sans cesser d'être ce que j'étais. Hélas ! mes camarades ne m'en laissèrent pas le droit. Le malentendu eût pu mourir à l'instant qu'il naissait, mais à la récréation suivante, je fus très entouré et voici ce qu'en dit mon diaire :

> ... Ils m'ont questionné sur la Bretagne, sur la navigation à voile, sur les pêches hauturières. J'aurais dû leur dire : « Mes amis, je n'y connais rien, j'ai tout inventé. »

Mais la tête me tournant un peu, j'ai fait des réponses fantaisistes.

Est-ce un mensonge ? (en majuscules dans le texte).

Le plus grave, ils m'ont demandé : Es-tu breton ? J'ai perdu la tête, j'ai répondu : Oui. J'ai raconté publiquement que, né à Saint-Brieuc (pourquoi Saint-Brieuc ?), j'étais le fils d'un capitaine au long cours et que j'avais beaucoup navigué.

Après tout, ils ont bien des autos et des chauffeurs, pourquoi n'aurais-je pas un voilier ?

Le surlendemain :

... Cette mystification va me valoir bien des ennuis. Hier un camarade est venu vers moi. C'est un des mieux vêtus de l'école ; il porte des complets taillés dans ces étoffes que Maman appelle du tweed. Il met de très belles cravates et j'admire surtout ses chaussures, des souliers bas sans clous...

Il m'a dit : « J'ai parlé de toi à la maison, mes parents seraient ravis de faire ta connaissance. »

(C'est la première fois que quelqu'un veut faire ma connaissance.)

– Viens donc un jeudi soir prendre le thé à la maison.

(Fils de chef de train, aurais-je jamais été invité à prendre le thé chez Vacasso si je n'avais pas menti ?)

– Ma mère a passé une partie de sa jeunesse à Saint-Quay-Portrieux, elle serait heureuse de parler avec toi.

Il continuait, très à l'aise :

– Tu sais, ma mère est une fondue, mais du genre sympa, elle te plaira et je parie qu'elle te calera sur la navigation, tout marin que tu sois.

Voilà où j'en suis. Comment tout cela finira-t-il ?

Pourquoi me suis-je engagé dans cet effroyable engrenage ?

Bientôt tous les élèves surent que l'établissement abritait le fils d'un hardi capitaine qui naviguait sur les mers du monde. Ils me harcelaient de questions et je devais y répondre, ce qui, dans un sens ne me déplaisait pas car ainsi je pouvais vivre deux vies. Petit à petit la gêne créée par ce mensonge s'effaça pour laisser la place au plaisir excitant du danger et de l'imprévu. Et puis, en vérité, cela ne me parut pas tellement difficile ; n'avais-je pas été successivement trappeur, chercheur d'or, peau-rouge ? Et chaque soir, aussitôt l'électricité éteinte, n'étais-je pas pêcheur d'Islande, sans seulement quitter mon lit ?

Enfin, à la date du 7 novembre, je lis :

> ... Ils s'imaginent que je dois tout savoir sur la Bretagne, les Bretons et les navires, cela me donne beaucoup de soucis. Demain, ou un de ces jours, je vais leur dire que tout cela n'est qu'une plaisanterie.

Mais les voies de Dieu sont insondables et bientôt je m'aperçus que cette mystification devait m'être d'un grand secours dans l'énorme entreprise qui m'attendait et, plutôt que de m'inciter à détromper mes camarades, la Providence, dans un but évident, me poussa au contraire à intensifier la fiction.

Travail épuisant, vigilance de tous les instants, qui éduquèrent en moi des facultés perverses qui m'ont au moins autant servi dans la vie que l'exaltation de mes bons instincts.

Je me souviens de ces soirs d'étude où, chuchotant derrière son pupitre levé, Mimi me disait :

« Parle-moi de ton pays ! Comment est le port ? Comment est le village ? »

Et je créai sur-le-champ le site, les personnages, les choses. Je disais :

« Les falaises sont couvertes d'ajoncs et de bruyères et les femmes vont attendre sur la jetée le retour des pêcheurs, le soir. Le port est tout petit, accroché à une crique de la côte, comme un crabe sur un rocher.

« Le matin, on sent l'iode et le sable mouillé ou bien le parfum vert des fougères. Les pêcheurs descendent à la marée avec leur hotte pleine de lignes lovées comme de grands goémons bruns. La mer est brillante et les goélands paraissent gris, mettant dans le ciel l'accent circonflexe de leur vol. »

Si j'interrompais mon récit, Mimi s'écriait : « Encore, raconte encore. » Et je continuais, au fil de mon imagination.

Ainsi, je construisis un village, un port, une digue et ce village aux maisons brunes et blanches, cette ravine verdoyante qui dévalait jusqu'au havre, cette lande grise, tout cela dont je me souviens encore forme le plus beau paysage que j'aie jamais vu.

Et Mimi m'écoutait, me suivait, docile, dans les rochers, dans les embarcations du port où s'agitait le monde cocasse et dru de mon imagination.

Il disait, souriant d'extase :

« Comment vivent les gens de ton pays ? »

Alors, moi qui n'avais jamais rien vu, je décrivais à cet enfant gâté, la pêche, les harengs de phosphore dans les mailles engluées et mille détails étranges qui l'éblouissaient, lui qui connaissait tout.

Plus je parlais, plus il me fallait parler et je créais à chaque minute, une vie, un monde, et cela m'entraînait chaque fois un peu plus loin.

(O mon village de fantaisie, bâti par mes mains magiques d'innocent, tu es resté debout malgré les vicissitudes de la vie. Souvent je te revois et, contrairement à ce qui se passe autour de moi, ni les maisons, ni les hommes n'y ont vieilli et je m'y réfugie aux heures lasses.)

Un soir, Mimi me demanda :

« Comment est le bateau de ton père ? »

Il me fallut construire un brick, le mâter, le gréer, l'enduire de vert sombre jusqu'à la lisse, et de blanc dans les superstructures. Les voiles en furent grises et rousses et son nom était *Santa Anna*, tout simplement. Il dansait sur les vagues dans la brume de la baie. Il passait, voiles gonflées et laissait derrière lui un sillage frais et frangé d'une écume crépitante, fleurant bon le poisson salé et le cordage.

Bien entendu, un équipage fut levé par mes soins parmi les hommes de la côte, chacun avec un nom, une figure, une voix, une manie.

Au-dessus d'eux planait l'image de mon père, homme grave, toujours absent, qui au retour de ses croisières venait me regarder dormir, apportant dans ma chambre des parfums d'outre-mer.

Et cet univers s'augmentait chaque jour. Mimi l'exigeait et pour lui j'amplifiais ce décor immense, bigarré, grouillant, éclatant de candeur ; je lançais chaque jour un nouveau canot, j'y mettais un pêcheur avec ses casiers à homards encrassés d'algues et de patelles, je le faisais ramer en chantant. Je composais ses chansons, à l'impromptu, chefs-d'œuvre envolés que j'oubliais aussitôt mais qui étaient recueillis par un collégien béat.

Chaque jour, je campais une maison peinte à la chaux, au bord de son maigre jardin, je la remplissais de cris d'enfants. Une vieille femme en sortait, en coiffe blanche.

En quelques jours, je construisis une chapelle, un calvaire et une auberge. Le village prenait forme et je m'y promenais, conquis par ma propre mystification.

Un jour, je jetai un regard en arrière.

Je fus épouvanté. Mais il était trop tard pour reculer, une main me tirait en avant sur la route du rêve, je devais jouer mon personnage. Mimi, comblé de voyages et de villégiatures dans les régions les plus pittoresques d'Europe, ne pouvait plus se passer de mon paysage. Chaque soir il me réclamait sa pitance et moi, ensorcelé, je ne savais pas refuser. Je retournais là-bas, dans ce village. J'entraînais avec moi ce pauvre petit riche sur les landes revêches, je partais à califourchon sur la bosse des cotres, pour une pêche lointaine au hâ [1] ou à la roussette. La mer était opaline, comme un œil, agitée du mouvement de ses muscles translucides. Des brouillards nous accueillaient, mous et moites comme des songes ; je décrivais le mouvement de la voilure et du sein de l'émeraude sortaient des îles rouges, frangées de coquillages énormes que nous frôlions. Au retour, des côtes, hautes et noires se dressaient dans le soir, lavées par la dernière averse et ruisselantes d'embruns.

Mimi m'écoutait. Tout ce qu'il n'avait pas su voir dans ses nombreux voyages, il le découvrait dans mon univers. L'étude était bruissante. On entendait les plumes courir sur le papier. Dehors, les feuilles de l'automne glissaient dans le crépuscule humide et froid. Tout était sombre.

Mais même si je n'avais pas joué cette dangereuse comédie, tout serait arrivé, car il y avait sainte Gertrude, saint Judes, saint Fulgent et tous les saints et surtout sainte Thérèse d'Avila et saint Jean de la Croix.

---

1. Sorte de requin comestible, pesant de cinquante à cent kilos.

Les gens parmi lesquels les hasards scolaires m'avaient introduit étaient de la race des sermonneurs. Je suppose que, pratiquement, au séminaire, on n'apprend qu'à sermonner. On supprime même les sujétions conjugales et familiales dans la vie du prêtre à seule fin, semble-t-il, de le mieux concentrer sur la science du sermon. On lui retire aussi jusqu'à la possibilité de donner l'exemple par les actes afin qu'il se spécialise dans l'exemple par la parole.

Avec les classes et les grandes pluies d'hiver commença donc une importante série de sermons sur le « devoir d'état » et l'« humilité », qui devait avoir sur moi une influence capitale.

Par « devoir d'état » il fallait entendre cette longue et obscure patience qui permit à sainte Marie Alacoque de se sanctifier absolument en marquant le linge des Visitandines ou à n'importe quelle bonne à tout faire de gagner le paradis en lavant pieusement la vaisselle.

Je fus séduit par les merveilleuses possibilités de la médiocrité et l'admirable succès, sur le plan surnaturel, des gestes qui n'ont l'air de rien.

Comme dans tous les domaines, les saints nous furent proposés en exemple : l'admirable saint Joseph, le modèle du genre, qui, étant né charpentier, vécut charpentier et mourut charpentier. Sainte Hypogune qui, dans sa cellule, se livra, jusqu'au martyre, à des travaux d'aiguille, parce qu'elle était née couturière. Saint Bénévent l'Hystriote qui, jusqu'au moment de périr sous la dent des fauves, vaqua le plus tranquillement du monde à ses occupations professionnelles qui étaient de guérir les gens. Mais surtout saint Polydore, le plus édifiant de tous, qui, favori du roi dissolu de Murène, ne cessa jamais de ressemeler les chaussures.

Ainsi excité par des exemples millénaires, je brûlais d'imiter ces êtres dont, bien entendu, on avait oublié de me parler à l'école laïque.

Il me fallut donc chercher des occasions d'exercer leurs vertus. Hélas, en ce début d'année scolaire, je ne paraissais devoir connaître que des succès. Pourtant, grâce à Dieu, vint la composition de mathématiques.

Voici ce qu'en dit mon journal :

Le 8. – Je suis dernier en algèbre. Le premier est un fort garçon brun et bouclé qui s'appelle Chaudurot. Il est extraordinaire. Chose curieuse, il est dernier en français et joue ainsi avec moi à cache-cache. Cette rivalité, assez courante paraît-il, passionne la classe. Pour rester fidèle à mon programme de H (abréviation par laquelle je désignais l'Humilité dans mon Code Secret) je dois accepter avec le même sourire, ma première place en français et ma dernière place en maths. Surtout ne nous laissons pas gagner par l'ambition.

Le 15. – L'algèbre est un exercice destiné à suppléer à celui de l'imagination lorsque celle-ci est absente. La géométrie est un laborieux exposé d'évidences banales. L'usage que l'on fait de ces deux sciences a pour but de créer un monde irréel pour ceux qui manquent d'imagination. Le rêve est encore plus vrai que la mathématique et je me demande en définitive si celle-ci n'est pas précisément un rêve inférieur à l'usage de ceux qui ne peuvent se passer de discipline, même pour rêver.

Plus je m'enfonce dans ce monde de froids fantômes et plus je constate que je suis fait pour la prière, la contemplation et non pour les sciences.

Dieu l'a voulu ainsi. Plions-nous à Sa Sainte Volonté.

Le 22. – Je ne m'explique pas le succès de Chaudurot auprès des camarades. En effet, chose curieuse, il a des admirateurs. Bien sûr, sa réputation n'est que celle d'un scientifique. Il entraîne l'adhésion de l'esprit, pas celle du cœur, encore bien moins celle de l'âme.

C'est l'image du succès du savant et du technicien dans le monde moderne.

C'est navrant et incroyable.

C'est d'autant plus navrant que Chaudurot n'est pas un bon exemple : IL N'A PAS L'ESPRIT DE PURETE.

Je l'ai vu ce matin dans le coin des pissotières où se tiennent habituellement les réunions de ce genre, il feuilletait une revue pornographique et *il ne se contentait pas de regarder* (souligné dans le texte) les photos obscènes, *IL RIAIT !* oui, il trouvait la force de rire devant ces turpitudes, et non pas de ce rire nerveux et gêné qui vaut un cri d'horreur, mais du rire calme et bon enfant des cyniques.

Je crois que M. (Mimi, dans mon Code Secret) a été subjugué par la sereine suffisance et le scepticisme de notre mathématicien (ainsi que par quelques devoirs d'algèbre complaisamment prêtés, je le sais). Il donne à ce jongleur de binômes une admiration néfaste.

C'est très grave.

Si M. se laisse aller de ce côté, il échappe à mon emprise et, outre qu'il peut se perdre, va mettre en péril mon P. S. (Plan Sublime, en code), car M. est le premier pas vers la G. R. J. (Grande Réforme de la Jeunesse).

Le 23. – Les maths me déroutent de plus en plus. Au tableau, hier, j'ai prouvé l'égalité de deux segments en employant un double décimètre, tout simplement.

Pourquoi, en effet, perdre en raisonnement un temps que l'on pourrait consacrer à des choses capitales ?

J'ai été puni, bien entendu, mais ces crève-cœur me font du bien : cela me brise et me prépare à d'autres épreuves que j'attends, plus sévères, mais si fécondes !

Le 24. – Chaudurot, par fierté de matheux, a saboté à dessein son devoir de français. Il affecte de n'accorder aucune attention à la Littérature. M. trouve cela amusant et s'efforce d'en faire autant (pauvre enfant, tu n'as pas comme Chaudurot le moyen de te payer un 1 en français !).

Je crois que Chaudurot fume des cigarettes que lui rapporte un externe. M. est perdu s'il continue dans cette voie. Que faire ?

Le 31. – Je cesse définitivement de m'intéresser à tout ce qui touche aux sciences. Par un nouveau succès en français, Dieu me montre ma voie. Je délaisserai les maths. Tant pis ! Mon devoir d'état est là.

Je n'écrirai plus beaucoup désormais sur ce carnet, car je vais me mettre sérieusement à mon œuvre de G. R. J. Pour cela, il faut reprendre à Chaudurot les quelques admirateurs qu'il m'a volés, pour les soustraire définitivement à l'influence de ce sceptique proxénète. (On m'a dit qu'il vendait des photos de femmes, et ces femmes seraient... ses cousines !)

Le 2. – J'ai décidé de remettre tous les soirs à M. une page que je rédige soigneusement dans la journée. Je commencerai par des descriptions du Village Rêvé, des récits d'aventures, de pêche et de croisières (moi qui n'ai jamais voyagé). J'en ai déjà quelques-unes. C'est assez bien, je n'en suis pas mécontent. M. qui est très snob s'intéresse à tout ce qui lui paraît un peu extraordinaire et les constructions de mon esprit semblent agir puissamment sur sa petite cervelle d'oiseau gazouillant.

Je suis confus d'employer ce subterfuge puéril pour réaliser une œuvre si haute et si exaltante, mais cela semble donner les résultats escomptés : déjà M. attend tous les soirs son petit papier. Il faut le voir, aussitôt que la cloche sonne, me guetter et tendre la main furtivement au passage. Je suis plus tranquille ainsi car je lui laisse entre les mains un peu de moi-même, surtout un peu de ma force et un témoin de ma volonté car sans en avoir l'air, de maintes façons je peux agir sur lui.

Le soir, je pars donc un peu moins inquiet sous mon capuchon lourd de pluie (car il pleut tous les jours).

Le 3. – Hier soir, accaparé par mes recherches sur saint Jean de la Croix, je n'ai pas eu le temps de préparer le feuilleton quotidien pour M. – Je suis parti avec les autres externes. M. m'a regardé sans rien dire. Il a vu que je n'avais rien pour lui, il a détourné son regard et j'ai dû sortir sans lui serrer la main.

J'ai passé une nuit terrible. Ma mère qui m'entendait est venue me demander la raison de mon agitation.

Le rêve, évidemment, serait d'être interne.

Le 5. – Hier, en arrivant à l'école, j'ai surpris un groupe de quatre camarades penchés sur M., dans un coin de cour. Je me suis approché sans bruit.

M. lisait (ou plutôt ânonnait) un de mes feuilletons, j'ai entendu mes mots. La voix d'un autre animait ma pensée qui ainsi voltigeait dans la lumière.

J'étais ébloui ; mon cœur battait très fort.

L'auditoire était muet.

J'écoutai jusqu'au bout la lecture. Quand ce fut fini, ils sont restés silencieux un instant, puis l'un d'eux a dit :

« Tu crois qu'il pourrait écrire un roman ? »

Et M. répondit :

« Il peut écrire tous les romans que tu voudras. »

L'autre reprit après un silence :

« Garde ses papiers. Un jour, ils auront de la valeur !

– Quand il sera un grand écrivain, dit un autre.

– On te les achètera cher ! dit un troisième.

– Oui, reprit M., mais je ne les vendrai pas. »

J'attendis d'être entré en étude pour lui dire :

« On m'a dit que tu lisais mes papiers à tout le monde.

– C'est pas vrai ! dit-il en rougissant.

– Si c'était vrai, je ne t'aimerais plus. »

Il parut défaillir. Je sentis sa main qui prenait un des pans de mon veston et qui tirait comme pour me faire choir de mon petit escabeau.

Je pris cette main dans la mienne, en la pressant, comme pour dire : Je te dis ça pour plaisanter, bien entendu.

Il revint à lui et se remit au travail.

Pour me faire pardonner cette dureté, je préparai pour le soir même une page que je voulus la plus belle et l'ayant pliée en quatre, je la glissai dans un livre que je lui donnai.

A peine le prenait-il que la voix du surveillant retentit :

« Apportez-moi ce livre ! »

M. retira prestement mon billet et remit ce livre seul au surveillant.

« Donnez-moi ce papier, dit celui-ci en ricanant, c'est surtout ce papier qu'il me faut ! »

M. se mit à rougir sans répondre.

« Donnez-moi ce papier ! » répéta le surveillant.

M. maintenant pleurnichait sans répondre.

« Vous refusez ? »

L'atmosphère était irrespirable. M. paraissait devoir céder, aussi je me tenais prêt à bondir pour arracher au passage la feuille et la défendre jusqu'à la mort. Je n'aurais pu supporter que ce grand rouquin de surveillant lût ces pages. C'était en effet un étudiant coquet et dissolu que j'avais rencontré en ville au bras de filles fardées.

M., pâle comme un cadavre, déchira lentement la feuille en cent morceaux. La classe était sur le point d'applaudir.

Le surveillant remonta en chaire en disant :

« C'est bon ! retournez à votre place ! »

Pendant que M. revenait à sa table, j'entendis un ricanement, quelque part, au fond de la classe.

J'avais résolu de me confesser une fois par semaine, le samedi soir, pour communier à la messe du lendemain matin.

C'était l'heure bénie de la semaine.

Un par un, dans l'ordre de nos bulletins de confession, le surveillant nous appelait. Nous sortions alors, dans les couloirs obscurs, où les allées et venues paraissaient suspectes, et je flânais un peu. Arrivé chez mon confesseur, je récitais les péchés que j'avais, sur un papier, écrits, puis je me précipitais à la chapelle pour y faire pénitence. Une méditation, yeux clos, la figure enfouie dans les mains selon la plus pure tradition familiale, m'inondait ensuite d'une fraîche contrition, puis je comparais mes péchés avec ceux de la semaine précédente.

Pour cela, j'avais commencé un petit carnet sur lequel, jour par jour, je notais mes manquements au moyen de signes secrets.

Par contre Mimi était fort irrégulier. Parfois il allait à confesse tous les deux jours, parfois au contraire il restait plus de quinze jours sans rédiger de bulletin.

Les raisons de cette indifférence m'échappaient. Lorsque je les lui demandais, il répondait :

« Je n'ai rien à confesser.

– On a toujours quelque chose à confesser ! »

Il semblait alors inquiet puis :

« Tu sais, je n'aime pas ce truc-là et les curés nous posent des tas de questions vicieuses.

– Que te demandent-ils ?

– Des choses.

– Mais quoi ?

– Le précédent me donnait bien du chocolat, mais il me demandait comment je m'y prenais avec les filles.

– Avec les filles ?

– Oui. Et il voulait savoir si ça me faisait plaisir.

– Et qu'est-ce que tu lui répondais ?

– Oh, n'importe quoi.

– Et celui-là, est-ce qu'il te pose des questions ?

– Il me demande si je n'ai pas de trop bons amis.

– Ça ne le regarde pas ! »

Mimi souriait.

« Change de confesseur !

– J'aurais peur de le vexer !

– Change de confesseur ! » répétai-je avec entêtement.

Je ne sentis pas le ridicule de la situation et je lui demandai encore :

« Et tu lui dis tout ?

– Bien sûr. On doit tout dire à son confesseur. »

Il me regardait en dessous, tout en dessinant sur son sous-main des figures qui, petit à petit, ressemblaient à des mouettes prises dans une sorte de filet. Il continuait :

« Pendant qu'il me parle, il ne cesse pas de me tapoter le genou.

– Change de confesseur ! »

Bien que je ne crusse rien à ces vantardises, elles furent la cause de notre première brouille qui dura toute une longue journée.

L'après-midi, alors que j'étais accoudé à la fontaine, une voix chuchota à mon oreille :

« Renseignements en tous genres, filatures, enquêtes. »

Je me retournai : c'était Ventelot.

« Veux-tu quelques renseignements ? me dit-il.

– Ça ne m'intéresse pas.

– Ça m'étonnerait.

– Etonne-toi.

– Ça ne t'intéresse pas de savoir qu'"il" a fumé des cigarettes que Chaudurot lui a données ?

– Il est libre de fumer si ça lui chante. »

Ventelot se tut un instant puis reprit :

« Sans doute... mais si tu as besoin de renseignements, tu pourras toujours t'adresser à moi. »

Là-dessus, Ventelot se mit à me parler négligemment de ses enquêtes, de ses rapports avec la police secrète ; il me confiait, à moi tout seul, en me priant de ne le répéter jamais, même sous la torture, qu'il n'était pas étranger à certaines arrestations récentes. Pendant que sa voix bourdonnait à mes oreilles, mon esprit se mit à tournoyer comme un grand oiseau désemparé : fumer était, à mes yeux, le début de la débauche. On commence par fumer une cigarette et on finit Dieu sait comment !

Et Mimi fumait !

Je le rejoignis aussitôt que je pus :

« Je sais que tu as fumé.

– Ce n'est pas la première fois !

– C'est du propre !

– On m'a offert une cigarette, je ne pouvais pas refuser.

– Et pourquoi pas ? Est-ce que je fume, moi ?

– Oh ! toi, tu es un saint, mais moi je n'en suis pas un. »

Je fus si désagréablement surpris par cette réponse que je crus bon de changer de ton :

« Ah ! si tu voulais, comme ce serait bon, à nous deux, de devenir parfaits !

– Parfaits ?

– Oui, comme saint Jean de la Croix. »

Hélas, le pauvre petit ne connaissait pas saint Jean de la Croix ! Il resta bouche bée un instant, puis, le plus tranquillement du monde, me demanda :

« Oh, je veux bien, mais comment faire ?

– En priant et en éduquant notre volonté. »

Il me regarda et je lus dans ses yeux une grande confiance.

« Essayons ! » dit-il.

Ce fut une fête dans mon cœur. Jamais je n'aurais cru qu'il était si facile de gagner une âme. J'ai eu des joies, certes, mais jamais une seule qui eût la qualité de celle-là, non que notre amitié m'en parût consolidée, car notre amitié ne m'intéressait pas, et même je crois que je n'avais pour Mimi que du dédain, peut-être même de la haine. L'intérêt que je lui portais venait sans doute de ce que cet enfant était ma première proie. Peut-être aussi le parfum qui se dégageait de sa peau m'attirait-il ? Quoi qu'il en soit, seul j'aurais hésité à entreprendre mon œuvre de réformation. Mais Dieu m'envoyait un petit frère, un disciple, et ainsi la campagne allait pouvoir commencer.

Il ne fallait plus attendre, en effet, car qui sait si le lendemain Mimi allait être dans les mêmes dispositions ? J'écrivais en tremblant sur mon diaire :

> ... C'est ce soir que nous avons décidé de répondre lentement et distinctement à la prière sans nous occuper des autres. Non seulement ainsi nous aurons une prière décente, mais cette première petite épreuve nous aguerrira en vue des luttes futures.

J'eus honte par la suite de la puérilité de cette première entreprise mais une sainte exaltation ne cessa de croître en moi depuis le moment où cette décision fut prise ?

Le soir, à la maison, j'étais si radieusement ému que mon père, qui était de campo, me demanda :

« Qu'est-ce qui t'arrive ? »

J'aurais volontiers tout raconté, mais m'eussent-ils compris ?

La nuit fut calme. Le soleil se leva dans un ciel doré. Je consacrai ma journée à Dieu en l'implorant de me donner l'audace nécessaire et je partis pour Saint-Pancrace où je trouvai Mimi confiant et décidé.

Les bras croisés, nous attendîmes l'heure de la prière. Enfin le lecteur prit le livre et sa voix s'éleva, sourde et banale :

« Remercions Dieu des grâces qu'il nous a faites et offrons-nous à lui... »

Mimi et moi, solidement unis dans notre résolution, attendions en tremblant, un peu pâles. Au répons, ce fut l'odieuse cohue habituelle, chacun récitant au plus vite le texte familier. Seuls Mimi et moi, au contraire, répondîmes lentement et, au début, dans le brouhaha, nul ne s'en aperçut. Mais lorsque le grondement collectif se tut, nos deux voix continuèrent à psalmodier.

Parmi les camarades ce fut de l'étonnement d'abord, puis un immense éclat de rire retentit.

Enfin le surveillant put prononcer :

« Zéro de discipline à ces deux sauvages ! »

Mimi eut une minute d'affolement, mais, imperturbable, je terminai la récitation du verset.

C'est ainsi que je fus considéré comme une forte tête dont il convenait de se méfier. La sincérité est une injure à la société et le sincère est un individu dangereux.

Le samedi suivant, à la lecture publique des notes de la semaine, le Supérieur s'arrêta longuement sur nos deux zéros de discipline. Ses bons petits yeux pétillèrent de malice et d'indulgence.

« Ça leur apprendra à faire les pitres pendant la prière ! » dit le Préfet.

Je fus plus vexé de cette phrase que du zéro lui-même et tirant enseignement de ce premier échec je résolus de ne rien entreprendre avant d'avoir consulté saint Jean de la Croix.

Comme on le pense, j'étais de plus en plus attiré par l'Ecole. Je la quittais à regret le soir, m'imaginant que ce qui devait s'y passer d'exceptionnel allait avoir lieu pendant mon absence et que j'en mourrais de désespoir. J'aimais ses bruits, ses silences, aussi ses odeurs.

Les soirs, les classes assoupies, bien closes, fermentaient furieusement car, bien que les installations sanitaires de Saint-Pancrace fussent assez modernes, les élèves ne s'y rendaient pas volontiers, ou, si on les y forçait, se contentaient d'un simulacre de toilette, de sorte que j'aurais pu reconnaître chaque élève « au nez ».

Lorsqu'ils étaient assemblés, tous ces fumets formaient un relent tiède, fade et inerte, spécifiquement masculin, qui, s'échauffant à la longue, devenait une sorte d'harmonie sombre et sourde, bien supérieure en qualité à celle des parfums chimiques artificiels et pour tout dire désagréables, qui se dégagent d'une société bien savonnée.

Ces émanations imbibaient les murs, le mobilier, les vêtements et les livres aussi bien que mon âme. Elles formaient, sans que je m'en aperçusse, le seul fluide respirable hors duquel je pensais mourir asphyxié.

Mais parmi ces effluves, celui de Mimi avait sur moi un pouvoir extraordinaire. Il tranchait nettement sur les autres et m'incitait à me surpasser et surtout à parler et à convaincre. Souvent en le respirant j'avais une bienfaisante envie de pleurer. D'autres fois je me serais enfui très vite, j'aurais gagné sans frémir des zones dangereuses et mortelles où j'aurais pu combattre sans faiblir des puissances d'horreur et de stupre et y faire éclater une aveuglante lumière.

Si j'essaye de définir davantage le parfum de Mimi je peux dire qu'il était plus vif, plus musqué, plus aigu, plus violent aussi.

Cela me rappelait un peu les farouches senteurs d'automne : la fermentation de dahlias fanés.

Un jour, par inadvertance, je pris son cache-col à la place du mien. Je m'en aperçus tout de suite bien entendu mais je n'en laissai rien paraître. Non sans scrupule, je le gardai d'abord dans un coin de mon pupitre jusqu'à ce que son parfum eût imbibé mes livres, puis je le mis dans ma poche et mes mains s'imprégnèrent de son odeur.

Je ne le lui rendis que lorsqu'il eut perdu son charme, car alors il me parut suspect, comme un cadavre, et ne me procura plus aucun plaisir.

Un soir, Mimi me demanda :

« Vois-tu des filles dans la rue ?

– Pardi !

– Tous les jours ?

– Oui, tous les jours.

– Tu ne leur parles pas ?

– Bien sûr que non. »
Il parut satisfait.

Le 9. – Hier, j'ai été appelé près du Préfet. Plus sombre et plus jaune que jamais, il m'attendait dans son bureau. Je me suis approché sur le tapis de haute laine, tout près du bureau, là où l'on marche sans entendre ses pas, comme un sourd qui parle sans percevoir ses paroles.

Brusquement, de cette voix brève et amère qu'il a aux mauvais moments, il m'a dit :

« Je n'aime pas beaucoup ces histoires de billets que l'on passe dans les livres ! »

En un instant, j'ai été couvert de sueur. La pièce résonnait d'une façon sinistre et, dans les coins mangés d'ombre, de grands fauteuils noirs me regardaient. Seuls les lorgnons du prêtre mettaient un peu de vie dans ce cabinet empuanti d'odeurs pharmaceutiques.

Il a approché son visage du mien et, dans son haleine mauvaise d'hépatique :

« Il faudra garder ces manières pour les écoles laïques, monsieur, et ne pas venir nous pervertir ici ! »

Un désespoir immense me monta à la gorge. Je voulus répondre mais il m'interrompit :

« Taisez-vous ! Allez ! »

Et il me montra la porte.

En sortant dans ce couloir trop large, je me suis précipité vers la chapelle. Je suis entré dans le petit sanctuaire et je me suis jeté sur un banc pour sangloter. Lorsque je fus apaisé je me suis mis à prier et à parler avec Jésus, mon modèle. Je lui ai dit : Jésus, qu'ai-je fait ? Dites-leur à tous que je vous aime et que je veux que votre règne arrive !

La consolation naquit de cet entretien tenu dans le silence crépitant des veilleuses. Par les vitraux, un jour glauque entrait. J'étais bien.

J'entendis un pas derrière moi et je me levai pour sortir. Le Préfet était là, lui-même abîmé dans la prière, le visage enfoui dans ses mains rondelettes.

Il ne releva pas la tête.

Comme je remontais dans ma classe, je vis, dans l'obscurité d'un palier, deux ombres qui s'étreignaient, comme les amoureux dans les rues. A mon approche, le couple s'est délié et j'ai vu s'enfuir deux silhouettes qu'il m'a semblé reconnaître : l'une grande et déjà mâle, l'autre petite, plus fine. Elles disparurent dans l'ombre toutes deux et je suis resté là, stupide, plus désespéré que jamais.

Une notion persistante de danger m'assaillit dès cet instant. Je n'osais pas comprendre le péché dont on me chargeait. J'aurais souhaité me retirer dans l'obscurité. J'avais peur de la lumière à tel point que je n'osai pas rentrer dans la classe et que je restai dans le vestiaire, roulé dans un capuchon jusqu'à ce que la cloche sonnât.

Le même soir, je rentrai chez moi par les ruelles étroites où les réverbères se miraient dans les flaques d'eau, entre de grands murs gris. Je passai la nuit à méditer et, à genoux sur le parquet, les bras en croix, je priai pendant plus de deux heures.

D'abord, ce fut une plainte dolente, puis, sous l'effet du froid et de la douleur causée par cette position je sentis un grand bien-être pénétrer dans mon âme. C'était doux comme une rédemption.

A bout de force, dans ma longue chemise de nuit, je tombai dans une sorte d'hypnose qui me tint lieu de sommeil. Le Christ ! le Christ noble et voilé, souffrant d'injustice et déchiré de malentendus ! C'était lui qui me soutenait comme par miracle... Mes bras, comme les siens crucifiés, me firent beaucoup souffrir au début, puis, comme réellement cloués à une croix, ils restèrent suspendus dans le vide sans que j'eusse besoin de faire le moindre effort.

Le lendemain, j'étais serein, comme isolé dans une joie secrète et cette heure nocturne, passée en prière, me laissa un tel souvenir que je résolus de la répéter aussi souvent qu'il serait nécessaire pour retrouver cet état d'alacrité dans lequel je vécus toute la journée du lendemain.

Je frôlai même l'extase, me sembla-t-il, et, lorsque le sommeil me vainquit, environ trois heures de l'après-midi, j'en rendis exclusivement responsable le professeur de mathématiques.

2

L'heure d'agir était venue.

Devais-je demander conseil à mon confesseur, comme j'en avais formé le projet ? Pouvais-je au contraire entreprendre seul ma grande réforme des mœurs scolaires ?

Ce fut alors une série d'expéditions dans la bibliothèque de l'établissement. Mon but était de rechercher des documents sur les saints en général et sur saint Jean de la Croix en particulier.

Il fallut d'abord déterminer le moment de la journée pendant lequel la bibliothèque était déserte. C'était le soir entre cinq et six heures.

Il s'agissait ensuite de trouver le moyen d'y pénétrer (il va sans dire que comme toutes les bibliothèques de tous les établissements scolaires, celle-ci était fermée aux élèves).

Une seule voie d'accès me parut utilisable : le toit du garage à vélos, puis la corniche qui courait au long de la maison, à cinq ou six mètres du sol.

Je fis ma première tentative un soir de brouillard. Les réverbères de la rue formaient des halos jaunâtres. Il faisait assez froid. Je réussis à gagner la fenêtre, mais elle était fermée et je dus rebrousser chemin, me promettant de recommencer l'opération aussi souvent qu'il le faudrait, jusqu'à la réussite.

La Providence ne pouvait que récompenser une telle persévérance, la vie de saint Judes que je venais de lire m'en donnait la certitude, et dans son sermon de clôture le prédicateur n'avait-il pas commenté cette phrase de l'Evangile : « Cherchez et vous trouverez, frappez et l'on vous ouvrira » ?

La deuxième fois, la fenêtre était ouverte.

Aussitôt entré dans la bibliothèque, j'eus peur ; non pas de cette sotte peur des lâches qui craignent le châtiment, mais tout simplement parce que la bibliothèque contenait une modeste collection d'échassiers empaillés et je n'avais pas fait trois pas que je heurtai la grande grue grise de Camargue qui, raide comme un échalas, tomba d'une pièce sur le parquet.

Cela fit un bruit mou et mystérieux. Un nuage de poussière s'éleva dans la demi-obscurité alors que le héron cendré *(Ardea cinerea)*, l'échasse aux pieds rouges *(Himantopus himantopus)* et la glaréole *(Glareola pratincola)* me regardaient de leurs yeux de verre.

Après avoir vaincu l'épouvante, j'ouvris les vitrines et me mis à chercher parmi les huit mille volumes qu'on nous cachait si bien.

Je venais d'entreprendre le rayon 3 du meuble 1 lorsque j'entendis du bruit dans le couloir.

J'avais à peine regagné la corniche que quelqu'un entrait dans la pièce. Je pus fort heureusement retrouver le sol sans encombre.

La perspective de retourner dans cette ménagerie inutile devint un cauchemar, mais n'était-ce pas là précisément le signe par lequel Dieu me dispensait ses encouragements ? Ne le voit-on pas semant d'embûches le chemin qu'il fait suivre à ses privilégiés ?

La troisième expédition, soigneusement minutée, fut la récompense de mes efforts et de ma ténacité. Dès la première minute, je mis la main sur un très gros volume intitulé *La Vie des saints*.

Je me retirai prestement et blotti dans la petite classe d'anglais, j'entrepris la lecture de cet ouvrage pendant que des bribes de *Tantum ergo* montaient de la chapelle. Hélas !

l'auteur parlait de saint Lin, de saint Clot, de saint Agostin voire même de saint Agoard et de saint Aglibert, mais il restait muet sur saint Jean de la Croix.

Pourtant, à force de feuilleter cet épais ouvrage, je tombai sur sainte Thérèse d'Avila, espagnole elle aussi, dont l'auteur disait qu'elle avait entretenu avec saint Jean de la Croix des relations d'amitié mystique.

Cette amitié mystique entre une none et un saint me rendit celui-ci encore plus admirable, les hommes capables d'entretenir des relations d'amitié mystique avec des femmes me paraissant extrêmement rares.

Ce livre ennuyeux exposait la vie de tous les saints avec une finalité exaspérante pour tout autre, mais je trouvais délicieux que sainte Gertrude, dès l'âge de neuf ans, maltraitât « les membres destinés au lit conjugal », pour mourir vierge à trente ans.

J'admirais que saint Fulgent s'entraînât dès le berceau à supporter les brûlures pour mourir, quadragénaire, sur un bûcher.

En outre, ce livre m'apprit que sainte Thérèse avait été une réformatrice. Je m'en doutais un peu, mais à partir de ce jour j'eus la certitude que l'on ne peut être quelqu'un de bien sans réformer quelque chose.

Bien qu'il fût muet sur saint Jean de la Croix, ce livre devait me révéler que saint Hilgobert, roi des Salsones, païen sans vergogne, avait trouvé dans son épouse, sainte Hégoïne, un tel exemple de vertu qu'il lui proposa, au bout de deux ans de mariage, de vivre à jamais fraternellement et que cette continence avait valu aux deux époux d'être canonisés ensemble.

Après cette première lecture, il me fallut trouver une cachette car je ne pouvais songer à reporter le livre chaque soir à la bibliothèque.

Le mieux était de le faire disparaître dans l'ancienne bouche de chaleur. Cette bouche était masquée par un panneau de bois qui céda sans difficulté. Je tentai d'introduire la

Vie des saints dans la cavité mais je ne pus y parvenir car celle-ci était déjà pleine de bouteilles de liqueurs, de spiritueux, de rhum, de whisky et de paquets de cigarettes.

Très troublé, je refermai l'orifice et je cherchai une autre cachette.

Je trouvai enfin, au fond du parc, un petit kiosque en ruine, caché dans les buis et les hautes carottes sauvages. Je pus y dissimuler provisoirement l'in-octavo.

Ce même soir, il se produisit une sorte de miracle. Entrant à la maison, je vis, en effet, à la devanture du libraire, un livre sur la couverture duquel était imprimé, en elzévir maigre, le nom de saint Jean de la Croix. J'entrai dans la librairie. On voulut bien me montrer l'ouvrage mais le prix en était trop élevé.

Pourtant, chemin faisant, je résolus de faire les plus gros sacrifices pour me le procurer.

Illuminé intérieurement par la joie que me causait cet événement que certains eussent pu mettre sur le compte du hasard, je rentrai à la maison.

Ce réconfort, quoique discret, me fut bien utile pour supporter le coup qui m'y attendait : mes parents avaient reçu de Saint-Pancrace une lettre les informant que leur fils donnait des signes d'indiscipline et de perversité.

Comment lutter contre une telle injustice autrement que par la pénitence ?

Je tentai donc de passer la nuit en prière.

Couché de bonne heure, j'attendis que mes parents fussent endormis. Je me levai alors et m'agenouillai comme la première fois, les bras en croix.

Il commençait à faire froid.

J'implorai Dieu : « VOUS qui avez fait mourir miraculeusement les molosses qui poursuivaient saint Damien, Vous qui avez refermé les flots de la mer rouge sur les cruels Egyptiens, vous qui avez éteint les flammes qui devaient brûler sainte Apolline, daignez simplement faire éclater la vérité aux yeux de tous ! »

Dans la nuit, les trains, fidèles au rendez-vous, sifflaient longuement.

J'entendais les prostituées qui faisaient le trottoir sous ma fenêtre pester contre le vent et la pluie.

« Quel métier de chien ! »

Et, prenant leurs fautes à mon compte, dépassant ma propre peine, je priai pour elles, comme saint Vincent de Paul priait pour les galériens.

Lorsque je regagnai mon lit, je n'eus pas la force de m'occuper de ma campagne à Terre-Neuve et la goélette ce soir-là dut voguer sans capitaine.

Pour Noël, il se produisit un deuxième miracle : ma grand-mère m'offrit une somme suffisante pour acheter le *Saint Jean de la Croix* que je lus aussitôt.

Je n'en étais qu'aux premiers chapitres que déjà je comprenais la nécessité d'établir une règle.

Règle. Un mot qui sonne comme un coup de lanière sur des fesses maigres dans les couloirs des monastères.

Oui, il me fallait une « règle ». Je ne pouvais vivre sans « règle ». Comment avais-je fait pour m'en passer jusqu'à ce jour ?

C'est ainsi que, provisoirement, j'établis un emploi du temps sommaire qui devait servir de base à la future règle. J'eus soin de ne le point faire trop sévère. En effet, il pouvait me venir des disciples et je ne voulais pas les décourager par une trop grande rigueur. Qu'est-il advenu, en effet, de cette fraternité rêvée par le père Charles de Foucauld ? Rien. Charles de Foucauld n'a vu venir à lui qu'un seul petit frère qui, au bout d'un an seulement d'expérience, dut abandonner l'ermitage de Beni-Abbès, rebuté par la trop grande sévérité de la règle.

Voilà à quoi je ne voulais pas m'exposer, car, sans compter absolument former un jour une « fraternité », j'y pensais avec ferveur et émotion, secrètement. Je souffrais trop d'être fils unique pour repousser ainsi la seule chance qui me restait d'avoir des « frères ».

Voici la *Règle provisoire* qui fut élaborée :

– Prière à 6 h 30 – Prière et consécration de ma journée. – Psaumes de Laudes. Courte méditation.

– 7 heures : Toilette.

– 7 h 15 : Départ pour Saint-Pancrace.

– Utiliser le quart d'heure de trajet pour réciter le *Veni sancte spiritus.* Courte méditation.

– 7 h 30 : Messe des élèves.

– De 8 heures à 11 h 30 : Classe.

– De Saint-Pancrace à la maison : Dévotions à la Vierge, notre mère du ciel. Récitation de l'*Angélus.*

– Repas.

– Trajet retour : Action de grâce et une dizaine de chapelet.

– Etude de 1 h 30 à 2 heures. *Méditation.*

– Classes.

– De 4 h 30 à 7 heures : Devoirs, leçons, examen de conscience. *Méditation.*

– Trajet retour : Une dizaine de chapelets.

– 9 heures : Coucher.

– De 9 heures à 9 h 30 : *Méditation.*

– Réveil à minuit. De 0 heure à 0 h 30 : Récitation des psaumes de Matines.

– Réveil à 3 heures. De 3 heures à 3 h 30 : Lever et *Méditation.* Extase.

C'était évidemment très modeste, mais ce n'était, on le sait, qu'une ébauche.

Hélas, une chose est de prévoir trente minutes de méditation, autre chose est de méditer pendant ces trente minutes. Et c'est là que l'on s'aperçoit que la première condition pour s'acheminer vers la sainteté avec quelques chances de succès, c'est d'avoir une imagination robuste. Grâce à Dieu, la mienne ne manquait pas de ressources et les sermons du vendredi me fournirent, fort heureusement, un thème inépuisable : La chair.

En effet, l'usage que nos maîtres faisaient de ce terme était tellement déroutant qu'un halo magique semblait l'auréoler, à seule fin de centrer notre attention sur lui.

Nous sentions tous très bien que la religion, tout au moins celle qui s'était élaborée à Saint-Pancrace, était en somme axée là-dessus.

La lecture de la Bible, par exemple, nous montrait qu'il était fait du mot « chair » un emploi bien contradictoire.

Non seulement ce mot y était opposé à l'esprit, mais il était chargé d'un sens péjoratif certain et lorsque je lisais, par exemple, que la chair et le sang ne peuvent hériter le royaume de Dieu, il m'apparaissait clairement que la chair et le sang sont des choses diaboliques. Et pourtant les prédicateurs et nos professeurs affirmaient que la Parole a été faite chair, que le Christ, venu sans péché, a racheté la chair, et qu'il est ressuscité en chair.

Venait ensuite l'Evangile. On y trouvait aussi des passages bouleversants dans lesquels on lisait : « L'homme quittera son père et sa mère, s'attachera à sa femme et ne formera avec elle qu'une seule et même chair. » Après quoi on me recommandait d'éviter les attachements charnels qui ne sont que désordre et mort.

Et pourtant cette chair méprisable devait ressusciter (c'était un article de foi) pour participer à la gloire de Dieu, dans les siècles des siècles.

Tant de mépris suivis de la promesse de tant d'honneurs et de gloire me bouleversait.

Quelle inépuisable source de méditation ! Quel trésor pour un adolescent ! Ce corps, exposé à tant de tentations, sujet à tant de faiblesses, coupable de tant de crimes, pouvait être l'instrument de salut et, maté, mortifié, piétiné, devenir un motif de sanctification.

On nous apprit une belle prière que je répétais chaque fois que ma pureté était en péril : elle s'adressait d'ailleurs à la Très Sainte Vierge. Elle était ainsi conçue :

« O ma Souveraine et ma Mère, je m'offre tout à vous et pour vous prouver mon dévouement, je vous offre mon corps, mes yeux, ma bouche, mon cœur, tout moi-même, et puisque je vous appartiens, ô ma Mère, gardez-moi comme votre bien et votre propriété. »

Ce marché me paraissait fort habile. Ne troquait-on pas toutes ces choses charnelles contre un trésor inestimable ? L'énumération me semblait d'ailleurs bien trop courte et j'y ajoutais avec ardeur mes pieds, mes mains, mon ventre et même, pourquoi pas ? mon sexe, objet de tant d'inquiétude et source de si fréquentes occasions de pécher que j'en étais fort embarrassé. Personne ne pouvait mieux me le garder, n'est-il pas vrai ? que la Très Pure Vierge sans tache, l'Immaculée Conception.

Martyriser son corps volontairement est une chose difficile qui, au premier abord, m'avait séduit, mais qui nécessitait un entraînement sévère.

Pourtant, saint Jean de la Croix est formel là-dessus.

Ma première expérience porta sur la nourriture. L'eau pure m'ayant toujours répugné, je décidai d'en faire ma boisson exclusive.

A la table familiale je n'acceptai donc plus de vin. Mon père s'en aperçut et insista. Il professait que c'est à partir du moment que l'on ne boit plus de vin que l'on commence à faire des bêtises. Mais je tins bon et il céda.

Un jour, l'eau pure n'étant plus pour moi une punition (on s'habitue à tout), je résolus de me priver de dessert. En refuser me parut impossible, car mes parents se fussent alarmés. J'en prenais donc mais je ne le mangeais point. Sous un prétexte quelconque, je me levais de table en emportant ma part de sucrerie, et je la faisais disparaître.

Ce me fut très pénible. Preuve que la méthode était bonne et qu'il me fallait l'amplifier.

C'est ainsi que je me refusai successivement ces mets qui étaient mes préférés : le hareng saur aux oignons, la choucroute, la tarte aux prunes, le chocolat, le café au lait du matin que ma mère remplaça, en maugréant, par une soupe que j'oubliais de saler pour la rendre immangeable.

Enfin le costume eut son tour et je me contraignis à mettre ma casquette, ma belle casquette d'uniforme, bien droite sur ma tête, « en fromage » comme on disait, et à porter ma cape « en enfant de chœur », c'est-à-dire boutonnée du haut en bas, ce qui me donnait la silhouette d'un entonnoir.

Je me sentais ainsi délicieusement ridicule, car les filles pouffaient sur mon passage.

Comme je me refusais l'occasion de me regarder dans une glace, je ne vis point que des poils, et non plus du duvet, commençaient à pousser sur mes joues et sur le gras du menton, mais les camarades m'en avertirent :

« Tu pourrais te raser », me dirent-ils un jour.

Pour la première fois depuis cinq mois, j'eus recours à une glace.

Ce que je vis dans ce miroir m'effraya : mes joues étaient pâles et creuses, mes pommettes saillaient et mes yeux, pourtant petits, paraissaient immenses dans cette face osseuse et grise : la face de saint Jean de la Croix, telle que je me l'imaginais, d'après les personnages du Greco.

Enfin, je vis, effectivement, sur mes joues, de petites touffes de poils niais et ternes, groupés à la diable et, à la pointe du menton, une efflorescence qui, sur cette peau de cire, faisait comme une trace de cendre répondant aux cernes bleuâtres de mes yeux.

J'étais ridicule à souhait mais, en conséquence, je me gardai bien de me raser.

Bien entendu, toutes ces idées ne me vinrent pas spontanément. C'était saint Jean de la Croix qui m'en soufflait une grande partie.

C'est inimaginable en effet ce que ce garçon avait de facilité pour trouver, dans les actes les plus banals de la vie courante, l'occasion de se mortifier.

Il décrit ses pratiques avec une telle chaleur que les macérations les plus révoltantes me devenaient sympathiques. Si pour l'instant je n'en pratiquais aucune, du moins ces textes me furent-ils d'un grand secours pour en imaginer de nouvelles.

Le 4. – Saint Jean de la Croix me fait peur.

Je viens de lire un chapitre merveilleux. Je ne puis malheureusement pas l'imiter en tout pour l'instant, mais j'ai commencé avec grand succès à me refuser le plaisir de marcher sur le trottoir. Je suis modestement le ruisseau. Tout cela bien entendu sans abandonner mes prières ni mes mortifications nocturnes.

Le 6. – Cette nuit je ne me suis pas réveillé à trois heures. J'ai enfreint la règle. D'ailleurs j'ai de plus en plus de difficultés à m'éveiller à minuit.

Je ne me couvrirai donc ce soir que de mon drap et de ma petite couverture.

Immanquablement le froid me réveillera.

Le 7. – Je me suis bien réveillé cette nuit. J'étais brisé, les mâchoires serrées, le cœur contracté. La nuit paraissait plus noire.

J'entendais la terrible phrase de sainte Thérèse qui rend bien le silence glacial des cloîtres : « Vous ne savez pas ce que c'est que d'avoir froid pendant sept ans. »

Le 9. – Le système du froid a donné de bons résultats pendant trois nuits, pas davantage. Je me suis accoutumé à ce régime et je dors jusqu'au matin comme une brute.

Il faut absolument trouver autre chose.

Le 10. – J'ai dissimulé le réveil sous mon oreiller. La sonnerie n'a fait que juste le bruit nécessaire pour me réveiller à minuit. J'ai pu enfin faire mes exercices comme ils sont prévus à la règle.

Le 11. – J'ai recommencé cette nuit. Mais il s'est produit un événement regrettable : alors que j'étais en pleine oraison, et que l'âme de tous les monastères répondait à la mienne, la porte de ma chambre s'est ouverte toute grande et mon père, en chemise de nuit, est apparu ; ses maigres jambes velues, ses pieds nus, ses cheveux en bataille lui donnaient une grande ressemblance avec les bourgeois de Calais. J'eus envie d'éclater de rire car c'était la première fois que je voyais mon père dans cet accoutrement.

Lorsqu'il me vit à genoux, il eut un haut-le-cœur.

(Qu'on lui pardonne. Un chef de train n'est pas familiarisé avec la vie des saints et le monde de la prière peut fort bien lui être inconnu.)

Il ne put parler. Il eut comme un gloussement douloureux.

J'avais oublié ma prière, lui dis-je.

Appuyé au chambranle de la porte, il semblait défaillir. De la main il fit un geste brutal, ouvrit la bouche, resta coi, reprit souffle, avala sa salive. Le courant d'air faisait voler le pan de sa chemise. Je me sentais fondre de pitié.

Enfin, il put dire, d'une voix que je ne lui connaissais pas :

« Va dormir !

– Mais ma prière...

– Va dormir ! »

Je me levai et regagnai mon lit. Il attendait.

« Allons, dépêche-toi, j'ai froid, moi ! »

A vrai dire, j'attendais cette hostilité. Tous ceux qui ont voulu faire quelque chose de grand n'ont-ils pas été contrariés par leurs proches ? On parle des gens qui ont souffert de n'avoir pas de famille, on ne dit rien de ceux qui souffrent d'en avoir une.

Lorsque je fus couvert, il referma la porte et comme je me sentais surveillé, je n'osai me relever et je terminai mon oraison dans mon lit.

Quelques instants plus tard, j'entendis mon père se lever. C'était le jour de la Malle des Indes. Il prépara son panier, mangea sa tranche de lard, but son bol de soupe puis son verre de café arrosé d'une giclée de marc.

Ses souliers crissèrent une dernière fois sur le pavé de la cuisine, puis il ouvrit la porte et s'en alla sans venir m'embrasser.

Je l'imaginai, emmitouflé dans son cache-nez, suivant la rue du chemin de fer, gagnant le faisceau de triage, enjambant la palissade de traverses, respirant l'odeur des briquettes, puis montant dans un fourgon glacé, pendant qu'un aboyeur psalmodiait :

« Les voyageurs pour Modane, Turin, Rome, Naples et Brindisi, en voiture ! »

Il était grand temps de sauter du lit pour réciter laudes avant que maman fût éveillée.

Une mienne cousine vint à cette époque passer quelques jours à la maison. C'était une fille de vingt ans que je n'avais pas vue depuis plusieurs années car les rapports entre ses parents et les miens étaient, on ne sait pourquoi, sujets à éclipse.

Chacune de ses visites était pour moi une cause d'étonnement : j'avais vu naître successivement ses seins, ses hanches, ses mollets, sans parler des modifications de son visage qui, à chaque fois, me remplissaient d'admiration.

Cette fois, lorsqu'elle m'embrassa, ce fut son parfum qui me bouleversa : c'était le parfum de Mimi !

Cette révélation me donna à réfléchir non pas sur la biologie, comme on pourrait le croire, ni sur le fait curieux que des corps de garçons pussent avoir des effluves féminins, mais parce que le parfum de Mimi me devenait suspect et qu'à l'avenir il serait bon de me priver de le respirer. Tâche difficile, puisque nous étions voisins de classe, mais j'attendais beaucoup de ce nouveau sacrifice, car l'odorat a toujours été à l'avant-garde de mes sens.

Je résolus donc de condamner mes narines en réalisant tout simplement par un effort de volonté, une inhibition des sensations olfactives, de même que j'arrivais à ne plus éprouver aucun plaisir en dégustant de la tarte aux prunes lorsqu'on m'obligeait d'en manger.

Ce curieux effet de ma volonté était le résultat d'efforts extraordinaires, mais c'était un fait : les mets les plus savoureux pouvaient, lorsque je le voulais, se transformer en papier mâché aussitôt qu'ils entraient en contact avec mes muqueuses. Ainsi, j'arrivais presque à jeûner, à la barbe de mes parents, sans réduire le volume de mes aliments.

Ce phénomène, qui n'était pas loin de toucher au prodige, me permit d'échapper à l'espionnage maternel dont j'ai le plus atroce souvenir.

La tension nerveuse nécessaire pour réaliser cette espèce de miracle provoquait des vomissements que je dissimulai en m'isolant dans les W.-C. Ainsi j'arrivais pratiquement au jeûne recherché sans intriguer ma famille.

Ma famille ! J'ai souvent pensé à cette époque que les saints, ceux dont le nom figure dans les livres d'hagiographie, étaient des orphelins. J'enviais les enfants trouvés.

J'arrivai donc à condamner le sens de l'odorat comme j'avais jugulé celui du goût et j'y parvins avec une telle facilité que l'ambition me vint de ne pas en rester là.

Je pensai à sainte Gertrude « maltraitant ses membres destinés au lit conjugal ». Pourquoi ne m'y attaquerais-je pas moi aussi ? Par un effort de volonté ne pourrais-je pas supprimer mon sexe ?

Je me livrai à des exercices nombreux et répétés jusqu'au jour où j'appris que certains mages mongols et tibétains n'opèrent pas autrement pour atteindre à la chasteté et parviennent, par ce moyen, à des résultats surprenants. Si le procédé était employé par des païens, c'était Satan qui en était l'inspirateur et, non sans soulagement, j'abandonnai ces pratiques démoniaques.

Le 18. – Hier soir, en rentrant de récréation, M. a poussé un petit cri en ouvrant son pupitre :

« On a fouillé mon casier ! »

J'ai tout de suite compris. J'avais déjà remarqué que l'on nous surveille de plus en plus.

Aujourd'hui j'achète deux cadenas et quatre pitons pour fermer nos deux pupitres.

Le 19. – J'ai installé les cadenas ce matin. Ce soir le pion nous a lu une note de la Direction interdisant la pose de cadenas, pitons et autres modes de fermeture des pupitres.

Le 21. – Hier, la récréation a été agitée, nous avons joué au ballon dans une cour qui, à la suite des pluies, ressemble à un champ après l'arrachage des betteraves.

Tout le monde était maculé de boue.

Lorsque la cloche a sonné la fin des jeux, tous se sont précipités aux fontaines et ce fut la bousculade.

Hélas ! bien que nous fussions dans une école chrétienne, il faut bien le dire, les plus forts passaient les premiers. Ce n'est pas la première fois que j'assiste à ce scandale et, dès mon arrivée au collège, Dieu m'en est témoin, j'ai commencé à réagir contre cette barbarie que recouvrent hypocritement des habitudes de piété. Je suis las de ces mensonges. Plus que jamais je me sens capable de lutter.

Je serrais les poings en silence, lorsque tout à coup j'ai entendu la voix angoissée de Mimi qui m'appelait.

J'écartai la foule.

« Il m'a battu.

– Qui ?

– Lui. »

Et il me désigna Michel que j'avais si bien réglé quelques mois plus tôt pour l'affaire de la chapelle. Ce grand brutal m'attendait, déjà en garde, prêt à bondir. Bien sûr, il avait provoqué cette rencontre. Depuis longtemps il cherchait une revanche.

Tous les camarades firent cercle autour de nous. Je ne voulais pas me battre, j'allais exhorter mon adversaire à faire la paix. Je n'en eus pas le temps. Il était déjà sur moi.

J'ai fait de mon mieux pour rester sur la défensive, mais ce ne fut pas possible, il m'aurait abattu, tant son attaque était violente. J'ai bien pensé un instant me laisser ridiculiser. Je pensais au Christ vaincu et qui aurait bien pu s'il l'avait voulu, confondre, lui aussi, tous ses ennemis. Il ne l'a pourtant point fait. J'aurais dû l'imiter, oui j'aurais dû, mais vaincu, aurais-je conservé mon influence sur mes camarades ?

A contrecœur, j'ai donc attaqué en cherchant le corps à corps. Après avoir tourné un instant comme deux coqs en colère, je me suis jeté résolument à l'assaut. Je n'ai pas pu placer ma ceinture avant, mais il ne m'a pas fallu longtemps pour réussir une cravate très dure. Je ne sais comment cela se fit, mais nous roulâmes alors tous les deux dans la boue.

Le travail au tapis allait commencer. J'étais sûr de réussir car ç'a toujours été mon fort : enfourchements, torsions, tout y est passé, mais tout à coup, on entendit la voix du Préfet :

« Levez-vous, grands imbéciles ! »

Nous nous sommes relevés. Michel a disparu et je suis resté seul en face de mon confesseur.

« Compliments, c'est complet ! Tout à fait les mœurs du faubourg des mégisseries ! Une bagarre ! Une bagarre pour un minois ! »

Cette phrase tourna longtemps dans ma tête. Cela faisait devant mes yeux un brouillard affreux, une couleur glauque de noyade et le reste de la journée me parut affreusement long, mais grâce à Dieu, la nuit vint, la chère nuit qui m'appartenait tout entière. J'allais pouvoir enfin mettre de l'ordre dans mes pensées.

Je ne me couchai pas et une longue méditation me conduisit à la conclusion suivante : si ma campagne de privations et de sacrifices porte d'aussi piètres fruits, c'est qu'elle a été insuffisante.

Au point où j'en étais arrivé, je ne trouvai pourtant plus rien à faire pour aller plus loin sur ce chemin. Il m'était impossible de jeûner davantage sans alarmer mes parents et, du reste, il me sembla mesquin de répondre aux injures et à la suspicion dont m'accablait mon confesseur, par des disciplines aussi enfantines. Je devinais maintenant la monstruosité de la méprise qui appelait une réaction également monstrueuse et c'est ainsi que les châtiments corporels qui me répugnaient pourtant s'imposèrent tout naturellement.

C'est dans l'obscurité froide d'une nuit de décembre que me vint cette idée. Oh ! je ne pensais pas encore à la flagellation. C'était le bruit des lanières qui me gênait.

Je trouvai aisément dans mon placard d'écolier une corde grossière en chanvre brut. Je m'en ceignis les reins plusieurs fois à la hauteur du nombril et le supplice commença.

Dans saint Jean de la Croix, il est dit que les macérations doivent avoir lieu dans l'obscurité. C'est donc à tâtons que je regagnai mon lit.

Cela commença par un picotement qui me déçut et me fit douter de l'efficacité du procédé, mais ce fut bientôt une ceinture de feu tellement intolérable que je fus certain d'obtenir, tôt ou tard, justice et je me mis à pleurer de joie avant de m'endormir.

Extrait de mon diaire.

Le 23. – Un météore a traversé ma vie.

Un nouveau est venu aujourd'hui. Il se nomme Schwartzbachermann. Son père est officier et vient d'être nommé dans notre ville. Il a tenu toutes les garnisons de France et connaît tout. Il a de longs cheveux et un air têtu : je l'ai repéré tout de suite. Lui non plus n'a pas tardé à se rendre compte que nous étions faits l'un pour l'autre. Il m'a abordé sans attendre et nous avons bavardé longuement à mi-voix.

Il semble brûler du feu des Prophètes et recherche sa voie dans les enseignements de l'Ancien Testament. Il admire particulièrement Abraham. On devine aisément pourquoi. Il en parle avec une éloquence et une chaleur qui me réconcilient avec l'Histoire sainte. Oui, je conviens maintenant qu'il y a aussi des idées à exploiter et des exemples à suivre dans les Ecritures. J'en fais amende honorable et je prends au passage une leçon d'humilité.

J'espère lui avoir parlé convenablement de mes propres préoccupations. Il m'a littéralement sauté au cou et m'a traité de frère.

Cette fois j'ai un ami ; je n'ose pas dire un disciple car il est plus fort que moi et j'en remercie Dieu.

Le 24. – Longue entrevue avec Schwartz (c'est ainsi qu'on le nomme pour simplifier). Je suis médusé par l'étendue de ses connaissances et la rigueur de sa foi.

Le 25. – Longue entrevue avec Schwartz. Il m'a confié que son ambition était d'arriver à la « perfection parfaite », dût-il perdre sa vie pour cela.

Ce sont là ses propres termes. Que veut-il dire exactement par là ?

Le 26. – J'ai communiqué à Schwartz mes idées sur les mœurs scolaires. Sa figure s'est illuminée. J'ai donc osé lui rendre compte de mes efforts. Il a très longuement étudié ma règle. Ses yeux brillaient. Sa bouche avait une expression bizarre. Il a ensuite levé la tête et en me lançant un regard extraordinaire m'a dit :

– C'est nettement insuffisant. C'est enfantin, mais ç'a n'est pas mal quand même.

Puis il a eu l'air de réfléchir profondément. Demain, il m'en parlera sans doute plus longuement.

Le lendemain, lorsque je rentrais de l'école, un cheminot vint frapper à notre porte.

Ma mère en le voyant avait déjà pâli. Il s'en aperçut.

« Non, ce n'est pas grave, dit-il.

– Un accident ?

– Beuh, un petit accrochage dans le triage de Badan. Son train est dans le sable, mais lui n'a pas beaucoup de bobo.

– Où est-il ?

– A l'Hôtel-Dieu de Lyon.

– Peut-on aller le voir ? »

En posant les questions ma mère avait déjà sorti son manteau et la petite sacoche neuve.

« Vous pourriez y aller, bien sûr, avec votre fils, bien entendu... il y a, par exemple, le 115 !

– A 18 h 42 », dit ma mère qui connaissait le numéro et l'heure de tous les trains.

J'avais parfaitement entendu ce dialogue tenu à voix basse sur le palier. Ma mère sortit ma chemise blanche et mon costume neuf et me dit :

« Nous partons au 115 pour Lyon. »

Ainsi, j'allais voir Lyon ! Le Rhône, l'eau qui file jusqu'à la Méditerranée !

Un instant plus tard nous montions dans une voiture surchauffée où je prêtai une oreille émerveillée à la chanson des tuyauteries.

J'eus à peine le temps de jouir du spectacle de notre gare où les wagons geignaient comme si des hommes leur avaient infligé le martyre. Tout de suite ce fut le départ, le triage entrevu avec son écheveau de voies sous le regard de points lumineux, la bosse de triage, le coucou de manœuvres, puis la nuit.

Alors je m'appliquai à goûter les plaisirs du voyage. Parfois le compartiment était balayé de lueurs fugitives. Des gares, grelottant de toutes leurs sonnettes, nous regardaient passer, puis nous retombions dans l'obscurité de profondes campagnes vues à travers les gouttes d'eau qui roulaient en biais sur la vitre.

Avec ivresse, je parcourus en titubant le couloir, bien décidé, malgré l'inquiétude qui devait obligatoirement me serrer le cœur, à profiter en passant du plaisir de voyager.

Les eaux de la Saône renvoyaient des images renversées de becs de gaz, dans des grondements de ponts métalliques. Le front sur la vitre glacée, je m'acharnais à percer les ténèbres pour voir enfin des horizons inconnus.

Une angoisse pourtant m'étreignait : mon père était sans doute en danger de mort et je ne me sentais aucun chagrin. On m'avait tant répété que j'aimais mon père que je m'attendais à souffrir énormément. Hélas ! il n'en était rien : j'allais et je venais dans le couloir et je me surpris à siffloter.

Je fis un effort pour prendre l'attitude d'un jeune-homme-dont-le-père-est-en-train-de-mourir. Mais cela me fut impossible.

Le plaisir de voyager était plus fort que ce qu'on nomme l'amour filial. Pourtant sachant que mon père ne fréquentait pas les sacrements, je décidais d'entreprendre sa conversion. Je pris la main de maman. Elle tenait un chapelet que j'égrenai avec elle.

Je me servais de chaque *Ave* comme d'un projectile (le chapelet, cette mitrailleuse à prière) pour tuer mon indifférence coupable, implorant la Sainte Vierge de me donner au moins des larmes.

Le Rhône me fit, en sortant de Perrache, une impression inoubliable. Il faisait un bruit sourd et chuintant et, dans l'obscurité, ses eaux vertes dessinaient une large bande phosphorescente.

Je serais resté des heures à le regarder cavalcader, mais il fallut s'arracher à ce spectacle pour entrer enfin à l'Hôtel-Dieu. Dans un lit, je vis un tas de pansements d'où émergeait une moustache en broussaille et un œil tuméfié.

Il se mit à sourire, cet œil, lorsqu'il nous vit et cela redonna du courage à ma mère.

Sa voix aussi, quoique un peu voilée, dut lui faire du bien. Il riait :

« Un peu de casse à la jambe droite et des bleus partout.

– Tu souffres ?

– Imaginez-vous que je vienne de recevoir une volée de coups de gourdin. C'est tout.

– Et le médecin ?

– Il est en parfaite santé !

– Ne plaisante pas, Joseph.

– Le médecin n'a plus rien à voir. Il n'y a plus qu'à attendre que je me recolle. »

C'était vrai, à cette différence près qu'il y avait une fêlure du bassin et une très grosse plaie à l'omoplate.

On vint nous prier de nous retirer. Mon père nous souhaita le bonsoir en ajoutant :

« En tout cas, finies les nuits ! J'aurai un service doux ! »

Les nuits ! Le cauchemar des petits cheminots. Les nuits de ceux qui, comme les moines, veillent pour les autres.

Je restai un instant près de lui et dans un murmure je dis au blessé :

« Tu vois, ton métier est dangereux, tu devrais toujours être en état de grâce. »

Il sourit à travers son pansement et me répondit :

« Et que me faut-il faire pour être en état de grâce ?

– Te confesser, communier et aller à la messe.

– Dis moi : le Christ faisait-il tout cela ?

– Non, bien sûr, mais...

– Alors pourquoi veux-tu que je le fasse ? »

Je pris une mine contrite. Il le vit et me prit la main.

« J'y penserai, dit-il, oui, j'y penserai. »

Il était tard lorsque nous sortîmes de l'hôpital. Ma mère demandait déjà son chemin pour revenir à Perrache. Loin du bruit des trains, nous étions perdus. Pour nous, le point de ralliement serait toujours la gare.

Je réussis pourtant à rester accoudé au parapet. Il ne pleuvait plus. Au contraire, un vent du nord balayait les nuages et, éclairées d'un rayon de lune, les collines de Fourvières et de Saint-Just apparurent. Le dépaysement était tel que je vis, dans les hautaines maisons lyonnaises, des palaces fabuleux, et, pour la première fois de ma vie, je savourai la chance d'être le fils d'un chef de train.

Nous restâmes deux jours à Lyon où un pèlerinage à Fourvières s'imposait ; après quoi, tout fier de ces aventures lointaines, je revins à Saint-Pancrace.

J'y retrouvai une effervescence bien compréhensible : Schwartzbachermann venait de tuer sa sœur d'un coup de revolver.

Il avait refusé de répondre aux enquêteurs, et lorsque le juge d'instruction lui avait demandé la raison de ce geste, il avait répondu :

« Je l'ai tuée parce qu'elle ne croyait pas en Dieu. »

Voici ce qu'en dit mon diaire :

« *Le 1er*. – Ventelot m'a averti que je serais interrogé par la police dans la soirée. En effet, à quatre heures j'ai été appelé chez le Préfet. Un homme d'aspect sévère m'y attendait.

« Vous étiez un ami de Schwartzbachermann et vous avez eu avec lui de longues conversations, m'a-t-on dit. Ne vous aurait-il pas fait de confidences ?

– Non monsieur.

– Que pensez-vous de ce jeune homme ?

– Je ne le connaissais que depuis quelques jours, mais je le tiens pour le plus pieux de mes camarades. »

L'homme regarda l'abbé qui voulut parler, mais l'autre l'interrompit d'un geste.

« N'avez-vous pas remarqué qu'il lisait des livres suspects ?

– Il lisait la Bible. »

Le Préfet intervint :

« On ne vous parle pas de ça. Monsieur le juge d'instruction fait allusion aux mauvaises lectures.

– Les plus mauvaises lectures ne sont pas celles qu'on pense, monsieur le curé », dit l'homme.

Puis se tournant vers moi :

« N'avait-il pas un héros préféré ?

– Si.

– Lequel ?

– Abraham. »

Les deux hommes se regardèrent, puis le juge d'instruction eut une sorte de grimace. Ensuite il me dit très doucement :

« Merci, mon petit. » Et je sortis.

Le 2. – Tout le monde parle de l'affaire Schwartz. En général, personne n'y comprend rien. En ce qui me concerne, je vois dans ce crime l'influence néfaste de l'Ancien Testament. Seul l'Evangile, etc.

Le 3. – Le bruit court à Saint-Pancrace que Schwartz était de famille protestante et qu'il ne s'était introduit dans notre école que grâce à une fraude.

On en parla encore quelques jours, puis la vie reprit son cours. Je retrouvai mes soucis : plus que jamais, Mimi sollicitait des exemples et des conseils et tous les camarades avaient les yeux fixés sur moi. Je m'en rendais compte lorsque mon devoir de français était lu à haute voix et qu'ils se laissaient aller à applaudir, par exemple. Ou bien lorsque ayant été sollicités d'élire l'homme de confiance de la division, ils me donnèrent cent voix sur cent-quatre-vingt-trois votants.

J'étais prisonnier de la gloire et de la vertu. Je ne savourais pourtant ni l'une ni l'autre car le cilice me rappelait sans cesse l'odieux conflit qui existait entre mon confesseur et moi, mais, soucieux de conserver mon influence sur mes camarades dans le but que l'on sait, je continuai à alimenter ma légende.

Au cours des soirées venteuses et glacées, j'affectais de trembler pour tous les mâles de la famille qui voguaient quelque part sur l'océan et, enfin, pour excuser certaines négligences inévitables, j'annonçai que mon père était à l'hôpital de Chang-Si, après avoir essuyé, dans les mers de Chine, le plus beau typhon qu'on ait jamais vu.

Si brusquement j'avais crié à mes condisciples que j'étais un gamin tout simple, fils d'un chef de train présentement hospitalisé à Lyon, il se serait produit, dans l'école Saint-Pancrace et peut-être dans la ville entière, un scandale extraordinaire.

La confession me devenait de plus en plus pénible et, chaque fois, j'étais obligé d'aller faire une promenade dans le parc. C'est ainsi qu'un jour j'entrevis le couple enlacé que ma présence avait déjà dénoué, un mois plus tôt. Cette fois j'avançais sans bruit et ils ne m'entendirent pas. Ils restèrent pressés l'un contre l'autre. Appuyé à la rampe, je les entendis murmurer des choses si abjectes, me parut-il, que je me retournai d'un bond et que je me mis à courir n'importe où, suffoqué par le brouillard épais que le vent nous amenait de la Saône.

Arrivé dans le parc, je me sentis plus à l'aise. Pourtant ma pensée se reportait tantôt à l'interrogatoire, tantôt à la vision répugnante de l'escalier.

Finalement, ce fut cette vision qui peupla mes rêves de la nuit et mes pensées de la journée suivante. J'en étais tellement choqué que j'en parlai à mon cher Mimi.

Il se mit à sourire gentiment et me répondit le plus naturellement du monde :

« C'est Binchard et sa ficelle.

– Sa ficelle ?

– Oui.

– Qu'est-ce que c'est que ça ? »

Il me regarda d'un air étonné puis :

« Des ficelles, c'est Leroy et Bingoud, c'est Charles et Mémot, c'est Blainville et Charmoz. »

Puis il tourna les talons et s'en alla.

Le lendemain matin, alors que j'ouvrais mon pupitre pour y prendre mon petit tapis et mes manchettes de lustrine, je trouvai, épinglé en évidence, un énorme morceau de ficelle.

Pour la première fois, je venais de jeter un coup d'œil lucide sur la vie et je fus frappé de ma solitude.

La solitude glacée de l'enfant unique.

Brutale avait été la révélation.
Brutale fut la réaction.

Ma haire, serrée chaque jour d'un cran, améliorée chaque nuit de hérissements, me parut être une plaisanterie. D'ailleurs, en toute sincérité, je m'y habituais.

C'est pourquoi, ayant dérobé des lacets de cuir, les ayant armés d'un nœud à leur extrémité, j'en fis un martinet dont je tentai de me fouailler.

Ce fut un échec presque total. Ma main, mon poignet, mon bras s'y refusèrent. J'aurais dû leur obéir, mais l'exemple des grands ascètes était là et la Grande Trappe, dont on nous parlait souvent, n'était pas très loin.

J'ai honte de ces heures magnifiques et hideuses, mais elles me parurent, à l'époque, si douces auprès de ce spectacle de pensionnat où fermentaient tant de soupçons abjects.

Je n'eus pas la faiblesse de haïr. En aurais-je eu la force ? Tout était maintenant noyé dans la grisaille cotonneuse qui ouate le demi-sommeil. Le bruit de la vie des autres ne me parvenait plus. En quelques mois, j'avais encore grandi de quelques centimètres et je sentais dans mes membres des langueurs douloureuses.

Mes traits étaient, comme mon esprit, empâtés ; mes yeux cernés et ma négligence vestimentaire me faisaient paraître paresseux et malpropre. Alors, le regard accroché à un point brillant, quelque part devant moi, la bouche entrouverte, la main molle, la poitrine creuse, le dos rond, je me laissais envahir par la joie de souffrir.

Par une suite de mensonges pieux et de saintes ruses, je réussis chaque matin à quitter la maison une demi-heure plus tôt, à jeun. Il faisait encore grand-nuit et les becs de gaz éclairaient les rues vides où résonnaient les cris des boueurs.

Les masses d'arbres du jardin Francœur se confondaient avec le ciel et je marchais. Les mains nues offertes au froid bien que j'eusse pu les mettre dans mes poches, mais les poches étaient, au dire de nos maîtres, une invention diabolique destinée à perdre les jeunes gens des collèges religieux.

Mon pas sonnait sec dans le petit matin. Encore tout vibrant de mes pieuses insomnies, l'estomac crispé sous mon cilice, je dévalais les rues qui conduisent à la cathédrale. L'imprimerie Taillandier, comme moi soumise à une Règle nocturne, grondait de toutes ses rotatives. Je m'arrêtais un instant devant les soupiraux pour voir aller et venir les typographes, puis je repartais pour la cathédrale, pressé d'y arriver. J'enfilais la rue de la Miséricorde et d'un seul coup, au détour des platanes, je « la » voyais. Ses deux tours se dressaient plus claires que l'ombre du matin, percées de fenêtres minces comme des lames. Sa pierre était doucement lumineuse et, dans l'aube naissante, s'ouvrait le gouffre du grand portail.

Je me jetais dans cet abîme silencieux et glacé. Les portes capitonnées se refermaient sur moi en faisant un bruit sourd de canonnade et tout de suite c'était un parfum d'encens et de vieux surplis.

Une clochette grésillait. Tout était sombre, sauf les autels où se détachait l'ombre d'un prêtre. J'avançais, guidé par la zone blanche de l'allée, au milieu d'un peuple de chaises vides. Les confessionnaux bruissaient d'un frottement de chapelet.

Arrivé près de la sainte table, j'entendais le murmure du prêtre et mes yeux s'habituaient à l'obscurité.

Je discernais alors deux ou trois vieilles femmes, au relent d'urine. Il faisait bon car personne n'était là pour m'épier ou me menacer. Jésus et moi, tout seuls.

Mes genoux prenaient l'empreinte de la grosse paille des chaises et petit à petit les hauts vitraux se teintaient d'une lueur laiteuse.

Une messe se terminait. Le prêtre s'en allait, précédé du servant, un homme pâle et moustachu. Un autre prêtre revenait, précédé du même servant et une autre messe commençait, devant ces chaises toujours vides, ponctuée par les rares coups de canon du tambour d'entrée.

Sonnette, murmure, *Introibo ad altare Dei...*

Là-dessus, le carillon de Saint-Justinien sonnait les quarts et déjà quelques pigeons frottaient leurs ailes aux manteaux des gargouilles.

J'étais bien.

J'attendais la consécration avec fièvre. A l'Elévation, comme il se doit, je levais les yeux pour contempler l'hostie et le ciboire et je me sentais environné de Dieu. C'était encore bien autre chose que le vide glacé de ma chambre ou le tohu-bohu de la rue et, bien que mes doigts fussent engourdis par le froid, je sentais une tiédeur envahir l'abside. Dans mon cœur c'était la fête totale.

J'enfouissais ma figure dans mes mains et je regardais mon âme.

« Ai-je progressé ? »

Une voix qui venait tout droit du tabernacle ou de la lampe à huile (je ne sais) me répondait : Oui.

« Puis-je espérer entraîner plusieurs camarades ?

– Oui.

– Le mépris du Préfet doit-il m'encourager à persévérer ?

– Oui. »

Venait alors l'heure de la communion. Je n'osais m'approcher de la Sainte Table. Malgré que je fusse à jeun, que serait- il arrivé s'il était resté quelques péchés oubliés dans un recoin de mon âme ?

Je me contentais d'une communion spirituelle et lorsque l'officiant disait l'*Ite missa est*, je me sentais visité par une force extraordinaire et le drame qui assombrissait ma vie s'évanouissait.

J'en perdais à ce point le souci qu'arrivé parmi les premiers dans la cour de Saint-Pancrace, je me mettais à jouer aux billes comme si de rien n'était.

C'est alors que Ventelot fit de nouvelles démarches. Un jour, il vint près de moi et glissa furtivement un bristol dans ma poche puis s'esquiva.

Je lus sur ce papier : « Pour vos filatures, renseignements, enquêtes, adressez-vous à Ventelot, détective particulier. »

Un peu plus tard il me dit :

« J'ai vu que tes affaires n'allaient pas toutes seules. Si tu as besoin de moi, je suis à ta disposition. Je travaille très peu pour les camarades, je m'occupe surtout de l'extérieur mais comme tu m'es sympathique parce que tu es pauvre comme moi...

– Pauvre ?

– Oui, tu es né ici et non à Saint-Brieuc. Ton père est chef de train et non pas capitaine au long cours et aujourd'hui il accompagne le 4812... Est-ce vrai ?

– C'est vrai.

– Sois tranquille, ils ne le sauront jamais. Ils sont trop bêtes et tu as bien fait de leur en mettre plein la vue. »

Comme je me taisais, Ventelot continua :

« Je sais bien d'autres choses encore : le Préfet de discipline est écrivain comme toi.

– Ecrivain ?

– Oui. Il porte ses manuscrits aux imprimeurs de la ville, mais personne ne veut les lui accepter et c'est ça qui le fait râler. C'est pour ça qu'il est jaloux de toi. »

Il y eut un silence. Ventelot siffota entre ses dents, puis en souriant :

« Mais ce n'est pas ça qui t'intéresse le plus : Mimi a fumé trois cigarettes, jeudi, à la promenade, avec Michel et Leroy. Ils se sont cachés derrière les palissades du stade et lorsque le surveillant a eu le dos tourné, ils sont entrés au café des Sports et ont bu une bouteille de vin blanc. Michel a donné quelque chose à Mimi. Je n'ai pas pu savoir quoi, mais je le saurai si tu y tiens.

– Merci Ventelot, tu es un brave type.

– A ton service, et si tu as un coup dur...

– D'accord. A charge de revanche.

– Sûr ! »

La joie de voir venir à moi un nouveau disciple n'effaçait pas le chagrin de savoir que Mimi retournait à ses anciens errements. Il ne me restait plus qu'à surveiller Ventelot afin de m'assurer de son loyalisme.

Le soir même, j'entrepris donc une filature qui me conduisit dans une des rues les plus louches de ma ville natale, dans le quartier des tanneries.

La nuit tombait. Un à un, les réverbères s'allumaient. Ventelot enleva sa casquette d'uniforme, la mit dans sa poche et marcha à grands pas. Sous un des becs de gaz, une forme féminine s'anima à son approche. Je m'étais dissimulé dans l'encoignure d'un porche. Je vis mon pauvre ami s'approcher de la fille. Puis ils se dirigèrent tous deux vers la partie la plus obscure de la rue. Ils s'arrêtèrent devant un mur dont le plâtre humide s'écaillait sous la pluie.

Là, dans la grisaille, ils s'immobilisèrent pendant un long instant et la pluie se mit à tomber plus fort. Ils ne parurent pas s'en inquiéter et restèrent immobiles alors que le bruit régulier des gouttières crépitait le long des murs.

J'avais le cœur meurtri. Un si brave garçon ! pensai-je. Dois-je accepter l'aide de ce camarade pervers ?

Là-dessus, ils se séparèrent.

Ventelot passa devant moi. Allais-je le suivre ou valait-il mieux pousser l'enquête du côté de la jeune fille ?

Je me mis à courir en pataugeant dans les flaques. Bientôt je fus à la hauteur de la pauvre enfant. Elle crut que c'était son ami qui revenait et elle se retourna. Il me sembla voir un minois fripé, non sans joliesse et les gouttes de pluie faisaient comme des larmes sur ses joues fardées, car elle avait mis une poudre blanche et ainsi son visage ressemblait aux murs du quartier.

Ses cheveux défrisés pendaient sous un chapeau cloche. Pauvre Ventelot ! Pauvre couple perdu !

S'étant remise à marcher un peu plus vite, elle tourna au coin des abattoirs, prit, encore une autre rue, tout aussi triste. Sur le point de la perdre de vue, je me surpris à courir pour la rattraper. Pourquoi ? Sans doute pour exciter mon dégoût et me garder de l'attrait de la femme.

Maintenant, on devinait, de chaque côté de la rue, de grands bâtiments sordides et réguliers que les administrations construisent pour y loger leurs gens afin de les préserver de l'influence néfaste du confort individuel. Des couloirs sortaient des relents de lessives et de soupe aux choux.

Elle disparut au coin des cités. C'était sans doute, comme moi, une enfant de chef de train ou de wagonnier, et peut-être était-ce par elle que Ventelot connaissait mes origines.

On entendit une voix : « C'est à cette heure-là que tu rentres ? » Puis le haut-parleur du triage hurla : « Attention la 64 ! La 64 attention ! »

Sur le chemin que je suivais, je rencontrai des hommes qui parlaient du chemin de fer. Leurs souliers crissaient sur le mâchefer.

Toute cette humanité de plâtras, de taudis, de médiocrité et de fatigue me faisait horreur ; fort heureusement, d'autres soucis m'accaparèrent jusqu'à la nuit et je remis à Dieu le soin de dicter ma réponse à ce bon Ventelot. Devais-je perdre l'espoir de l'incorporer dans la fraternité que je rêvais de fonder ?

Mimi paraissait ne pas comprendre le drame qui se déroulait près de lui. Il semblait mener sans complication sa petite vie de cancre inoffensif et je lui en faisais durement grief. Il pleurait :

« Tu ne m'aimes pas !

– Comment veux-tu que j'accorde de l'estime à un camarade qui se débauche ?

– Je ne me débauche pas.

– Tu as fumé trois cigarettes jeudi, à la promenade, et vous êtes entrés au café, Michel, Leroy et toi, et vous avez bu du vin blanc doux.

– Comment sais-tu ça ?

– Je sais tout.

– Michel m'a offert des cigarettes et...

– Je ne te comprends pas : Michel te brutalise, tu m'appelles au secours et ensuite tu acceptes des cigarettes et tu entres au café avec lui.

– Il est très gentil avec moi maintenant ; il m'a donné un fume-cigarette en argent, je ne pouvais pas refuser de m'en servir.

– Donne-moi ce fume-cigarette ! Donne-moi aussi les cigarettes.

– Si tu les veux, va les chercher.

– Où sont-elles ?

– Puisque tu sais tout, tu dois savoir où elles sont. »

Il prononça ces mots avec un sourire narquois. Piqué au vif, je lançai :

« Elles sont dans la bouche de chaleur, avec le rhum, le whisky et le reste.

– Ce n'est pas vrai !

– Si ce n'était pas vrai, tu ne ferais pas cette tête. »

Il se tut, puis, bien gentiment :

« Comment as-tu découvert la cachette ?

– Je n'ai rien découvert du tout, mais je lis dans toi comme dans un livre ouvert. »

Il reposa son porte-plume et sembla méditer. Je le sentais à ma merci. Je lui dis :

« Je donnerais cher pour qu'il n'y ait ni jeudi ni dimanche.

– Pourquoi ?

– Parce que, le lundi et le vendredi matin, tu as le teint brouillé et les yeux bourbeux.

– Ça se remarque ?

– Parbleu. »

Il soupira.

« Que veux-tu, lorsque tu es là, je me tiens, mais aussitôt que je ne te vois plus, je me laisse aller. »

L'heure de l'action venait de sonner. M'être amélioré ne me suffisait plus. Je me sentais de taille à entraîner avec moi dix, vingt, trente, cent camarades. Je choisis bien mon moment pour lui demander.

« Mais pourquoi fréquentes-tu ces idiots ?

– Je suis bien obligé de fréquenter quelqu'un. Ah ! si tu étais toujours près de moi, je sens bien que je ne ferais pas de bêtises. »

De ce jour, je pris sa sanctification à mon compte et, à l'abri de nos pupitres levés, nous entreprîmes cette tâche délicate.

Le matin, il m'attendait au coin de la cour. Du premier coup d'œil je comprenais ce qu'il voulait me dire.

« Ça y est, disait-il, j'ai recommencé hier soir. »

Il me forçait à le regarder et me demandait :

« Au moins, ça ne se voit pas trop ?

– Ça se voit du premier coup d'œil. Tout le monde doit te regarder. »

Il sortait une petite glace de sa poche et se mirait.

« Je ne vois rien, moi.

– Bien sûr, tu t'habitues. L'ivrogne ne remarque pas que son haleine s'empuantit. Toi, tu pourriras sans t'en apercevoir. »

Il était atterré. Parfois, en étude, il s'interrompait dans son travail, pâlissait et me disait en montrant son bas-ventre.

« J'ai mal là.

– Ce sont des coliques.

– Je n'ai jamais eu de coliques comme ça.

– Que veux-tu que j'y fasse ? Encore te verrais-je te décomposer que je n'y pourrais rien. C'est toi qui tiens ton destin entre tes mains. Pourtant, j'ai encore veillé toute la nuit en priant pour toi. Tu me tueras ! »

Ces mots l'agitaient. Il voulait savoir.

« Tout nu comme les autres fois ?

– Oui, mais ne le répète à personne. »

Alors, pitoyable, il larmoyait :

« C'est la nuit que ça me prend, ou plutôt le soir mais c'est sans que je le veuille, je te le jure.

– Allons, je passerai encore la nuit pour toi et je te jure bien que nous y arriverons. »

On lit dans mon diaire à cette époque :

> ... J'ai donné à M. le truc de mon carnet de comptabilité spirituelle. Ce système l'a rempli d'étonnement. Il ne pouvait s'imaginer qu'on fît la guerre à la tentation avec des chiffres et des signes alignés dans des colonnes.
>
> Il s'est précipité à la procure et s'est acheté un petit carnet en tous points semblable au mien. Il a adopté la même notation que moi : pour le péché de luxure une croix, pour une mauvaise pensée, un rond, pour un regard, un carré, pour une conversation entretenue, un losange, pour une conversation écoutée, un point.
>
> Il se mit à l'ouvrage bravement, mais quelles lacunes dans cette âme de guimauve ! Son Dieu est un Dieu bonhomme, mesquin, familier et farceur qui l'aime et le protège de la foudre. Il estime que son existence, sa santé, son confort sont nécessaires

à l'économie des mondes et la pratique des sacrements est pour lui une assurance contre le châtiment éternel.

Le 12. – M. est désespérant. Croit-il seulement en Dieu ?... Je pense à une phrase de Schwartzbachermann : « Nous avons choisi la route difficile. »

Il me semble être, en effet, sur un chemin couvert de boue glissante. Je n'avance pas.

Ne serait-ce pas plutôt que je ne suis pas digne de la moindre réussite ?

Le 14. – Ce matin, à mon arrivée, « il » m'attendait. Sa figure était illuminée d'un sourire. Sans me dire un mot, il m'a tendu son carnet de péchés. Depuis une semaine les colonnes sont vides. Il est heureux, il exulte. Pour moi, la joie n'est pas moindre.

Ah ! si je pouvais l'arracher définitivement au mal et en faire un disciple ! D'autres viendraient ensuite.

Le 18. – Il tient le coup. Un losange dans la semaine, c'est merveilleux.

Le 19. – Ce matin il était invisible. Je ne l'ai retrouvé qu'en étude. Lorsqu'il m'a vu, il a rougi et ne m'a rien dit. Je lui ai demandé son carnet.

« Ah ! laisse-moi tranquille avec tes histoires ! a-t-il répondu.

– C'est toi qui m'as demandé de t'aider à devenir pur, je t'aide.

– Tout ça, c'est de la blague ! Je voudrais bien le voir ton carnet, ça doit être du propre ! »

Tous mes efforts d'un mois sont anéantis.

Le 22. – On a volé mon carnet spirituel. Le voleur n'est pas Mimi. Je suis très inquiet.

Le 23. – On a volé le carnet de Mimi. Cette nuit ; nous avons commencé immédiatement une enquête sérieuse. Ventelot nous sera d'un précieux concours.

M. est atterré de cette disparition, ce qui ne l'empêche pas de retourner à ses honteuses habitudes.

Dimanche soir. Tout va mal ! J'ai communié à la messe du matin sans être allé me confesser. J'ai fait une bonne communion, mais en sortant de la chapelle, le Préfet m'attendait dans l'escalier et m'emmena dans son bureau. Quand il fut assis à sa table de travail, il me dit :

« J'ai constaté que vous vous étiez approché de la Sainte Table et que vous aviez communié. Or vous n'êtes pas venu vous confesser hier soir. Peut-être êtes-vous allé demander l'absolution à un des prêtres de l'établissement ?

– Non, mon Père. »

Il fit un long silence.

« Je tiens à vous rappeler, dit-il d'une voix changée, que le fait de communier sans être en état de grâce est un péché très grave, le plus grave de tous. On l'appelle le sacrilège. »

Ce mot m'effraya tellement que j'ai senti ma tête tourbillonner, mon regard s'est troublé et j'ai perdu connaissance.

Quand je suis revenu à moi, j'étais étendu sur le tapis entre le Préfet et l'infirmière de la maison.

Je suis certain que le Préfet a mal interprété mon malaise.

Je suis excommunié.

Je veux m'anéantir dans la prière. Vivement la nuit pour mettre de l'ordre dans mes idées et demander conseil à Dieu.

Mon confesseur me croit coupable d'affreux péchés. Je sais bien que cela n'a aucune importance mais je suis à bout.

Rien n'est pénible comme de passer pour un voyou.

La nuit même, après une longue action de grâce, à genoux, au pied de mon lit, vêtu seulement de ma haire, je joignais à celle-ci deux de mes vieux gants de crin, après quoi, comparant mes propres sacrifices à ceux de saint Jean de la Croix, j'eus honte de la faiblesse de mes moyens et sans hésiter je tentai de m'administrer de grands coups de lacets, mais, soit que je fusse fatigué, soit que je manquasse encore des qualités nécessaires, je ne parvins pas à me faire vraiment mal.

Exténué, grelottant, je me couchai et il me sembla qu'un vertige me prenait.

Lorsque je tombai malade, quelques jours plus tard, je m'en aperçus à peine, car la fièvre faisait en moi le même gouffre vertigineux que l'exaltation de certains soirs. L'inanition m'était douce et familière et la douleur de mon côté droit ressemblait à celle que je me procurais pour le bien de mon âme à coups de fouet.

Les nuits étaient affreuses et le matin, lorsque j'avais un instant de calme, c'était pour retomber dans l'angoisse et demander à ma mère :

« Le facteur n'a rien apporté pour moi ? »

J'attendais une marque de fidélité.

Hélas, il n'y avait rien.

Exténué par mes privations et mes veilles, je devenais, pour la fièvre, une proie dolente et docile. A vrai dire, j'écoutais avec délice mes pulsations désordonnées, je m'offrais à la torpeur fébrile, j'étais heureux. Peut-être arrivais-je au terme de mon combat et Jésus allait sans doute me récompenser de tant de bonne volonté ? Il me semblait voir le cadre de ma vie disparaître, il ne restait plus que mon âme, dont personne ne savait rien, hormis Dieu lui-même qui m'attirait dans son orbite merveilleuse où les efforts sont inutiles pour se maintenir dans la sainteté.

C'était fini. Enfin ç'allait être le calme. Un seul regret :

j'étais loin d'avoir terminé mon œuvre, mais Dieu était seul juge et je psalmodiais le *In manus tuas Domine.*

J'étais allé jusqu'au bout. Je m'étais tué d'amour comme Jésus. Que demander de mieux ?

Ainsi mes dernières heures devaient être les plus belles de ma vie.

Cela dura douze jours après quoi, hélas, je redescendis sur terre, ahuri de tout ce que j'avais pressenti et entrevu de ce monde qui me refusait. Il ne me restait qu'une douleur sourde et persistante dans le côté droit et sous l'omoplate.

Lorsque j'eus repris connaissance, mon grand-père était près de moi. Il était venu de son village. Il me tenait la main et me disait : « Guéris-toi vite et je t'emmènerai dans les bois, à la chasse aux canards ou encore prendre des lapins dans les murées. »

Cela m'apporta comme une bouffée d'air frais de nos campagnes. J'entrevis le champ, le verger, l'abreuvoir. J'en rougis, mais j'y trouvai autant de charme qu'à l'antichambre du paradis.

J'appris enfin que j'avais fait une pneumonie et que, pendant dix jours, on m'avait considéré comme mort. J'éprouvai une grande fierté à la pensée que j'avais couru un danger réel et que de nombreuses personnes avaient prié pour moi.

Enfin je reçus une lettre dans laquelle Mimi me disait :

« Le Préfet de discipline est venu dans la classe et nous a dit que tu étais bien malade et que l'on craignait même que tu meures. J'étais bien malheureux et lorsqu'il a dit : "Récitons à son intention un Notre Père et un Je vous salue Marie, j'ai éclaté en sanglots."

Le soir le Préfet m'a appelé à son bureau et m'a dit : "Tu l'aimes donc bien ton camarade ?"

Alors je lui ai dit que tu étais mon ami et que, si tu mourais, je mourrais aussi de chagrin. Il m'a dit qu'il ne fallait pas ainsi s'attacher aux créatures mais au Créateur seul. Il m'a dit aussi d'autres choses que je ne peux pas te dire par lettre, mais je te jure que je t'aime et que le Préfet aura beau faire. »

Vraisemblablement, cette lettre m'était parvenue par un externe sans passer par la censure. C'était très grave et cela pouvait entraîner le renvoi de tous les complices, mais cette missive me fit grand bien car j'y lisais l'amour de mon disciple.

A la deuxième lecture, j'eus cependant une sensation douloureuse : pendant mon absence, on cherchait à nous détacher l'un de l'autre. Pourquoi ?

Le lendemain, une deuxième lettre me parvenait. Elle était plus grave que la première :

« Le Préfet m'a fait venir chez lui hier. Il m'a montré la petite couverture où je plaçais tes œuvres (je ne te l'avais pas dit, mais je les gardais pour les faire relier) et qui avait disparu. C'est lui qui l'avait prise dans mon pupitre.

Il m'a demandé qu'est-ce que c'était. Je lui ai expliqué que je gardais tes écrits.

– Pourquoi ? m'a-t-il dit.

– En souvenir, et au cas où il deviendrait célèbre.

Alors il s'est mis à rire puis il s'est fâché. En criant, il m'a pris par le bras :

– Mais que lui trouvez-vous donc à ce voyou ?

Puis il s'est tourné vers moi et m'a dit très gentiment :

– Au moins, toi ne te laisse pas ensorceler.

J'ai répondu :

– C'est mon ami et je le défendrai jusqu'à la mort.

– C'est un monstre, a-t-il dit en déchirant tes papiers, c'est un monstre !

Il a dit encore :

– Je ne comprends pas qu'un jeune homme sérieux puisse se laisser entortiller par un tel baladin ! »

Mon ami m'affirmait ensuite son attachement, mais je ne pus lire jusqu'au bout. La fièvre était revenue avec le délire qui ne me quitta pas de la nuit.

Une longue période de dépression succéda au mieux qui avait été constaté.

Une autre lettre disait ceci :

« Je suis bien embêté. Le Préfet m'a appelé pour me montrer nos deux carnets volés, le tien et le mien.

– Qu'est-ce que c'est que ça ? m'a-t-il dit.

Je n'ai pas voulu répondre. Il a insisté et j'ai dit :

– C'est un secret.

Il m'a collé pour trois dimanches et trois jeudis, et chaque jour, il me fait subir un interrogatoire terrible, me menaçant de me mettre à la porte. J'ai fini par lui dire que c'était une façon de compter nos péchés et que c'était grâce à cette comptabilité que tu étais arrivé à la perfection.

Il a ricané :

– Quelle est encore cette mystification ?

– C'est la vérité !

– C'est un mensonge ! a-t-il crié. Tout est mensonge dans la bouche de votre ami, tout, tout ! Je ne lèverai la punition que lorsque je saurai la vérité.

J'ai eu beau pleurer, il n'a rien voulu savoir. Je suis bien malheureux.

Mimi. »

C'est sur cette mauvaise impression que j'entrai en convalescence.

3

Cette convalescence, je le compris tout de suite, devait être dangereuse pour mon âme.

Avril était venu, et je ne pus malheureusement pas résister à tous les charmes de ces vacances imprévues. Je ne parle pas seulement du clair soleil ni des premières fleurs, mais aussi du rythme des travaux, des bons plats que ma grand-mère mijotait. Je ne sus pas refuser le plaisir des promenades faites aux trousses de mon grand-père, grand coureur de halliers, rieur infatigable que l'on invitait au passage dans les fermes.

Rire, boire, manger, jouir, boire et manger encore pour repartir à l'affût de toutes les joies et de toutes les ripailles, la narine ouverte à toutes les brises, à tous les fumets, l'oreille tendue pour saisir tous les craquements joyeux de la forêt, l'œil aux aguets pour surprendre les passages secrets du gibier, voilà quelle était la vie de mon grand-père et de ses amis.

En toute franchise, je ne pus m'empêcher de trouver cela bon.

Le temps passa sans que je pusse retrouver ma « règle ». Comme j'étais loin des nuits de prière !

Je me raisonnais : C'est la maladie qui t'a amoindri, il faut donc d'abord retrouver la santé, après quoi tu reprendras la lutte. Mais je m'aperçus que l'on s'accoutume bien plus vite au bien-être qu'à la rigueur : ne me surpris-je point à faire la grasse matinée, à boire du vin, à reprendre de la tarte, à me régaler du parfum des primevères qui perçaient à travers l'herbe sèche de l'hiver ? Ce n'est pas brutalement, mais par capitulations successives que mon ardeur se mit à dépérir.

Ainsi, un soir, mon grand-père entra en coup de vent dans la cuisine :

« Un sac, Clémentine, donne-moi un sac ! »

Sa longue figure était rouge de joie. Il rigola une bonne fois puis il me dit :

« Viens avec moi ! »

Il siffla la chienne et nous voilà partis à grandes enjambées pendant que la grand-mère criait :

« Ne lui fais pas prendre froid ! »

Le soleil était bas à l'horizon, derrière les grands arbres à travers lesquels luisait le lac. Tout à coup, on entendit une détonation.

« Tu entends, dit le vieux, c'est le comte qui chasse le canard, on va ramasser les miettes. »

Arrivés au bord de l'étang, on se dissimula derrière les roseaux. L'eau brillait, plus claire que le ciel. A la dérive, une canardière, noire comme un tronc flottant, s'approchait des canards qui, groupés au centre, s'envolèrent en masse.

On vit alors une lueur partir de l'embarcation et lorsque la détonation nous parvint, le vol des canards passa bruyamment au-dessus de nos têtes.

« Regarde bien », souffla le grand-père.

Cinq bêtes volaient bas, l'une tomba non loin de nous dans la boue du rivage. Les deux autres allèrent s'abîmer dans les ronces des friches.

« Regarde, regarde bien ! »

La chienne, déjà, le nez au sol, était partie comme une flèche à travers les roseaux. Au large, le comte et son garde repêchaient les victimes. Puis on les vit se diriger vers la rive, amarrer leur barque et bientôt on devina, dans la brume du soir, la petite calèche jaune qui s'éloignait.

Tout redevint calme et, petit à petit, les bruits familiers se firent entendre : les hérons revinrent à longs coups d'aile et les grèbes recommencèrent leurs croisières, dressant bien haut le périscope de leur cou, pendant que les poules reprenaient en ricanant leurs poursuites. Du côté des vannes, un bruit de cloche, au loin un claquement de fouet, puis plus rien.

C'est à ce moment que nous sortîmes de notre cachette. Déjà la chienne battait l'eau et attaquait la canne blessée, lui broyait les os et la ramenait au sec. Puis ce fut notre tour. Jusqu'à la nuit tombée, nous longeâmes les joncheraies. Parfois, au bord d'une flaque on entendait un clapotis. Le grand-père s'approchait tenant la chienne par le collier. Le canard déboulait en claquant la boue de ses ailes brisées.

« Allez, dessus ! » soufflait le vieux en lâchant sa chienne. Dans des éclaboussures de vase, c'était alors une lutte zigzagante que je regardais, le cœur battant.

Nous ramassions la bête encore palpitante et, accroupis derrière une touffe, nous reprenions notre guet.

Lorsque les angélus sonnèrent, c'était la nuit. J'aurais voulu continuer la quête aux oiseaux. J'avais les pommettes brûlantes et mon corps sonnait une fanfare.

« En route ! » grogna le vieux.

Par les taillis, sans mot dire, nous sommes revenus comme des voleurs et, d'un seul coup, le vieux vida son sac sur la terre battue du cellier : les canes grises au bréchet de peluche s'étalaient, les ailes entrouvertes, le bec souillé de sang et deux mâles, festonnés de velours, le col brillant, la tête lustrée, paraissaient vouloir s'envoler, le cou tendu et les pattes effacées.

Je m'étais accroupi. Mes mains se mirent à fourrager dans le duvet des jabots. Mes doigts se faufilaient entre les pattes, dans le creux chaud et troublant qui conduit au croupion, humide de fiente.

Le grand-père disait : « Tonnerre de Dieu, quel bon frichti ! » Une gorgée d'épaisse joie m'étouffait. Oui, hélas ! j'étais heureux. Toute la nature m'entrait dans le cœur par tous les pores de la peau. Assiégé par tant de tentations, comment pouvais-je résister ?

Le lendemain, après une nuit de sommeil effrayant, c'était le salmis, les croûtons au verjus avec le vin blanc sec et clair ; où étaient mes nuits d'efforts et mes journées de refus ? Ma fière barque coulait lentement faisant eau de toutes parts et personne n'était là pour piétiner mon orgueil et me combler de mépris.

Jamais, non jamais je n'avais lu, dans aucun auteur sérieux, qu'une telle débauche pût donner de bons résultats et, à l'instant où je le déplorais, ma grand-mère me faisait boire un nouveau philtre et mon grand-père, Merlin jovial et sarcastique, m'entraînait vers d'autres enchantements.

Après le marais, en effet, c'était la forêt où l'on débardait le bois des affouages et où nous restions des jours entiers, allumant de grands feux de brindilles.

A midi on écartait le feu et on tirait les braises pour faire chauffer la gamelle et cuire les œufs au lard que l'on mangeait, le ventre à la flamme, la figure rouge, l'œil perdu dans les lointains morvandiaux. Et je me laissais sottement bercer par toutes ces chansons faciles. Jour après jour, tout s'effritait. Je passais mes nuits à dormir comme un commis de ferme.

Au réveil, je remettais la culotte de velours et j'allais harnacher les juments, pressé de repartir, et nous montions bon train, par les vergers.

Debout sur l'avant-train, les rênes en main, je m'essayais à faire claquer le fouet court. Aux arrêts, les chevaux se soulageaient de crottes énormes qui fumaient, embaumant l'air d'un relent acide, puis on repartait, en pleine insouciance, la musette pendue aux ranchers [1].

Comment résister ? Comment retrouver le vertige ?

Et puis il y avait le Norbert.

---

1. Sorte d'échelle formée d'un seul montant.

Le Norbert était mon frère de lait. C'était un garçon qui jurait des « nom de dieux de bons dieux » depuis l'âge de quatre ans, et il le faisait de si bon cœur que personne ne pouvait lui en tenir rigueur. Il travaillait comme un homme et galopinait encore comme un gamin, quittant la charrue pour aller scier les planches de la passerelle et mettre des grenouilles dans les bures de lait. Je l'aimais bien car il professait que les filles sont des êtres poilus et nauséabonds.

Le dimanche, nous partions ensemble, droit devant nous et notre grand plaisir était de poser culotte ensemble, fesses au vent derrière les paillers.

Souvent, le Norbert disait :

« Si on jouait à la grenouille ?

– A la grenouille ?

– Oui, la paille au cul ! »

Il tirait d'une botte de paille un fétu bien sec et, en rigolant comme un beau diable, se l'introduisait dans le rectum et disait :

« Souffle, petiot, souffle pour me gonfler. »

J'essayais de souffler, mais je riais trop pour y parvenir.

Lui hurlait :

« Souffle, mais souffle donc bordel de dieux, t'as donc pas de coffre ? »

Je m'y efforçais, mais c'était si drôle de voir cette paille blonde dans cet anus rose de gars bien nourri ! Alors, lâchant un pet sonore, il criait :

« Tiens, gonfle donc celui-là ! »

Et sa sœur, qui nous regardait depuis le poulailler, riait de tout son cœur.

Là-dessus, pour rattraper le temps perdu, on reprenait la fourche et on épandait un tombereau de fumier en dix minutes, comme des fous en hurlant :

« Pour un sou j'achète une fille, pour deux sous, j'l'emmène chez nous. »

Ces chansons-là ne sont obscènes que dans les couloirs des collèges.

A Saint-Pancrace, j'aurais passé trois nuits en prière pour expier chacun de ces crimes. Ici, ils ne me coupaient même pas l'appétit et la soupe aux choux, avec son lard de truie, passait comme une lettre à la poste.

Dans ma chambre, décorée d'un seul et énorme crucifix noir, je me sentais dépaysé, maintenant.

Il y avait bien les offices. Je tentai deux ou trois fois de retrouver les émotions de la chapelle Saint-Pancrace, mais la messe était banale et le curé bon enfant. Rien n'était comme il fallait. Loin des injures du Préfet, je n'étais bon à rien, et j'entendais pourtant la voix de Mimi crier : Je suis bien malheureux !

Un jour, il se produisit un événement qui aurait pourtant dû me donner à réfléchir : j'allais voir le curé et je venais de traverser le jardinet lorsque l'idée me vint d'entrer par la cuisine. C'était Dieu, pour sûr, qui m'inspirait car, par la lucarne je fus témoin d'un spectacle bouleversant. Le curé était là, à genoux sur les dalles, les bras en croix, la figure tournée vers le ciel, les lèvres balbutiantes, entre une bassine et un paquet de linge sale.

Je fus comme paralysé par l'émotion. Le curé, lui aussi, se mortifiait et pourtant il avait une réputation de bon vivant. C'était un banal curé de campagne et j'avais sous les yeux la preuve qu'il ne négligeait pas lui non plus les occasions de se mortifier. J'eus honte.

Je le vis ensuite se relever, s'emparer d'un récipient en fer, sale et cabossé, se remettre à genoux et boire à même la gamelle, je ne sais quel brouet. Tantôt il buvait le bouillon, tantôt il tentait d'attraper avec ses dents, comme un chien, les légumes qu'il mâchait.

Lorsque j'entrai dans la pièce, il était toujours à genoux, mais, ayant entendu venir, il faisait mine de trier son linge sale.

Il eut un bon gros rire et s'écria :

« Tu viens m'aider à faire la lessive ? »

J'étais interdit. Il fallait l'avoir vu, quelques minutes plus tôt, en extase, pour croire que ce prêtre débraillé et jovial pût avoir une vie spirituelle si profonde.

Toutes mes conceptions sur la sainteté chaviraient d'un seul coup et l'image que je m'étais faite de saint Jean de la Croix se modifiait sensiblement : au lieu de joues creuses, couleur de cendres, de mains longues et décharnées, peut-être avait-il une face rose, le regard doux et les mains potelées ?

Dans une certaine mesure, cela me fit du bien de penser ainsi, car la sainteté ne m'apparut plus comme un état inaccessible, et, en même temps que l'espoir, me revint l'ardent désir de reprendre la lutte. Et même la colère me prit d'avoir été distrait de mon idéal. Tous les hommes étaient ridicules auprès de ce curé lapant sa soupe comme un pourceau.

Pourquoi faut-il qu'en sortant du presbytère Norbert m'ait dit : « Viens vite ! Les Stéphane sont là ! »

Nous partîmes en courant.

En effet, les Stéphane venaient d'arriver à leur campement habituel, au pied de la pancarte où l'on lisait : *Défense aux nomades de stationner sur le territoire de la commune.* Leurs deux roulottes, chargées à craquer, débordaient d'osier rouge et, par leurs petites fenêtres moulurées, plus de dix visages apparaissaient.

Rangées sur le pâtis, l'une verte, l'autre rose bonbon, perchées sur leurs grandes roues, les voitures animaient ce coin habituellement désert. Un feu fumait déjà sous une lessiveuse et le père Stéphane, flanqué de ses quatre fils en veste de velours, fendait les osiers.

Plus loin, couché sous une charrette, Bruno, le seul brun de cette famille aux cheveux filasse, jouait de la guitare et personne ne pensait à le lui reprocher. C'était le seul musicien de la famille et tout le monde trouvait normal qu'il consacrât à la musique le temps que les autres passaient à la vannerie.

D'ailleurs, lorsqu'il se mettait à faire des paniers, c'était tout autre chose que les grandes corbeilles à linge, toujours les mêmes, qui avaient fait connaître la famille Stéphane dans toute la région. Ses paniers à lui étaient des sortes de bijoux d'osier, tous divers, entremêlés de joncs multicolores et qu'il vendait bien plus cher que les autres.

Lorsqu'il nous vit, il se dressa sur son séant et se mit à rire, puis il gratta sa guitare d'où sortit une merveilleuse harmonie. Il ne nous parla ni ne nous serra la main. Il se contenta de jouer.

Accroupis près de lui, à l'ombre de la voiture, nous l'écoutions préluder. Tout à coup, il se mit à chanter des choses que je n'ai jamais entendues nulle part, ni avant ni après. J'avais envie de sauter, de bondir, de me livrer à la plus voluptueuse des danses. D'un seul coup, toutes mes bonnes résolutions tombaient et, chose incroyable, j'acceptais une cigarette sale que Bruno sortait de sa poche et me tendait sans cesser de chanter. Et me voilà prenant du feu et tirant de longues bouffées de fumée. Devant mes yeux, un voile se forme qui estompe tout, sans pourtant retirer la poésie des choses. Au contraire, tout disparaît et, seule, la beauté reste.

J'en eus la digestion coupée et, le soir, il me fallut retourner aux roulottes, car la nuit, je le savais, c'était encore plus beau. Je fis donc mine d'aller me coucher et lorsque j'entendis le signal, je pris le petit paquet que j'avais préparé et je sautai par la fenêtre. Dans l'obscurité, Bruno m'attendait à l'endroit habituel. Lorsqu'il me vit, sans rien me dire, il sauta dans la friche et se mit à courir jusqu'à la vieille carrière.

Plusieurs garçons nous attendaient déjà et l'on entendait dans la campagne les voix de ceux qui venaient d'un peu partout.

Lorsqu'ils virent Bruno, tous se turent. Il ramassa un tas de ronces sèches et de brindilles, un bouchon de paille, un fagot et, imitant le cri du choucas, y mit le feu.

On n'entendit qu'un petit pétillement joyeux, puis lorsque la flamme atteignit le fagot, ce fut un ronflement excitant et cruel que le vent du sud gonflait de son haleine.

Bruno nous fit signe d'approcher sans cesser de tirer de sa guitare des accents appropriés, puis il donna le signal du branle en poussant un grand cri ; alors chacun prit une brassée d'herbe sèche et vint la jeter en courant sur le brasier, pendant que le guitariste gesticulait en récitant des mots incompréhensibles.

Le foyer s'élargissait au centre de la carrière. Une grande excitation s'était emparée de nous. L'un arrachait, à la main, des ronces encore vertes, l'autre saccageait les acacias du père Lépée, un autre sciait de jeunes frênes que l'on traînait avec frénésie pour les jeter dans la flamme.

Sans dire un mot, les dents serrées, les gars essayaient de se surpasser. C'était à qui ferait les plus belles trouvailles. Un saule creux comme une cheminée fut attaqué, rongé par vingt couteaux. Il ne mit pas plus de cinq minutes à tomber et il fut traîné jusqu'au brasier, puis des troncs énormes à demi pourris qui sommeillaient le long du fossé furent hissés, roulés et jetés sur le foyer. Enfin, j'eus l'idée d'emporter les piquets de clôture d'un pré. Un à un nous les arrachâmes puis la barrière elle-même y passa.

L'incendie faisait maintenant peur à voir. Il avait plus de dix mètres de large et la carrière était plus illuminée qu'en plein jour, peuplée de grandes ombres furtives.

Bruno dansant une gigue effroyable nous tenait sous le charme de sa musique. Tout à coup, il se précipita sur la baraque des carriers. L'épaule en avant, sans cesser de gratter les cordes de son instrument du diable, il se rua sur la palissade et, à notre grand étonnement, la baraque s'effondra. Ce fut une ruée : chacun prit un étai, une poutre, une brassée de planches et toute la petite bicoque disparut dans les flammes.

Bruno était monté sur un tas de pierres. Il ne jouait plus. On n'entendait plus que le grondement du feu. Et sa voix s'éleva :

« Mange et banquette, Seigneur Feu, maître de tout, dévore et digère, pète de joie et chie tes cendres résiduelles, afin de te conserver en santé pour nous avaler tous et toutes un jour, pauvres et riches, droits et bancals, mâles et femelles. »

Et la ronde commença.

C'est à ce moment que l'on s'aperçut que les filles étaient là et que les plus hardies étaient entrées dans la danse.

Nous détachant de la farandole, chacun venait poser son présent aux pieds de Bruno. Alors il s'accroupit et ouvrit un à un tous les paquets. Lorsqu'il eut trouvé la première bouteille d'eau de vie, il la déboucha, en but une gorgée et jeta tout le reste dans le feu. Cela fit une longue flamme claire et sonore.

Une fille s'était glissée près de moi.

C'était *ELLE.*

Le lendemain, le facteur me remit une lettre. Elle portait une écriture chère. J'ouvris et je lus :

« Je t'ai écrit plusieurs fois et tu ne m'as pas répondu. J'ai été puni et molesté pour n'avoir pas voulu te trahir et tu ne m'as pas même envoyé un mot. J'en ai assez ! D'abord tes histoires de pureté me font rire.

J'ai trouvé un bien meilleur ami que toi. Il est blond et il est bien plus gentil.

Je te souhaite une bonne santé. »

Au petit jour, j'étais parti, le paquet au bout d'un bâton. Je fis un grand détour pour éviter le Norbert et le campement des Stéphane, puis une fois sur la route je marchai de bon cœur. J'avais résolu de prier afin de ne pas perdre un seul instant et je combinai de faire une pause tous les cinq chapelets, mais comme j'en étais à la trentième dizaine, j'eus une inspiration merveilleuse : assis sur l'accotement, je me déchaussai et, ayant noué les lacets, je pendis mes souliers à mon cou et je continuai mon chemin pieds nus tout en reprenant ma prière et les grands peupliers italiens jalonnèrent mon supplice.

C'était comme une procession grandiose entre ces grands arbres droits comme des cierges. Je ne m'interrompis de prier que pour chanter le *Veni sancte spiritus*, puis ensuite ce fut le *Veni Creator* et enfin le *Te Deum.* Le plus beau *Te Deum* de ma vie. Ceux qui ont assisté aux *Te Deum* bourgeois me comprendront aisément.

Au fur et à mesure que je marchais, je sentais mes péchés s'alourdir, se détacher de moi et tomber, je savais bien qu'en arrivant à Saint-Pancrace ceux qui resteraient ne pèseraient pas plus qu'une plume.

Je rencontrais des gens qui me regardaient bouche bée. Un vieux cria : « Tiens voilà un compagnon du tour de France, braves gens, regardez ! »

Je mendiais des moqueries qui eussent valorisé mon sacrifice. A dire vrai, je rencontrais surtout de l'étonnement. Je ne pouvais pourtant pas porter une pancarte indiquant mes intentions. Pourtant à la traversée d'un village, des gamins me suivirent en chantant : « A la bisqu'en corne ! » et les chiens ne se firent pas prier pour les accompagner. En ces temps de paganisme où les pèlerins de Compostelle ne passent plus sur les routes, un homme pieds nus fait plus de bruit qu'une automobile. Jamais empereur romain ne fut plus fier de son triomphe et les monts de Bourgogne prirent un petit air de Golgotha.

Tout en priant je pensais que mon exemple allait peut-être susciter un renouveau de piété dans nos campagnes.

Au bout du douzième chapelet, mes pieds étaient brûlants, le talon surtout et le gros orteil qui était enflé, mais plus la douleur se faisait vive, plus il me semblait être léger. Je courais presque et, loin d'être abruti par ces six cents *Ave Maria*, je voyais avec joie s'allonger cette route.

Ma joie, bien entendu, fut à son comble lorsque je laissai sur la poussière une trace de sang. Jamais encore je n'avais été si près de ressembler à Jésus. Je m'arrêtai pour contempler mes pieds sanguinolents et pour la fin du parcours, je résolus de supprimer les haltes.

C'est alors que, ma douleur me portant aux choses sérieuses, j'en arrivai à considérer ma vie. Non pas l'avenir, comme n'importe quel petit ambitieux mais le présent, cette pâte dont je devais être, aux termes mêmes de Jésus, un grain de levain.

Je ne pris point garde que penser au monde, à Dieu, m'amenait toujours à penser en définitive à moi-même. En effet, la vie spirituelle, dans ses détours les plus généreux, ne conduit jamais qu'à soi. Le prêtre parle du drame des âmes. Ce drame ne se joue que dans sa cervelle. Il en est l'auteur, l'acteur principal, et le spectateur. Charles de Foucauld, qui voulait sauver les Touaregs, ne cherchait au fond qu'à bien construire son propre spectacle. Comme lui, j'en étais rapidement arrivé au point où l'on ne peut plus tricher avec les règles du jeu. Il fallait maintenant se dépasser ou se démettre.

Si j'avais manqué d'imagination, je me serais démis. Je devais donc me dépasser et ainsi je vis que Dieu avait bien préparé ma voie (eût-il fait autrement que j'en serais arrivé à la même conclusion. C'est là une des beautés de la foi). Comme la souffrance devenait intolérable, je compris que j'avais épuisé tous les moyens de contraindre et de sacrifier mes sens et qu'il ne me restait plus qu'à m'humilier.

En quelques kilomètres de tergiversation (marcher délie l'esprit), ma résolution fut prise : il me fallait rassembler les élèves de l'école Saint-Pancrace et, devant tous mes camarades, me discréditer publiquement, me ridiculiser, par amour du Christ, en avouant que j'en avais menti, que je n'étais que le fils d'un chef de train, d'un tout petit chef de train-messageries (qui, une fois par semaine, il est vrai, accompagnait la malle des Indes).

Aussitôt que j'eus pris cette décision, je me mis à courir. Quelle eau fraîche était donc venue m'inonder pour que je pusse ainsi courir, les pieds meurtris, sur la route, écrasé sous le soleil de midi ? Je n'étais même plus tenté de cheminer dans l'herbe fraîche des accotements. Je ne pensais plus qu'à cette odieuse confession publique et les épines de cette couronne me brûlaient bien autrement que les gravillons des Ponts et Chaussées. Je me voyais déjà battant ma coulpe, frissonnant de honte, devant cinq cents élèves bouleversés.

Les vieux bâtiments de Saint-Pancrace allaient trembler sur leurs fondations, car semblable événement n'avait pas dû se produire depuis que l'établissement avait abrité les obscurs sacrifices des moines.

Je fis le trente-cinquième kilomètre dans une véritable extase. Je ne m'aperçus même pas que, près d'un pont, je venais de m'affaler sur le bord de la route. Celle-ci était très fréquentée et, lorsque je revins à moi, j'étais le centre d'un attroupement. Plusieurs automobiles étaient arrêtées et l'on m'avait étendu sur une banquette ; bien entendu, je me levai d'un bond.

Ils m'offrirent de me ramener en voiture. Je refusai en expliquant que je m'étais endormi. Ils me supplièrent de me chausser et je leur fis la grâce de céder sur ce point, mais pour repartir, j'attendis d'être seul et je retirai mes souliers.

J'arrivai à Saint-Pancrace un matin de fin juin, alors que les examens de passage commençaient. Ceux-ci, en vérité, importaient bien moins que l'œuvre de réformation qu'il allait falloir reprendre avec je ne savais trop quels moyens.

Les cours étaient inondées de soleil, et, tels des bestiaux dans les pâturages, harcelés par les mauvaises mouches, les élèves étaient groupés dans l'ombre des sycomores et, de leur foule, s'élevaient de lourds murmures.

Ah ! ce n'étaient plus les cris joyeux, les jeux vifs et sains que j'avais connus. Il était évident qu'un malaise pesant tourmentait cette foule, affalée dans les coins, le long des grilles.

Quelques élèves, d'un pas traînant, se risquaient à traverser les larges flaques de soleil dans lesquelles ils semblaient errer comme des oiseaux de nuit, puis, happés par l'obscurité qui rongeait les courts de tennis déserts, ils se dissolvaient à nouveau dans la masse molle des uniformes, sous les arbres.

Les surveillants, le regard mauvais, rôdaient autour du troupeau, les mains derrière le dos, la mine inquiète.

Arrêté au plein soleil, je les regardai.

Il ne se passa absolument rien.

J'avançai lentement. Ils ne pouvaient pas ne plus me voir. Pas un camarade ne vint à moi. Et pourtant n'avaient-ils pas prié pour ma guérison ?

J'avançai encore. Seul Ventelot, un peu à l'écart, me faisait un signe discret. Je restai en tête-à-tête avec l'Ecole. Je sentais bien que le monstre me regardait, mais il paraissait ne plus me connaître.

Et pourtant n'avaient-ils pas applaudi, quelques semaines auparavant, à mes succès littéraires ? N'avais-je pas retenu l'attention passionnée du collège pendant des mois ? Tout cela avait été effacé par le frottement quotidien de la banalité. Et cela n'était rien, sans doute, auprès du reste.

Le son de la cloche lui-même paraissait faux et las. A son appel, on vit la horde s'étirer mollement, se désagréger comme au hasard pour se reformer machinalement en rangs indécis auxquels je me joignis.

La cloche sonna une deuxième fois. A peine semblait-on m'avoir reconnu. La montée des classes se fit avec une lenteur maladive. Les internes me parurent sales et déguenillés, leur figure était triste, leur teint terreux. Ils avaient tous maigri.

Le premier confident fut mon diaire :

Le 26. – En arrivant, j'ai cherché Mimi des yeux et je ne l'ai point vu tout d'abord. Il était caché derrière un groupe et il se dérobait en faisant mine de ne pas s'être aperçu de mon arrivée. Il a les cheveux longs. Une mèche qui lui retombe sur l'œil lui donne l'air crapule et sa bouche a je ne sais quel pli amer dont on devine aisément l'origine. Derrière son gracieux visage malmené par la luxure, on entrevoit une pauvre petite âme sans courage ni relief. Décidément mon pèlerinage pieds nus entre deux haies de peupliers italiens ne manquera pas d'objet et même de combien d'autres mortifications vais-je être obligé de doubler mon action directe ? J'ai décidé de prendre à la fois modèle sur saint Jean de la Croix, et sur saint Ignace de Loyola. Le premier pour la vie secrète, l'autre pour la vie publique.

Dans les rangs, Mimi était encore invisible. Je ne l'ai retrouvé qu'en classe et lorsque je m'assis près de lui il devint écarlate. Tous les yeux étaient fixés sur nous. Un murmure narquois salua cette prise de contact. Maintenant, je savais à quoi m'en tenir : non seulement je n'étais pas oublié, mais je le sentais maintenant, cette indifférence cachait une curiosité dont je devais pouvoir me servir à des fins utiles.

Mimi perdait pied, pâlissait, rougissait tour à tour. C'est alors que, posément, je lui dis à voix basse :

« Je te remercie de ta dernière lettre.

– Il n'y a pas de quoi. »

Sa voix était enrouée, comme avinée.

« Si, il y a de quoi. Tu m'as donné sur toi de précieux renseignements. J'ai la preuve, par exemple que la reconnaissance ne t'étouffe pas.

– La reconnaissance envers qui ? Pourquoi ?

– Envers celui qui t'a tiré des griffes du péché, qui t'a donné les joies de la pureté. »

Il est parti là-dessus d'un éclat de rire :

« Tu ne vas pas recommencer tes sermons de bonne sœur ? » a-t-il dit d'une voix que je ne lui connaissais pas.

Je me suis emporté :

« Voilà la récompense de mes efforts, voilà... »

Mais le surveillant m'annonça que je serais collé le dimanche prochain.

J'étais furieux et je claquai violemment mon pupitre.

« Passez à la porte ! » cria le surveillant.

Je sortis bruyamment.

Comme je flânais dans le couloir, pour passer le temps, je vis arriver le Préfet. J'eus beau me dissimuler dans les plis des pèlerines qui pendaient aux patères, il me vit.

Il m'a fixé de ses yeux de myope et, marchant droit sur moi, sa soutane flottant de part et d'autre, il me dit :

« Que faites-vous là ?

– M. le surveillant m'a mis à la porte de l'étude.

– Est-ce pour cela que vous êtes revenu de la campagne ?

– Non, monsieur.

– Si vous aviez l'intention de reprendre ici votre vie de dissipation, vous pouviez rester là-bas. »

Ce fut plus fort que moi : je me redressai.

« Je suis revenu parce que mon devoir m'appelait. »

Il s'est mis à rire de ce rire aigre et cinglant qu'il sait si bien employer :

« Quelle est encore cette mystification ?

– Ce n'est pas une mystification. Dieu m'appelle ici. »

J'ai cru qu'il allait faire une syncope. Il est resté bouche ouverte, le souffle court et sifflant :

« Ne blasphémez pas, malheureux enfant ! »

Il a attendu un moment, puis, à voix basse :

« Et quelle est la tâche que Dieu vous impose ici ? »

Je n'ai pas répondu. Mon honneur de collégien m'interdisait de parler. Il m'eût tué plutôt que de me faire dire un mot de plus. Le conflit qui existe entre Mimi et moi ne regarde personne, et le Préfet, après tout ce qui s'est passé, est bien la dernière personne à qui je parlerai de la Grande Réforme.

Il m'a entraîné dans la classe en disant au surveillant : « Vous collerez cet énergumène pour quatre dimanches. » Puis il sortit.

A peine était-il dans le couloir que tous les élèves se mirent à chanter *La Grande Muette*, sorte d'hymne farouche que chacun fredonne bouche fermée. Le Préfet est rentré aussitôt. Il était blême.

« Toutin, Leblanc, Mortureux, Laffaix et Tainturier, vous serez collés dimanche. »

Alors, avec une lenteur sereine et calculée, je rejoignis ma place et, pendant que le vaincu sortait, je mis mes manchettes de lustrine noire.

Sans le savoir, le Préfet venait de me désigner mes lieutenants.

Le 27. – Les événements d'hier m'ont redonné beaucoup de popularité, mais je ne pourrai pas compter réussir dans mon entreprise tant que je n'aurai pas fait ma confession publique.

Le 28. – Je pense avec angoisse à cette confession. C'est une épreuve terrible. Une arme redoutable pour mon combat contre le démon. J'offre à l'avance cette humiliation pour le rachat de mes camarades.

Le 29. – Comment réaliser pratiquement cette confession afin qu'elle atteigne sûrement son but ?

Je ne reculerai pas.

Le 30. – Ce sera pour demain.

Je vais passer la nuit en prière pour demander la force. J'en ai bien besoin, plus l'heure approche et plus je me sens incapable d'oser. Pourtant il le faut. Peut-être n'ai-je de l'influence sur les camarades que grâce à ce mensonge. Il faut faire cesser au plus tôt cette équivoque. Et surtout je ne vois plus que cette façon de m'anéantir.

Les camarades se massaient lentement sur le terrain de football. La nouvelle s'était répandue de bouche à oreille. Les uns venaient par curiosité, les autres parce qu'ils subodoraient un scandale. J'étais caché derrière un massif de buis. Je les voyais arriver par groupes.

Les cours, blanches de soleil, se vidaient lentement. Sans doute, sous les arbres, quelques indifférents lisaient des romans sans paraître s'apercevoir de ce mouvement inusité, mais petit à petit, toute l'Ecole allait être rassemblée.

Les surveillants, étonnés, restaient à l'ombre des marronniers.

En me dissimulant derrière les massifs, je parvins près de l'échafaudage sur lequel on dressait les reposoirs. Des tentures y pendaient encore. Quelques vases, cachés derrière les tréteaux, avaient été renversés par l'orage de la veille et les bouquets morts gisaient, éparpillés. Tout cela était encore parfumé d'encens et des pétales flétris jonchaient l'estrade où j'avais combiné d'apparaître.

Il ne m'avait pas fallu moins de quatre heures de prière nocturne pour vaincre mes hésitations et me décider à crier mon mensonge à tous mes camarades. A l'appréhension bien naturelle (c'était la première fois que je parlais en public) s'ajoutait la crainte de perdre toutes mes amitiés, mais c'était précisément là-dessus que je comptais pour broyer mon orgueil, m'anéantir dans le Seigneur et appliquer mes mérites à l'amélioration de tous. L'heure était venue d'utiliser ma faute.

J'étais tremblant. Bien que l'orage de la veille eût rafraîchi l'atmosphère, la sueur perlait à mes tempes.

Ma convocation disait : « Rassemblement à 13 h 30 devant le reposoir. » Or le coup de la demie venait de sonner et la foule des élèves se massait sur la pelouse.

Caché sous l'estrade où l'averse avait laissé de grandes flaques, je voyais maintenant Chaudurot, l'air goguenard, Michel, Ventelot près de Mimi et tant d'autres. Tous ces visages tournés vers l'estrade m'impressionnaient tellement que je me sentais paralysé.

Il allait falloir paraître, gravir les huit marches, me tourner vers eux et m'exposer volontairement à leurs quolibets, à leurs moqueries, peut-être même à leurs brutalités. Cette pensée me fit penser au Christ flagellé et la pensée du sang répandu et des coups me donna du courage.

J'implorai l'Esprit-Saint. Un grand déchirement se fit je ne sais où (peut-être dans ma poitrine) et je dus me mettre à genoux et m'appuyer des deux mains sur le sol pour ne pas tomber. La boue froide me fit revenir à moi.

Ma blouse était mouillée et maculée de terre. Une rumeur montait de tous ces gens assemblés. Ils étaient là trois cents, peut-être quatre cents. Monter sur cette estrade pour leur dire la plus sotte, la plus banale des vérités, le fallait-il vraiment ?

Il me vint alors à l'esprit cette phrase qui avait fait l'objet d'un des derniers sermons que l'on nous avait faits : « Efforcez-vous de passer par la porte étroite. »

D'un élan, à cette pensée, je sors de ma cachette, j'avance, je gravis les huit marches.

La rumeur s'est tue. C'est le silence. Seuls les grands arbres continuent à chanter doucement la chanson des abeilles. Le soleil se cache derrière un nuage.

Tous m'ont vu.

Certains qui croyaient à une mystification changent de visage. D'un geste, j'appelle Mimi. Il ne bouge pas. J'appelle alors Ventelot qui s'approche d'un air important. On entend, au loin, les roues du tramway qui grincent dans le virage de la place d'Armes.

« Mes chers amis ! »

Ma voix semble se perdre dans le feuillage. Certains camarades se rapprochent pour mieux m'entendre. Je perds contenance.

« Chers amis... »

J'entends un rire. Ça y est, le supplice va commencer, je m'apprête à recevoir leurs coups et, d'une seule émission de voix, c'est l'aveu :

« Mes chers camarades, je vous ai menti. Beaucoup me prennent pour le fils d'un riche armateur breton. C'est faux. Mon père n'est qu'un modeste chef de train et je suis né dans cette ville, rue des Carrières. »

Que va-t-il se passer ? Suis-je aux portes du martyre ?

Il ne se passe rien. Un lent coup de vent plaque ses accords dans les marronniers. Lorsque j'ouvre les yeux, je vois mon pathétique auditoire encore attentif. Personne ne bouge, personne ne rit. Pas un n'aura l'idée de déclencher les huées que j'attends ou d'entraîner ses camarades à l'assaut de l'estrade pour me lapider.

Vais-je donc descendre de cette odieuse scène sans tomber sous les injustes coups de mes frères ? J'en suis étonné. La foule est toujours immobile et silencieuse et maintenant c'est cette immobilité qui me fait peur et ma voix s'élève encore une fois :

« Je vous demande pardon à tous de vous avoir menti si sottement ! »

La honte me gifle cruellement. En titubant je descends de mon pilori. Je traverse la foule qui s'écarte sur mon passage comme la mer Rouge devant Moïse, et personne ne fait un geste hostile, pas même mes meilleurs amis, pas même Mimi. Ils font une haie de chaque côté de moi et j'entends le bruit de mes pas. Lentement, derrière moi, ils reviennent dans les cours ; alors, gonflé de cris de joie et d'amour, je cours me jeter à genoux dans la chapelle où je savoure quelque chose de plus doux qu'une déception.

J'espère beaucoup de cette confrontation qui n'est qu'un commencement. J'en recevrai peut-être autant de joie que du martyre ?

Le lendemain, sur mon carnet :

Le 1er juillet. – Je dois faire une édition spéciale de mon journal. J'en ai déjà vendu 268 exemplaires, chiffre jamais atteint jusqu'à ce jour. Malgré que je fusse aidé de Tainturier et de Ventelot, il ne m'a pas fallu moins de cinq heures pour la polycopie. Nombreuses sont les demandes insatisfaites et les vendeurs (Laffaix, Mortureux, Leblanc, Toutin) sont débordés. Je ne m'attendais pas à cela. *Deo gratias !*

(Je ne pensais pas à tirer une leçon de ces événements, ce n'est que beaucoup plus tard que j'en pus extraire un enseignement précieux sur la carrière de journaliste.)

Le 2 juillet. – 6 heures du soir. Six camarades sont venus à moi tout à l'heure : Toutin, Leblanc, Mortureux, Laffaix et Tainturier et Ventelot.

Ils m'ont dit : « Si tu as besoin de nous, tu n'as qu'à parler. » Je les ai accueillis avec joie.

Moi qui ai si longtemps désiré faire des disciples sans y avoir jamais réussi, j'ai maintenant six petits frères. Mais vais-je avoir assez de personnalité et de vertu pour les retenir ? Ne vais-je pas les attiédir par une excessive prudence, les lasser par des échecs ou les effrayer par une exigence trop abrupte ?

7 heures du soir. – Ces six petits frères sont, à la réflexion, de valeur inégale et aucun ne pourrait porter une haire et je crois bien qu'ils admirent plus, en moi, celui qui, par deux fois, a battu Michel que le pitoyable émule de saint Jean de la Croix. Je ne les crois pas capables de macération, mais est-il nécessaire que le soldat connaisse la stratégie et l'art de la guerre au même titre que le général, et ne lui demande-t-on pas la bravoure et l'obéissance ?

9 heures du soir. – Je veille en priant et je pense à mes amis : Ventelot entretient des relations coupables avec cette fille et je soupçonne fort Toutin de vouloir l'imiter. Il y a là, bien sûr, un apostolat à entreprendre, mais il faut aller au plus pressé : pour commencer nous allons établir un code secret.

Le 3 juillet. – Ventelot (décidément c'est lui le plus intéressant malgré son odieuse liaison) m'a envoyé, de sa place, un message secret chiffré : S.O.S. Réunion urgente de la fraternité. Importante communication sur le scandale.

Par la même voie, j'ai envoyé une convocation urgente à mes six frères et j'attendis.

Les bruits de la classe étaient feutrés comme les gestes d'un fauve. Mimi, à mes côtés, s'agitait, inquiet. Il a remarqué nos conciliabules et notre diplomatie secrète a attiré son attention.

A l'interclasse, nous nous sommes groupés et Ventelot a fait son rapport. Il avait pris en filature plusieurs suspects et il pouvait donner des renseignements de grande précision. La façon dont il s'y est pris prouve qu'il est audacieux et habile. C'est un policier. Il n'est pas encore touché. Le risque et le complot lui plaisent, pas l'Idée. Pourtant il ne manque pas d'ardeur. Dans son regard brille une flamme sourde et contenue qui me plaît.

Quoi qu'il en soit, voici ce qu'il vient de nous apprendre : un cercle est constitué depuis un mois environ (il a cité les noms). Ils se réunissent souvent, fument des cigarettes à bout doré, boivent du vin blanc (apporté par Binchon dont le père est cafetier), composent des cocktails, boivent jusqu'à l'ivresse et, une fois ivres, se livrent à des actes répugnants.

Je ne pouvais croire que Mimi pût être retombé si bas. Ventelot m'a affirmé qu'il était le plus acharné et, très crûment, m'a dit :

« A propos de Mimi, c'est un gamin fichu. Tous les autres s'amusent de lui et se battent pour lui ! »

C'est bien dommage mais ce n'est plus Mimi seulement qui est en danger, c'est toute la classe, c'est toute la division qui est en perdition. Il faut agir. Je me suis écrié :

« Il faut faire une campagne sur le journal, pour l'épuration de la classe, pour la réforme des mœurs scolaires.

– Tout cela est bien beau, a dit Toutin, mais comment ? »

J'ai eu une idée :

« Créons un comité choisi parmi les élèves, responsable des grandes fautes collectives, réclamons la représentation des élèves au conseil de discipline. »

Ils se sont tous déclarés d'accord. J'ai poursuivi :

« Luttons contre le proxénétisme scolaire, l'hypocrisie et la délation et surtout contre l'influence pornographique de certains meneurs que nous connaissons maintenant. Au besoin que les délégués auprès du conseil de discipline réclament l'exclusion de certains individus néfastes. A la base du système, créons des réunions de comité, des assemblées de classe et des meetings interclasses.

– On pourrait capturer les meneurs et les torturer ! » suggéra Ventelot.

En réalité, sans penser à la torture, j'avais déjà imaginé une action individuelle directe. Cette pensée m'a donné à réfléchir. Bien que la brutalité me répugne, peut-être y a-t-il une idée à ne pas négliger. Saint Augustin ne dit-il pas : « On peut conserver la charité dans le cœur lors même qu'on est obligé de faire en dehors des choses qui paraissent rudes aux hommes et de les frapper avec une âpreté rude et dure, mais bienfaisante, *leur utilité devant être préférée à leur satisfaction* » ?

J'ai répondu :

« Nous verrons. Organisons d'abord notre campagne.

– En informerons-nous la hiérarchie ? demanda Mortureux.

– Que non ! me suis je écrié, je suis trop bien placé pour savoir que nos supérieurs ne comprennent rien à rien. Nous ne pouvons nous fier à des gens qui commettent les graves erreurs psychologiques que je puis vous citer. »

Puis je donnai mes ordres : Ventelot et Leblanc continueront l'enquête. Il faut savoir où et quand se tiennent les réunions. Les autres vont tirer à trois cents exemplaires le prochain numéro que je suis en train de rédiger. Tous nous essaierons de le diffuser le plus largement possible.

En rentrant en classe, je regardai Mimi : mes occupations m'avaient écarté un instant de ce cher camarade. Je l'ai vu avec un œil nouveau : il était pâle, il avait les yeux battus, le regard fuyant, la main moite. Je tentai de le dévisager, il se détourna en ricanant sottement. Il me fit peur et, bien qu'un exercice d'algèbre réclamât tous mes soins, je me mis à prier.

Cette oraison fut troublée par un incident d'importance : le Préfet de discipline m'appela dans son bureau. Je le saluai. Il ne me répondit pas. Marchant de long en large, tournant autour de moi, tantôt agité, tantôt calme, il me fit subir un interrogatoire en règle. Etalant sur la table nos deux carnets de péchés, il me dit :

« Qu'est ceci ?

– Des carnets.

– Quels sont les signes qui y figurent ?

– Des signes conventionnels.

– Que signifient-ils ?

– Ils ont des significations très différentes.

– Je veux savoir la signification de chacun.

– Ces carnets sont des mémentos pour nos confessions. Chaque signe correspond à un des péchés que je vous ai confessés mais je ne peux vous donner la signification de chacun d'eux, car, en même temps, vous connaîtriez les péchés de mon camarade.

– Je suis son confesseur, dit-il doucement.

– Je le sais, mais je ne puis tromper sa confiance. Faites-le appeler, il vous le dira, s'il le juge bon, je n'y vois pas d'inconvénient. »

Le Préfet parut alors comprendre la gravité de mes préoccupations car il se mit à réfléchir. Son visage était plus doux, sa main fourrageait sa barbe, son souffle était plus lent. Enfin, il se retourna vers moi, me prit par les épaules et me dit, d'une voix très douce :

« Expliquez-moi cela, mon fils ! »

Je crus l'heure des confidences arrivée. Enfin le voile allait se déchirer. Mon cœur déborda mais je ne pus me résigner à faire le récit de mes lents progrès, de mes pieux efforts, de mes piètres sacrifices, je ne voulus pas non plus dénoncer le club pervers : ce n'était pas mon affaire. Ne pouvant parler ni de moi ni des autres, je me tus.

Il se leva brusquement :

« Vous risquez la porte, je n'attends plus qu'un nouveau scandale pour vous chasser de cette maison. Je ne veux pas de brebis galeuse parmi nous ! »

De mon journal, le même jour :

> ... Ventelot, tout essoufflé, est venu me parler :
> « Michel vient de donner de l'argent à Mimi !
> – Combien ?

– Plusieurs billets de mille.
– Où sont-ils tous les deux en ce moment ?
– Au fond du parc.
– Allons-y. »

Nous avons vite fait de regrouper les cinq autres et nous gagnons les profondeurs du parc. En tirailleurs, nous formons une ligne de plus de cent mètres de long, et nous battons les moindres détails du sous-bois lorsque Tainturier qui marche à l'aile gauche s'écrie : « Les voilà ! »

En effet, Michel et Mimi viennent de se démasquer et ils tentent, en courant, de gagner le terrain découvert. Nous leur coupons la retraite. Ils sont acculés dans un coin du parc où les jardiniers déposent des feuilles mortes. Vont-ils se défendre ?

Nous les serrons dans l'encoignure et Mimi commence à pleurer. Michel est blême. Ventelot et Mortureux sont sur lui, mais il refuse le combat, il ricane :

« Alors que voulez-vous ? »

Nous libérons Mimi, qui se sauve à toutes jambes. Michel reste seul entre nos mains. Il plastronne.

« A la torture ! » gronde Ventelot qui s'apprête à je ne sais quel sévice.

Une tempête souffle en mon crâne. J'ai entre les mains un des fauteurs de débauche. Je le soupçonne même d'être l'instigateur du club, j'ai de fortes raisons de voir en lui un proxénète dangereux. Je le sais brutal, hypocrite. Il a saccagé l'âme de Mimi et de bien d'autres. Si les rapports de Ventelot sont exacts, on peut dire que celui que nous avons entre les mains est un être malfaisant.

« Pourquoi donnes-tu de l'argent à Mimi ?
– Je n'ai jamais donné d'argent à Mimi.
– Je t'ai vu !
– C'est faux. »

Ventelot est furieux. Il répète comme un refrain :

« A la torture, à la torture ! »

Dans l'allée, une ombre s'avance : c'est le Préfet de discipline qui lit en marchant. C'est Michel qui donne l'alarme. Accroupis derrière le tas de feuilles nous attendons qu'il passe.

Nous le voyons devant nous ; il tient un stylo à la main, et s'arrête puis il se met à parler :

« Messieurs, le petit ouvrage que je vous présente aujourd'hui est le fruit de vingt ans d'une expérience d'éducateur... » Il s'interrompt puis reprend en s'éloignant : « Messieurs, ce petit opuscule... » Puis il disparaît derrière les buis et nous reprenons l'interrogatoire.

« A la torture ! » répètent les autres en nouant autour de son cou son foulard de soie.

« Tu voudrais m'avoir parce que je t'ai pris ta ficelle ! » grince Michel.

Un coup de poing lui ferme la bouche, sa lèvre saigne un peu.

Je pense aux paroles de saint Augustin : « On peut conserver la charité dans son cœur lors même qu'on est obligé de faire des choses qui paraissent rudes aux hommes et de les frapper avec âpreté... » Que dois-je faire ?

Tout à coup, je pense que nous, qui nous érigeons en justiciers, sommes des pécheurs. Ventelot n'a t-il pas une liaison avec une fille ? N'est-il pas, lui aussi, objet de scandale ?

« Lâchez-le ! » dis-je aussitôt, puis pendant que notre prisonnier s'enfuit, je me tourne vers mes hommes :

« Nous n'avons pas le droit de faire justice tant que nous ne serons pas nous-mêmes parfaits ! » Puis à Ventelot : « Quand dois-tu voir ta poule ?

– Ce soir, répond courageusement mon camarade, à huit heures, rue des Bornes.

– Laisse-moi y aller à ta place, je lui expliquerai. Un redresseur de torts doit être lui-même irréprochable ! »

Je vis la fille et je lui demandai de renoncer à fréquenter Ventelot qui, de son côté, s'était engagé sur l'honneur à ne point la revoir.

Elle renifla et se troubla un peu :

« Moi qui l'aimais tant déjà, dit-elle en pleurnichant.

– Montrez votre amour en renonçant à lui.

– Je ne pourrai jamais.

– Il le faut pourtant, mademoiselle, c'est plus grave que vous ne pensez.

– Comment y parvenir ?

– Priez, mademoiselle, priez sans cesse.

– C'est que je n'ai pas la foi.

– Elle vous viendra si vous la demandez. Au revoir, mademoiselle.

– Au revoir, monsieur. »

Et je la quittai.

Comme pour récompenser Ventelot de son sacrifice, la Providence avait couronné de succès ses recherches. Il m'attendait, transfiguré, l'œil brillant. Il m'annonça :

« Le club se réunit dimanche, mais je ne sais encore ni le lieu ni l'heure de la réunion.

– Ne les quittons pas d'une semelle. Etat d'alerte permanent. Dispositif de combat. »

A partir de ce moment, les ordres fusèrent ; la fraternité était sur le pied de guerre. Depuis que j'avais exigé sa rupture, Ventelot se multipliait, docile et assidu. Le jeudi, j'eus l'immense joie de le voir rédiger un bulletin de confession et le vendredi matin, à la messe du Cœur Sacré de Jésus, je le vis s'approcher de la Très Sainte Table et communier pour la première fois depuis la rentrée d'octobre.

Le dimanche vint.

Je passai ma journée avec les internes, puisque j'étais collé. Quand vint l'étude du soir, rien ne s'était encore produit, pourtant Ventelot était sûr de son fait :

« Attends la nuit », disait-il.

Quand vint l'heure de sortir, au moment de passer la poterne à la conciergerie, je me jetai dans l'ombre des massifs et j'attendis, comme il avait été convenu.

L'horloge monumentale de Saint-Pancrace sonnait les quarts et les demies et cela me tint compagnie, car l'attente fut longue. Lentement la nuit tomba, une belle nuit de juillet, brune et tiède. Le parc se peupla de bruits, de grattements, de murmures. Une à une, les lumières s'éteignirent. J'étais immobile dans les fusains.

Les surveillants qui sortaient en ville passèrent près de moi en plaisantant, puis tout retomba dans le silence.

Tout à coup, la porte des cuisines s'ouvrit, une ombre en sortit et se dirigea vers ma cachette. C'était Ventelot.

« Nous les tenons, dit-il, suis-moi ! »

Nous montâmes les escaliers à pas de loup. Ventelot me conduisait. Avec surprise, je le vis prendre l'escalier du grenier. Nous arrivâmes bientôt sous les combles et, dans l'obscurité, je sentis des haleines chaudes. C'étaient les autres qui nous attendaient.

Nous avancions maintenant dans l'étroit grenier surchauffé qui courait sur toute la longueur du bâtiment.

« Halte ! » murmura Ventelot.

Maintenant, nous entendions le bruit de l'horloge monumentale, un ronflement sourd, rythmé de chocs et de grincements. Enfin, sous la porte qui conduisait au mécanisme, un rai de lumière apparut.

Lorsque j'eus l'œil collé à la serrure, je vis onze silhouettes se mouvoir autour d'une bougie. Je les reconnus toutes.

Ils étaient mollement étendus sur des étoffes et des coussins. Quatre bouteilles de champagne, débouchées et renversées, gisaient devant eux. La fumée des cigarettes s'épaississait à chaque seconde et Mimi, l'œil mou, les cheveux en désordre, une médaille d'or jouant sur sa poitrine rose, prenait une pose abandonnée, la cigarette au bec.

Au-dessus de leurs têtes, l'énorme mécanisme de l'horloge entremêlait ses axes et ses pignons palpitants, accompagnant l'orgie de ses chuintements de reptile.

Chacun notre tour, nous regardions par le trou de la serrure. Les bouteilles étant vides, on vit l'un d'eux se lever et en déboucher deux autres, puis il revint s'étendre. Tout à coup, un bruit nouveau naquit et s'amplifia. Des roues à ailettes se mirent à tourner, des pignons encore immobiles entrèrent en transe, un grincement monta d'une spirale en délire, un lourd levier se souleva pour retomber avec un han sourd et mystérieux alors que les énormes vibrations de la cloche éclatèrent, par dix fois, dans nos crânes.

C'étaient dix heures qui sonnaient à l'horloge de Saint-Pancrace.

Qu'allions-nous faire ?

Mes hommes eussent été vexés si j'avais laissé échapper l'ennemi. Il fallait agir maintenant et l'auteur de *La Vie des saints* avait omis d'envisager ces circonstances.

« O saint Michel Archange, prête-moi ta cuirasse et ta lance ! Donne-moi la force et l'invulnérabilité ! »

Ouvrant lentement la porte qui grinça, j'entrai dans le réduit. Il y eut, parmi les débauchés, un moment de désarroi. Mimi parut défaillir.

Je les regardai les uns après les autres en m'efforçant de calquer mon attitude sur ceux de sainte Irénée dévisageant les bêtes fauves dans l'arène.

Je comptais beaucoup sur notre calme et notre dignité pour impressionner nos pauvres adversaires mais déjà Ventelot et Tainturier, pour se donner contenance, piétinaient les reliefs du casse-croûte, brisaient les bouteilles, saccageaient les odieux coussins.

Ceci fait, il y eut un moment de flottement qui eût pu être gros de conséquences, mais grâce à Dieu, j'eus un trait de génie : m'étant emparé de la bougie, je sortis, encadré de mes amis, laissant les autres médusés dans l'obscurité.

Le lendemain, j'arrivai à l'école nimbé d'une auréole nouvelle. Le récit de l'affaire de l'horloge avait fait le tour de la section. Lorsque j'entrai dans les cours, les conciliabules battaient leur plein.

Michel crânait, dans un coin, mais il me fut impossible de trouver Mimi. On l'avait vu se diriger vers les classes aussitôt après mon arrivée. J'y montai.

Je le trouvai dans une petite salle d'étude, affalé sur un banc, il pleurait. Lorsque j'entrai, il parut ne pas entendre. Je lui touchai l'épaule. Il eut un geste comme pour chasser une mouche importune.

« Mimi, que fais-tu ?

– J'allais me tuer.

– Comment ? avec quoi ? »

Il montra la fenêtre d'un geste tragique.

« Où est le temps où nous pourchassions le péché ? »

Il s'agita douloureusement sur son banc.

« Où est le temps où tu priais avec moi ? »

Ses sanglots redoublèrent.

« Où est le temps où tu portais un cilice ? »

A ces mots, il se redressa, déboutonna sa vareuse, son pantalon et sa chemise et me montrant une dure corde de chanvre qui lui ceignait le ventre, il me dit en reniflant :

« La voilà ! »

Il n'avait pas encore pu se mettre dans la tête que « cilice » était un nom masculin.

Il descendit dans la cour quelques minutes après moi. Tous l'attendaient. Il vint à moi et me serra la main. Sans doute quelqu'un qui m'eût attentivement regardé eût constaté que, de mon être, se dégageait une lueur qui faisait pâlir le soleil.

Comme la grande chaleur rendait le football impossible, je fis une partie de billes dans le quart d'heure qui suivit.

Les cours étaient désertes. Les élèves, rangés sous les ormes, parlaient des vacances proches. Mimi vint se blottir près de moi et, lorsque la partie fut terminée, me dit à voix basse :

« J'ai à te parler. Viens avec moi. »

Il contourna le terrain de football et disparut dans le parc. Je le suivis. Il m'attendait dans le sous-bois caché par un sureau fleuri qui embaumait, plein d'abeilles. Ses yeux brillaient. Il vint à moi en souriant.

« Je te demande pardon.

– Je te pardonne bien volontiers. »

Il sortit un paquet de sa poche et une liasse de dix billets de mille francs.

« Voilà le fume-cigarette et voici l'argent. »

Avant que je fusse revenu de ma surprise, il m'enlaça de ses deux bras et me donna sur la bouche un farouche baiser puis murmura :

« Tu es un type formidable. C'est toi que j'aime. »

Pendant que Mimi se sauvait à toutes jambes, je restai là, debout sous les arbres, comme transpercé de deux lances, écartelé, à la fois brûlant et glacé, vibrant et inerte, à demi recouvert par l'ombre du doute : mon cher combat se terminait lamentablement et Satan triomphait dans le moment que j'avais préparé pour la gloire de Dieu. La grâce m'abandonnait-elle ? L'avais-je jamais possédée ? Le bijou dans la main droite, les billets de banque dans la gauche, la brûlure d'un baiser sur les lèvres, je pensais à mes disciples. Je ne pouvais plus reparaître devant eux.

La cloche sonnait maintenant pour rappeler les élèves. Je l'entendais bien, mais elle ne sonnait pas pour moi et je restai caché sous les arbres. J'entendis les cris décroître et cesser tout à fait. Je perçus également le piétinement des camarades qui entraient dans les études. Les portes se fermèrent. Enfin ce fut le silence des après-midi de juillet.

Je cueillis une graminée pour la mâcher.

Un murmure venait des classes : prières récitées, bruit de pupitres. Je cassai une branche et fouaillant le tronc de toutes mes forces, je frappai jusqu'à ce que les feuilles fussent déchiquetées, puis me coulant entre les massifs, rampant dans les endroits découverts, enivré par les brindilles qui me fouettaient le visage, je gagnai le mur de clôture que j'escaladai. Je tombai dans une petite ruelle. La casquette d'uniforme dans la poche, je me mis à courir pour sortir de ville et je montai dans la colline jusqu'à ce que l'agglomération eût disparu ; alors rouge de sueur, essoufflé, je m'arrêtai.

J'étais dans un ravin où croissaient des pins rabougris. Plus haut, c'était la friche nue, au grand soleil. Je m'étendis là, sur l'herbe jaune de mon enfance. Le ciel vibrait du chant d'une alouette qui montait dans le soleil.

Un instant plus tard. Deux garnements qui buissonnaient en quête de maraude m'aperçurent et me cherchèrent querelle.

« Où sont les autres ? me dit l'un.

– Quels autres ?

– Inutile de faire l'innocent, tu connais le secret.

– Quel secret ?

– Allons, pas d'histoires ! Il est temps de payer ta rançon.

– Viens la chercher ! »

Le chef s'approcha pendant que l'autre cherchait à me prendre à revers. Je reculai jusqu'à la carrière, où ils me livrèrent bataille. Je me débarrassai aisément du plus faible et après un combat d'une grande violence, l'autre roula sur un tas d'ordures et glissa dans le ravin. Les deux gaillards se relevèrent et me regardèrent avec surprise. J'étais déjà reparti. Pour la première fois, je n'eus pas honte de mes brutalités, jamais un coup de pied dans le ventre m'avait moins coûté de remords. Qu'aurais-je fait si quelqu'un était venu me parler de douceur et de sacrifice ?

J'errai jusqu'au soir dans les cytises, sur le bord des éboulis et, sur les belvédères rocheux où je grimpais, dominant la vallée, je me mettais à hurler à plein gosier. Je ne savais comment user cette force que je sentais gronder en moi pour la première fois.

Sur le soir, je rencontrai trois filles sur une petite route et je les regardai bien en face. L'une d'elle me dit : « Tu veux mon portrait ? »

Ce tutoiement de fille inconnue me fit du bien, mais je ne lui répondis pas.

La mort de Mimi est impossible à raconter, tant elle fut brutale, et pourtant quelle place elle tient en ma vie !

Il mourut d'une typhoïde peu avant le jour doré des prix. Au cours d'une promenade, il avait bu de l'eau du canal. Il était faible et ne savait même pas résister à la soif. Le soir même il s'était alité, frissonnant de fièvre et le délire l'avait pris. Tout le monde y vit la punition de Dieu, mais déjà je ne savais qu'en penser. Ma chair, mon regard, ma peau, mon haleine même étaient changés.

Le matin, je me rendais à l'infirmerie pour savoir comment il avait passé la nuit et, le soir, je tentais de m'introduire dans la salle d'isolement, mais je me heurtais toujours au Préfet de discipline qui gardait farouchement la porte. Pourtant, j'aurais voulu voir son visage et lire dans son regard l'effort qui pouvait encore le sauver. Un jour, je parvins à gagner la petite chambre où il luttait, seul, contre les fantômes que je connaissais bien. Il respirait en poussant un cri rauque et régulier. Parfois, il balbutiait et retombait immobile. C'est alors qu'un bruit de pas me contraignit à battre en retraite.

Le Préfet entrait souvent dans la classe, nous faisait mettre à genoux sur nos escabeaux et se recueillait. Ses joues grasses et cireuses sous les poils de sa barbe paraissaient trembler. Ses paupières se baissaient lentement et ses mains fixes se joignaient en un geste solennel et inexorable : on aurait dit qu'il étranglait quelqu'un.

Une salive épaisse et filante affluait alors dans ma bouche et la sueur perlait à mes tempes.

« Vous le savez, messieurs, disait-il, un de vos camarades est terrassé par une maladie très grave... »

Je m'apprêtais à le suivre dans ses oraisons ; je sentais en lui un guide sûr qui saurait dire à Dieu les mots qu'il fallait, n'était-il pas prêtre ? Mon orgueil fondait en un instant et je lui savais gré de venir ainsi à mon secours.

« Demandons à Dieu tout-puissant de le conserver à l'affection des siens », s'écriait le maître.

Et aussitôt le charme était rompu : comment un prêtre pouvait-il dire de semblables sottises ? De quel œil Dieu pouvait-il regarder un prêtre qui demande la guérison du corps ? A quel odieux complexe païen pouvait obéir ce porteur de soutane en réclamant un avantage si bassement matériel ? Aux termes mêmes de ses propres enseignements il fallait accepter la mort de Mimi en priant simplement Dieu de lui pardonner ses fautes et de l'accueillir dans sa Paix éternelle. Et même était-il besoin de prier ? Dieu ne savait-il pas absolument ce qu'il devait faire, dans sa miséricorde infinie ? C'est là que je commençai à penser que prier est une injure à Dieu et que la seule oraison possible était la paraphrase du *Fiat voluntas tua.*

Le Préfet commençait alors une dizaine de chapelet. Je m'associais à la prière commune, mais je me désolidarisais de son objet, mes lèvres récitaient les mots de l'*Ave Maria* mais je les appliquais à des intentions opposées : qu'il meure, que son corps retourne au Néant, s'il plaît à Dieu, même et surtout si je dois en avoir le cœur déchiré.

La dizaine terminée, le regard du Préfet, qui s'était jusque-là dérobé sous ses molles paupières, se dirigeait vers un point du plafond et ses lèvres lançaient vers le ciel ces révoltantes paroles :

« Jésus, guérissez-le ! »

Et les autres, fascinés, répétaient, par trois fois :

« Jésus, guérissez-le.

– Jésus, faites qu'il vive ! »

Et tous ces moutons bêlant de peur entonnaient l'hymne de faiblesse et de scepticisme : « Faites qu'il vive ! » C'était grotesque et hideux. Je serrais les dents pour ne pas céder à ce paganisme, à cette frayeur moutonnière de la mort si éloignée de la soumission et de la confiance en Dieu que l'on nous apprenait dans cette maison même, et je cessai de prier. J'offrais Mimi à Dieu. Je donnais le sacrifice accablant de mon amitié, la première, la seule amitié de ma vie.

Pour tenter d'élever le débat et de contrebalancer ces déplorables sermons à rebours, je choisissais, en récréation, les groupes les plus inertes et je tentais d'y jeter le levain de ma foi.

« Pourquoi prions-nous pour la guérison de Mimi ? »

Parfois on m'accueillait d'un haussement d'épaules et l'on se remettait à parler tennis. Je m'écartais, horrifié. D'autres fois il arrivait qu'un camarade me fît cette réponse :

« Tu étais bien content, lorsque tu étais malade, qu'on fasse une neuvaine pour ta guérison ! »

Je répondais : « Je n'ai jamais demandé à guérir. Dieu en est témoin. J'ai appelé la mort de toutes mes forces ! »

Un jour, un surveillant que nous nommions « Méhari » m'entendit (j'avais parlé haut à dessein) et il me dit avec douceur :

« Mais tes parents, mon petit...

– Mes parents n'ont rien à voir dans cette affaire, avais-je coupé, hors de moi. Jésus pouvait, d'un mot, tout arranger, le vendredi saint. Il ne l'a pas fait. Il a traîné sa mère jusqu'au calvaire. Pourquoi prenons-nous tant de précautions avec nos parents dans ces circonstances, sinon par lâcheté ? »

Le surveillant se tut, me regarda longuement et rejoignit le groupe de ses collègues. Je m'approchai d'eux, je ne pus saisir ce qu'ils disaient, non que le son de leurs voix ne me parvînt pas mais parce qu'ils semblaient parler une langue que je ne comprenais pas. Je retins pourtant ces phrases :

« Le cynisme filial, mon cher, est fréquent à cet âge et ce n'est, le plus souvent, qu'une manifestation de la plus grande pureté.

– Chez les animaux, où il est de règle, est-ce de la pureté ? dit un séminariste sarcastique.

– Certainement, l'abbé, s'écrièrent les autres avec véhémence, chez les individus sauvages... »

Je m'écartai. J'étais écœuré et désagréablement surpris d'entendre des étudiants se perdre ainsi dans ce dédale de mots vides de sens. A quoi leur servait donc d'être instruits, s'ils étaient incapables de vivre dans ce monde familier où j'évoluais sans peine ? Et je me remis à supputer le bénéfice que Mimi pourrait retirer de son agonie, mais, d'heure en heure, un grand trouble m'envahissait.

Le soir, je me mis au lit et sous les draps, je touchai du doigt le chanvre hideux de mon cilice. Je l'arrachai et le jetai au hasard dans l'obscurité. Je l'entendis retomber, lourd de sueur et de douloureuse vanité, dans ma cuvette de toilette. C'est ce bruit mou qui m'en dégoûta complètement.

A quoi bon continuer le jeu si tout le monde trichait ?

Le lendemain, la chaleur se fit accablante et, sur les classes où tout le monde somnolait, régnait une effrayante monotonie. Tout l'établissement paraissait figé de peur. Personne n'osait parler à haute voix dans les grands couloirs et pendant les récréations, tous étaient massés près des portes comme pour tenter une évasion massive.

Au début j'étais poussé vers la chapelle où j'entrais non pour y prier, mais pour m'asseoir et tenter de réfléchir dans le calme et la fraîcheur. Lorsque j'ouvrais la porte du sanctuaire, j'y voyais le Préfet, affalé, la tête dans les mains ou le regard étrangement fixé sur la lampe de l'autel. Je restais un instant sur le seuil puis je me remettais à errer clandestinement dans les couloirs pour guetter l'arrivée du médecin et le suivre de loin des yeux. Puis enfin, je pris le parti de rester assis dans la cour, sans penser, et je refusai tout net de me joindre aux prières de neuvaine.

Mimi mourut avant qu'elles fussent terminées.

Lorsqu'il mourut, j'étais prêt. Je n'étais plus moi-même. Mon enfance s'en allait avec lui. Il me libérait de tant de contraintes, il m'affranchissait de tant d'ignorances que la date de sa mort est, en même temps, celle de mon entrée dans la vie des hommes.

On pourrait me dire : mais tu le haïssais, cet enfant riche et gâté. Sa mort ne devrait donc pas te désespérer.

Certes, mais je perdais en lui l'instrument.

Il se produisit, lorsqu'il fut mort, des choses épouvantables : d'abord, on le laissa dans une chambre isolée de l'infirmerie que l'on transforma en chapelle ardente, mais il y eut des démêlés sordides avec le service d'hygiène et nos supérieurs furent inquiétés, avec le médecin de l'établissement. Ainsi la maison fut troublée par des allées et venues de fonctionnaires. On entendait des discussions ridicules jusque dans la chambre mortuaire.

Je tentai d'y pénétrer à diverses reprises, mais la porte en était fermée à clé et je crus étouffer, là, dans ce couloir, immobile, appuyé contre la cloison.

A la troisième tentative, j'avais apporté un trousseau de passe-partout dont j'ignorais d'ailleurs le maniement.

C'était la veille des prix. Dehors, la canicule endormait tout. Dans le couloir, au contraire, il faisait presque frais et, à travers la porte, m'arrivait le parfum des fleurs apportées par des amis, des professeurs. On se serait cru près d'un de ces reposoirs de Fête-Dieu autour desquels évoluent des enfants, en robes roses et bleues, jetant des pétales.

Je restai un instant immobile, écoutant si personne ne venait, puis je sortis mon trousseau. Lorsque j'introduisis le passe-partout dans la serrure, j'entendis craquer le parquet. Un pas lent et feutré s'approcha de la porte qui, doucement, s'ouvrit. Ce fut le Préfet de discipline qui, la figure bouleversée, apparut. Son visage était pénible à voir, car on aurait dit qu'il riait.

Il me dit :

« C'est encore toi ! Que veux-tu ? »

Il murmurait, comme au confessionnal, me tutoyant pour la première fois depuis bien longtemps. J'étais tellement surpris que je ne pus répondre. Il répéta :

« Que veux-tu ?

– Je voudrais le voir. »

Il me fit signe d'entrer et me désigna le prie-Dieu au pied du lit. Je ne m'y agenouillai point. Nous regardions tous deux cette figure charmante, un peu durcie par la mort. Nous restâmes un instant ainsi, puis ce fut le prêtre qui se jeta sur le velours grenat de l'agenouilloir. Il eut comme un sanglot et j'entendis sa voix si redoutée, si aimée qui disait : « Mon Dieu, mon Dieu ! »

J'étais toujours debout. Je ne fis pas un geste. Mes mains ne se rejoignirent pas, je sortis, l'œil sec, la lèvre ferme. La colère grondait en moi. Ma plus grande souffrance n'était pas de savoir que d'autres avaient touché, vêtu ce cadavre, ni que d'autres avaient le droit de rester en tête à tête avec lui. Tout cela m'était égal.

Je n'assistai ni à la levée du corps, ni à l'enterrement et je sortis de la ville pendant que sonnait le glas. Je rejoignis les friches et je marchai comme je l'avais fait le jour du baiser.

Je ne trouvais plus de chagrin ni de faiblesse en moi. Non seulement le souvenir de ce baiser ne m'inspirait plus aucun dégoût, mais encore la Joie, oui la Joie, inondait mon corps. Un bon chrétien, je le savais, doit toujours s'inquiéter lorsque son corps se complaît (du moins c'est ce que l'on m'avait appris). Je n'étais donc pas un bon chrétien. Tant pis. J'étais perdu et je n'avais plus rien à faire à Saint-Pancrace, ni dans la chapelle, ni dans une église, ni dans une famille honorable. Le baiser avait fait naître en moi un tel frissonnement que je sentis pour la première fois qu'à côté de ce que je savais, il y avait d'autres choses et que les curés ne m'avaient pas dit le quart du centième de ce qui doit être dit, et j'attendis jusqu'au soir, couché dans l'herbe.

Ma décision était prise.

A onze heures du soir, j'entrais à la gare où je prenais un aller, première classe pour Saint-Brieuc. Pour la première fois de ma vie, je payais pour voyager, mais j'étais riche. N'avais-je pas les dix mille francs de Mimi ? Je donnai deux des billets de la liasse, on me rendit la monnaie et je passai sur le quai.

La nuit était étoilée et les wagons pullmann, illuminés comme pour une fête, passaient sur les aiguilles du poste 2 en entrant en gare.

Je montai posément dans une voiture et m'installai sur les beaux coussins d'un compartiment vide. Par la portière, je vis encore le fantôme des églises, puis, après le changement de machine, il y eut les soupirs de l'essai de freins. L'aboyeur psalmodia les mots magiques que les wagons attendaient en geignant et le convoi partit enfin vers la mer.

J'aurais dû dormir. Je ne pus. J'étais seul dans mon compartiment, aussi je me mis à marcher d'une portière à l'autre pour essayer d'entrevoir les campagnes fuyantes dans la nuit.

Au passage, je voyais la lumière des postes de cantonnement où je savais qu'un homme de ma condition, penché sur ses leviers, surveillait notre passage. J'avais baissé la vitre. Une tiédeur brutale me fouettait le visage et, par-dessus le fracas du train, j'entendais le grelottement strident des grillons. Penché à la portière d'un compartiment de première classe, je répondais enfin à l'appel de l'aventure.

J'arrivai au Légué à quatre heures du soir. Et tout de suite, je voulus voir la mer. Elle m'apparut pour la première fois entre deux toits d'ardoise ; elle était d'un gris vert et ressemblait aux descriptions que j'en avais faites. Un instant plus tard, je flânais dans le quartier du port. L'eau sale qui montait lentement dans le bassin soulevait deux cargos pouilleux, à la carapace rouge et noire et, plus loin, un beau voilier.

En voyant ce bâtiment, j'eus un grand espoir. En un clin d'œil, je fus sur le quai et, non sans émotion, je lus, peint en merveilleuses lettres blanches sur fond de coaltar, son nom : *Santa Anna*, puis, en lettres plus petites et moins artistiques : Savorna.

Je demandai à un passant :

« Quand part-il ?

– Après-demain.

– Et où va-t-il ?

– En Espagne, à Huelva. C'est un navire espagnol. »

Le Rêve était fini. La Réalité surgissait, lumineuse, de tous ces brouillards de l'attente.

Je regardai la *Santa Anna.* Elle penchait encore un peu, l'eau n'étant pas étale dans le bassin. Son panneau arrière était décoré avec goût d'une figure représentant une femme environnée de fleurs et de bouquets.

Un petit hublot, ceint de cuivre, ouvrait un œil curieux et la bande était une guirlande sculptée jusqu'à la hauteur du mât d'artimon.

Le pont était désert et propre, les écoutes bien lavées, les fers fraîchement repeints et l'on ne voyait aucune trace de chargement. C'était à croire que la *Santa Anna* était arrivée là dans la nuit, comme un bateau fantôme, mystérieusement propre et silencieux, pour repartir plus silencieusement encore, à la faveur d'une brise propice.

Je m'assis sur le quai. Un petit rentier s'en allait à pas comptés, en fumant sa pipe. Un homme vint derrière moi et resta immobile, contemplant la jolie forme du voilier endormi.

« Beau bateau, lui dis-je.

– Oui-pa, répondit-il avec son accent du Penthièvre.

– Plaisance ?

– Un trois-mats-carré ? Je ne crois pas.

– A-t-il chargé quelque chose ?

– Je ne sais pas. J'étais à la mer quand il est venu, je ne l'ai jamais tant vu qu'aujourd'hui. »

La *Santa Anna* était-elle venue pour moi seul ? Maintenant elle commençait à flotter, environnée d'hirondelles de mer et de goélands, et chacun de ses lents mouvements faisait osciller la passerelle blanche qui la reliait au quai.

Aussitôt que j'eus mis le pied sur cette planche, je ressentis dans tout mon être le balancement de la mer, qui anime, jusqu'au fond des arrière-ports, les moindres barcasses et les transforme en des continents nostalgiques. Je faisais partie de ce mouvement de houle qui donne à la plus noire des épaves cette respiration profonde d'être vivant. La *Santa Anna* respirait pareillement, dans le bassin du Légué. Entraînée par le poids de sa mâture, elle accusait chaque soupir de la houle et semblait ainsi prendre déjà son erre. Je m'y sentais plus ferme et plus assuré que sur terre où tout m'était si étranger, si difficile et si contraire et ce fut avec un grand espoir que je m'approchai de la jolie petite porte de pitchpin qui commandait l'entrée de ce curieux navire. Sur une plaque de cuivre, dûment fourbie, je lus encore ce nom si cher « *Santa Anna* ».

Je frappai.

Le silence du bord me répondit. Je frappai encore. Sous mon poing la porte rendit un son profond qui se répercuta. Le bâtiment vibra tout entier.

Je supposai que tout l'équipage devait être à terre et je parcourus le pont en tous sens, lentement, caressant les écoutes et cherchant à découvrir, sur le pont bien lavé, les traces que la cargaison ne manque pas de laisser sur un bâtiment, mais les planches étaient si soigneusement calfatées que je ne découvris rien.

Sur le gaillard d'avant, j'aperçus enfin, couché sur le pont, un homme qui paraissait dormir, à l'ombre d'un rouleau de cordage. Des mouches se posaient sur son visage et il les chassait d'un geste machinal.

Je m'approchai de lui et lui demandai en espagnol :

« Homme, où est le capitaine ? »

Il ne répondit pas et resta immobile. Je lui touchai l'épaule, alors il se leva d'un bond et en souriant me fit comprendre qu'il était muet, puis il me fit signe de le suivre.

Ses pieds étaient nus, il était de petite taille, portait une ceinture de flanelle grenat et le petit béret espagnol. Il trottait devant moi en me conduisant vers les petites rues voisines. Il s'arrêta devant un café et eut un geste qui signifiait : C'est là, et il rejoignit son bord en courant.

Le bistrot était vide. Seule une vieille femme tricotait dans l'arrière-boutique. Elle vint à moi.

« Le capitaine de la *Santa Anna* est-il ici ?

– Diable, mon gars, oui, il est dans la cour. »

Traversant la salle, je passai dans la courette où six hommes bronzés buvaient en jasant. J'allai droit à eux :

« Je désirerais parler au capitaine de la *Santa Anna.* »

Un petit homme torse se leva :

« C'est moi.

– Si vous allez à Huelva, commençai-je, et que vous ayez besoin d'un homme pour ce voyage, j'en suis !

– Tu tombes bien. J'ai besoin d'un matelot et je vais à Huelva en relâchant deux jours à Lisbonne.

– Me prenez-vous ?

– Oui. Quelle est ta spécialité ?

– Je n'ai jamais fait que la pêche, mais la pêche est quelquefois plus dure que le cabotage.

– Quelle pêche ?

– Terre-Neuve.

– Sur quel bâtiment ?

– Il avait le même nom que le vôtre : *Santa Anna.* »

Il fit la grimace pendant que les autres riaient.

« Français ? demanda l'un des buveurs.

– Oui.

– Alors d'où vient que tu parles espagnol ?

– Je l'ai appris à l'école.

– Alors, dit un autre en me saluant, trop heureux d'avoir parmi nous un seigneur étudiant.

– Quel âge ?

– Prenez-moi, je suis très fort. »

Ils me regardaient tous en riant.

« Comment est la jeune fille, dit un troisième, brune ou blonde ? T'a-t-elle trompé ou bien est-elle morte ? »

Le capitaine fit apporter un verre et le remplit à une bonbonne qu'il avait posée par terre. Le vin était épais, très riche en couleur et en alcool. Il titrait bien seize degrés. Je bus le verre d'un trait, car la marche m'avait donné soif. A peine avais-je posé mon gobelet qu'on le remplissait à nouveau en riant.

« Bois donc, *hombre* », me disait le capitaine en me donnant de grandes tapes dans le dos.

« Pour les papiers et les formalités..., commençai-je.

– Oui, oui, nous verrons ça plus tard, *hombre* ! »

J'avais encore très soif et je ne pus m'empêcher de boire encore un grand verre de ce vin écœurant. Je voulais avoir l'air d'un matelot à qui l'alcool ne fait pas peur.

« Pour le travail, disais-je, je serai exemplaire si on m'indique d'abord le nom de toutes les voiles et de toutes les écoutes en espagnol...

– N'aie crainte, seigneur écolier, nous t'expliquerons tout ça, tu sauras l'espagnol qu'on parle dans les ports et tu auras vite fait d'oublier celui de Calderon, qu'il faudra garder pour les examens. »

Je me levai :

« Puisqu'il en est ainsi, *señores*, dis-je, je reviendrai demain matin, au petit jour, avec mon paquetage. »

J'avais l'intention de m'acheter des vêtements en ville, ainsi que quelques provisions, mais ils me retinrent en me disant :

« Bois encore de ce bon vin, mon fils ! Tu es à moitié espagnol par la langue, il faut que tu le deviennes tout à fait par le ventre ! Assieds-toi et bois avec nous ! »

On remplit encore mon verre, puis un jeune matelot se mit à danser au son d'un harmonica, en claquant des doigts pour imiter le son des castagnettes. Petit à petit, je m'accoutumais à cette atmosphère et l'angoisse du début m'abandonnait. J'étais bien. L'aventure me plaisait. J'étais matelot sur la *Santa Anna* et je partais pour Huelva.

La musique était si relevée et les danses si frénétiques que je me levai et me mis à imiter les pas de mon collègue. Il me sembla que j'y réussissais comme par enchantement et que j'obéissais à merveille au rythme andalou.

Pourtant, à force de tourner, j'eus une sorte de vertige auquel je résistai. Pour faire bonne figure, je dansai cette *jota* endiablée. Lorsque nous eûmes terminé notre morceau de danse, on nous fit une ovation et je m'effondrai sur place.

« Fils, me disait le capitaine en m'embrassant, je n'ai jamais vu danser comme toi ! » Puis, se tournant vers les autres, il s'écria : « Voilà bien l'homme qu'il nous faut ! »

A ce moment, ces moricauds mal vêtus m'apparurent comme de gigantesques personnages, hauts en couleurs et doués d'une intelligence pétillante.

« Bois, seigneur écolier, me disaient-ils, car lorsqu'on est matelot, il est bon de faire la noce quand on est à terre. »

Et je buvais. L'harmonica jouait sans trêve. Tantôt je me levais pour danser, plein de vigueur et la tête légère, tantôt je me bornais à l'écouter et à regarder sans le voir le jeune danseur.

« Ay ! » criaient les hommes à chaque reprise, et le jeune homme s'élançait, infatigable.

D'autres personnes arrivèrent. Je crus voir que c'étaient des femmes. Je me levai et je leur dis de belles choses pour les accueillir, puis je m'endormis lourdement.

Lorsque j'ouvris les yeux, j'étais dans un réduit assez obscur, éclairé par un hublot carré. Nous devions être en mer. Une grande émotion me saisit. Je me levai avec peine. La pièce où je me trouvais était encombrée de lave-ponts, de cordages, de seaux et de filets.

Avions-nous quitté la baie ? Allais-je encore voir les côtes du Penthièvre lorsque je serais sur le pont ? J'appelai. Personne ne me répondit. Je pensai qu'ils étaient tous à la manœuvre et je me dirigeai vers l'étroite porte. Il me sembla alors que les mouvements du bateau devenaient plus forts. Je n'en fus pas étonné car j'avais lu dans les livres que le vent fraîchissait aussitôt que l'on quittait l'abri de la baie de Saint-Brieuc.

J'ouvris la porte à grand-peine :

Devant moi, par un porche, je vis le quai, blanc de soleil, l'eau sale du bassin puis la colline de Sous-la-Tour. Je courus sur le quai : il était désert. Je regardai le bassin : il était vide.

Mon ivresse s'évanouit sur-le-champ. Un homme vêtu de blanc se promenait, un appareil photographique à la main. Je l'abordai :

« Y a-t-il longtemps que la *Santa Anna* est partie ? »

Il eut l'air étonné et balbutia quelques mots d'excuses.

« ... Le voilier..., dis-je, le voilier qui était là ?

– Je n'ai pas vu de voilier. »

Je dus avoir l'air très contrarié car il me demanda d'un ton compatissant, en regardant mes vêtements fripés :

« Vous étiez matelot à bord de ce bateau ?

– Oui, monsieur, il est parti sans moi.

– Mon pauvre ami, dit le Parisien qui ne connaissait rien

à la marine, mon pauvre ami, le capitaine va vous faire fouetter ! »

Je ne le détrompai point et j'interrogeai un gamin qui pêchait les gobies [1]. Celui-là non plus n'avait rien vu. Je suivis les quais, j'entrai dans une auberge de Sous-la-Tour pour manger une bonne soupe au congre, des bigorneaux, et de la salade de tomates. Je bus de l'eau, bien entendu, et j'achetai *L'Ouest-Eclair* à un petit bossu qui passait. Je lus la date : 13 juillet.

Je me souvins que c'était le jour des prix à Saint-Pancrace.

A cette pensée, je me lève.

Ce doit être quelque part, à l'Ouest, dans la brume qui monte de la mer que se situe mon village de rêve ! Depuis la mort de Mimi je ne l'ai jamais évoqué sans avoir comme une nausée. Insoupçonné de tous, il palpite encore de mon souffle.

Irai-je assister à son agonie ? Ou plutôt irai-je sur les falaises constater qu'il n'existe plus, mort avec mon voisin d'étude ?

Non. Je m'avouerai tout simplement qu'il n'a jamais existé, car je me sens une lassitude affreuse pour tout ce qui touche le rêve.

Je sais que c'est à ce signe que les éducateurs reconnaissent leur victoire.

Je ne resterai pas une minute de plus dans ce pays où je ne trouve que des cadavres, et je regagne la gare.

J'ai connu un an de sincérité.

Tout le monde ne peut pas en dire autant.

1. Le gobie est un poisson du littoral capable de se fixer au rocher.

Suite inédite de
Je fus un saint

Présentation

Ce livre n'est pas une autobiographie bien qu'il contienne des souvenirs personnels, notamment en ce qui concerne le désir de sainteté, mais il renferme surtout les fantômes qui ont peuplé nos pures jeunesses.

De ces fantômes, deux armées se livraient bataille en moi – ou hors de moi, je ne sais – car il me semblait être à la fois plusieurs êtres. Au moins trois, à coup sûr. Longtemps le souvenir de cette époque me fut odieux. Il m'a fallu toucher la quarantaine pour y trouver une douce émotion et presque comme un regret.

Fort heureusement, je me suis retrouvé un peu éparpillé, il est vrai, et déformé dans mes quatre enfants, trois garçons et une fille qui, dans les mêmes ténèbres, livrent la même bataille aux petits-enfants, mêmes monstres caressants et griffus. Il souffle sur eux le même vent de tempête et je les vois pareillement désemparés. Et je veux ne jamais les laisser seuls à bord, car je sais trop bien les couleurs de la noyade.

Les petits d'hommes n'ont pas de chance. Cela vient peut-être de ce que les os du crâne se consolident trop tard chez l'homme et que nous ne sommes que des fœtus attardés.

Mais aussi quel besoin de compliquer les choses en nous confiant aux « éducateurs » pendant les années les plus personnelles de notre *[mot manquant]*... Tous les scepticismes viennent de là.

I

J'avais appris, à Saint-Pancrace, à me servir de la prière. Voilà une arme qui, bien maniée, vous défend fameusement contre toutes les tentations ! Outre les connaissances nécessaires pour obtenir mon baccalauréat, on m'avait enseigné la prière et, certes, cela formait le plus lourd de mon bagage scolaire. Savoir se servir de l'*Ave Maria*, voilà qui vous donne force et courage ! Parmi tant de conseils fameux, mon confesseur m'avait d'ailleurs donné celui de dire, chaque jour, une dizaine de chapelets. Enfin, il m'avait fait promettre de ne jamais m'endormir sans réciter au moins trois *Ave Maria*.

Cette proposition m'avait plu. Une prière, c'est beaucoup mais, lorsqu'elle est répétée trois fois, c'est encore mieux. Le chiffre trois, d'ailleurs, est très sympathique et, depuis la Trinité jusqu'aux trois jours de rogations, c'est un chiffre à l'honneur dans les cervelles catholiques. C'est pourquoi j'admis que la proposition de mon confesseur était acceptable. Je promis avec enthousiasme et je récitai, tous les soirs, les trois *Ave*, craignant de me parjurer. C'était très grave. Il m'arrivait de ne pas être certain d'avoir tenu ma promesse, aussi, pour plus de sûreté, chaque fois que j'en avais le temps, je récitais les trois *Ave* dans la journée.

Enfin cela devint une manie, et je passai mon temps à cela. Ainsi, perché en tête de la petite caravane, je rêvais que j'étais à l'étrave d'un bateau et que je parcourais le monde.

A la longue, et sans que je m'en aperçusse, je me mis à marmotter mes prières. J'étais échauffé convenablement par une belle petite crise mystique ; maintenant, je pense que tout cela est infiniment plus chatouillant au total qu'une partie de jambes en l'air avec la fille d'un fermier. Ce fut donc à haute voix que je prononçai mes oraisons. Le voiturier se réveilla, le cher homme.

– Voilà que tu parles seul, maintenant, dit-il.

– Non, monsieur, je récitais !

– Au diable tes récitations, me dit-il, te voilà en vacances, il faut te distraire et travailler dans les champs pour te renforcer.

Je l'avais pressenti : ce gros homme était une brute. Il me contraignit à tenir conversation. Le diable l'inspirait, c'est sûr, qui rageait de me voir m'acheminer tout doucement vers le paradis. Aussi longtemps qu'il me parla, j'eus l'impression qu'à chaque pas des chevaux je m'éloignais d'un monde précieux qu'il me faudrait retrouver coûte que coûte.

Pourtant, le baiser de Mimi avait fait naître, dans ma viande, un tel frissonnement que je sentis, pour la première fois, qu'à côté de ce que je voyais il y avait encore autre chose et qu'en plus de ce qui est il existe bien davantage encore, et que les curés ne m'avaient pas dit le quart du dixième de ce qui doit être dit.

Nous arrivâmes à la Forge, chez mes grands-parents, à la nuit tombante. Ma grand-mère me posa mille questions et me fit des remarques destinées à faire de moi un honnête garçon. Ce qui la hantait, c'était de me voir prendre de bonnes habitudes, comme aller à la messe du matin et cirer mes chaussures. Elle craignait par-dessus tout que je me misse à parler grossièrement. Je ne lui parlai pas du baiser de Mimi, encore bien moins de ce prurit qui me courait sur tout le corps depuis ce jour-là, et particulièrement dans la région lombaire et sur la face interne des cuisses. La brave femme eût fait appeler le médecin et moi, j'étais sûr que ce n'était pas une maladie mais au contraire une preuve de ma parfaite santé, c'est pourquoi je me méfiai. La santé, en effet, est très suspecte, la satisfaction du corps également, surtout celle qui vous vient de ce qui se trouve plus bas que la ceinture. Un bon chrétien doit toujours s'inquiéter lorsque le corps se complaît, à plus forte raison quand il se met à vibrer agréablement.

Le cas était sérieux. On ne sent pas, sans inquiétude, son prépuce sursauter d'allégresse, et le meilleur moyen, pour détourner la catastrophe, c'est de prier.

Je résolus de me livrer à la pêche. Je partis donc le long des ruisseaux, mes gaules à la main, ma pâte et mon petit matériel dans une sacoche. Je descendais aussi jusqu'au réservoir et, près d'un saule, je m'asseyais. L'endroit n'était pas poissonneux, je le savais, mais cela me laissait des loisirs suffisants pour reconstituer la scène du baiser à laquelle je tenais beaucoup. Non pas que j'y prisse du plaisir, mais parce qu'elle était au contraire le point de départ d'une fameuse méditation où je me servais des arguments de mon confesseur et de ceux de ma grand-mère pour me persuader que le péché était affreux.

Là-dessus, je me mettais à mâchonner les phrases sucrées des oraisons de circonstance : « O ! ma Souveraine, ô ! ma mère, je m'offre tout à vous et, pour vous prouver mon dévouement, je vous consacre mes yeux, mes oreilles, mes mains, mon cœur, ma bouche, tout moi-même... » etc. A l'énumération de ces parties de mon corps, je ne pouvais m'empêcher de penser à lui, à ce « corps » si délicieusement palpitant d'élans étonnants ; ainsi, tout ce que je faisais pour éviter ou éloigner la tentation contribuait au contraire à lui tracer ses voies. Enfin, je pris intérêt à voir un taureau couvrir une vache, dans un coin de pâturage, et j'eus du plaisir à enfiler mon hameçon dans le corps des vers de terre. Toute pénétration me troublait. J'ignorais pourquoi. A ce moment, j'aurais pu, aussi bien, rechercher les filles et les emmener dans les fenils. Je préférais m'abandonner aux fièvres louches de la casuistique et rechercher la compagnie du curé qui savait très bien, le saint homme, me parler de la luxure.

L'été régnait sur ce coin d'Auxois et les bêtes blanches, blotties sous les hautes haies vives, ruminaient en bavant, à l'ombre. Mais si toute la campagne dormait au grand soleil, j'étais agité, curieux, inquiet. Enfin, les Parisiens arrivèrent, les poches pleines de ces billets de métro qui étaient notre monnaie d'échange entre galopins. Les vieux accessoires de jeu sortirent des malles, le drapeau vert et rouge flotta derechef sur le hangar qui était notre quartier général et, comme les héros de Fenimore Cooper, nous déterrâmes la hache de guerre, enfouie depuis les dernières vacances dans un coin du jardin.

Cette cérémonie donna lieu à des réjouissances interminables au cours desquelles, coiffés de nos bonnets à plume et le torse nu, nous dansions la danse du scalp en poussant des cris affreux.

Dans cette tribu, j'avais joué, jusqu'à ce jour, un rôle important. J'étais le confident du chef et ma connaissance des lieux et des mille sentiers forestiers avait fait de moi le guide de la bande. Cette année-là, le chef venait d'échouer à son baccalauréat et il devait travailler pour la session d'octobre ; d'ailleurs, ce jeu semblait perdre pour lui de l'attrait. Il fut donc décidé, au cours d'un grand conseil duquel j'étais absent, de m'élire chef à sa place. J'étais aux foins lorsque cette décision fut prise ; ce n'est qu'au retour des voitures, à la nuit tombante, qu'on vint me l'apprendre.

Depuis longtemps j'ambitionnais cette place qui valait, à celui qui la tenait, l'honneur d'être appelé « Chingagook » ou « Grand Serpent » et de commander à toute la tribu. Pourtant, lorsque j'appris que la voix du peuple m'avait porté, à l'unanimité, sur le pavois, je n'eus ni joie ni orgueil.

Je me souviens de cette scène.

Je sautais à bas d'une énorme charretée de foin et m'apprêtais à en délier la corde lorsque, dans la pénombre surchauffée du hangar, les deux porte-parole de la tribu entière m'accostèrent et me saluèrent de ces mots :

– Honneur au grand chef Chingagook !

Ils me frappèrent l'épaule du plat de la lame d'un vieux sabre véritable, trouvé jadis dans notre grenier. Je fus saisi d'étonnement : l'honneur que je briguais depuis si longtemps m'était fait.

Le cultivateur, qui dételait la jument, me cria à cet instant :

– Laisse la corde, petit, on déchargera demain, à la fraîche.

Il flottait un cher parfum d'herbe sèche et de sueur chevaline. Nous nous assîmes sur le mur, près du grand marronnier qu'un orage a brisé depuis et, les pieds battants au-dessus de l'eau trouble de l'auge où buvaient les chevaux, ils me mirent au courant de la situation.

La conversation fut grave. Auprès de nous, les faneurs jasaient bruyamment, attendant l'heure de la soupe, et cela faisait un brouhaha joyeux dans la nuit tombante.

Je ne voulus pas donner ma réponse sans avoir une entrevue avec l'ancien chef. Là-dessus, les deux diplomates me quittèrent. J'étais las d'une longue journée de travail. Pourtant je me rendis à l'endroit où, à cette heure, j'étais sûr de trouver le chef déchu. Il était perché, comme chaque soir, dans un vieux cognassier où l'on pouvait lui demander audience. Accoudé à une branche qui formait dossier, les jambes dans le vide, il semblait rêver.

– Je t'attendais, me dit-il.

Il avait grand air, comme jadis lorsqu'il portait le bonnet de plumes rouges, aux palabres nocturnes, mais quelque chose était changé en lui.

– C'est moi qui leur ai dit de t'élire chef, dit-il d'un ton sentencieux. J'ai été recalé à mon bac et mes parents veulent que je travaille pendant les vacances, je n'aurai plus le temps de m'occuper de ça.

Sa parole était un peu dédaigneuse.

– D'ailleurs, dit-il, j'ai des projets en tête. Prends le commandement de la tribu, j'ai bien d'autres chiens à fouetter.

Ses yeux brillèrent ; il sourit.

– Si tu savais ce qui m'arrive !

Le mystère planait dans l'obscurité verte du cognassier.

– Que t'arrive-t-il ? dis-je à mi-voix.

– Des choses merveilleuses, répondit-il dans un souffle.

– Quoi ?

– Peut-être te le raconterai-je un jour.

Nous restâmes silencieux. Le grand chef soupira longuement :

– Ah, vivement la rentrée !

J'aurais voulu tout savoir, mais il ne semblait rien vouloir dire. Une chouette se mit à hululer dans le grand acacia qui bordait la propriété.

– Est-ce grave ? demandai-je au hasard.

– Oui. Ma vie en est transformée et, si je n'aboutis pas, je suis un type fichu.

On entendait les chiens des fermes se répondre dans la campagne. Un trot de cheval claquait, au loin sur la route, et les angélus se mirent à sonner.

Lorsque le son des cloches s'éteignit, je vis que le grand chef regardait les étoiles. Il sourit.

– Quelle merveilleuse histoire ! dit-il d'une voix chaude et contenue.

On sentait la confidence monter à ses lèvres comme une sève dans une jeune plante, et le soir était si chaud, si voluptueux.

– J'ai l'intention de refuser la place de chef, lui annonçai-je.

– Tu feras comme tu voudras, dit-il, superbe, ce ne sont là que des jeux d'enfants.

J'en convins. J'entendis, à ce moment, la voix de ma grand-mère qui m'appelait pour le repas du soir. Elle était non loin, cette bonne vieille, debout sur le seuil herbu du jardin, et je la voyais, dans le soir, regarder à droite et à gauche en m'appelant.

Je ne répondis rien mais je me laissai glisser de l'arbre et j'entendis le ci-devant grand chef me dire :

– Reviens demain soir au même endroit. Nous parlerons.

Cette promesse vague et mystérieuse me tint sous son charme au cours de tout le repas et mon grand-père, dont je vois encore les grandes mains calleuses et crevassées, mit mon air perdu sur le compte de la fatigue.

*

Le lendemain soir, à l'heure dite, j'étais au cognassier. J'attendis longuement mais Chingagook ne vint pas. Lorsque l'obscurité fut presque totale, j'entendis les volets de sa chambre se clore avec fracas. Je compris qu'il n'avait pu venir ce soir-là et je rentrai, mort de fatigue.

Pourtant, lorsque je fus couché, je ne m'endormis pas immédiatement. J'eus le temps de savourer longuement ce mystère, cette incertitude ; le sourire du grand chef me revenait à la mémoire ainsi que ces phrases, si belles et si troublantes dans leur hermétisme : « Ah, vivement la rentrée !... Quelle histoire merveilleuse ! » Et ce soupir si brûlant, si ardent.

J'admirai aussi, en l'enviant sans raison, ce mépris : « Ce ne sont là que des jeux d'enfants. »

Oui, ce dédain était de bon ton.

*

La journée du lendemain me parut infiniment longue, bien que le travail me plût. Enfin, vers les cinq heures de l'après-midi, le dernier chariot de foin rentrait par le petit chemin herbu, peigné durement, au passage, par les buissons. Hissé à son sommet, près du bouquet qui couronnait la fenaison de l'année, je me laissais bercer, le regard perdu dans le ciel.

Cette fin de fauchaison, sans qu'on sût pourquoi, remplissait les cœurs de joie. Etait-ce parce que le patron se frottait les mains ? Je ne sais, mais ce bouquet fané qui se dandinait au sommet de la ridelle avait un air de fête. Les chiens sautaient au garrot des chevaux.

Le soir vint lentement. Dès sept heures, je me mis à rôder autour de l'enclos où devait paraître Chingagook. Le cognassier était vide. Je me dissimulai dans les hautes herbes et j'attendis. Vers les huit heures, j'entendis un pas sur le gravier, quelque part à l'intérieur du jardin. C'était lui.

Nous montâmes au cœur de l'arbre et restâmes silencieux un moment pour boire avec délice la poésie de l'heure. Lentement, le ciel se chargeait de rose du côté de l'ouest et, sur le bord de l'horizon, se plombait de brumes vertes. Enfin, le grand chef se mit à parler :

– Il faut que je retourne à Paris, je ne peux rester ici plus longtemps, aussi j'ai compté sur toi pour m'aider.

Mon cœur battait à grands coups. Ces mots : « Il faut » m'impressionnaient vivement et il les prononçait avec tant de crânerie que l'on ne pouvait s'empêcher d'être ému.

– A ton service, lui dis-je.

Il sortit un papier de sa poche et le déplia. Je vis qu'il était couvert de plans et de chiffres. Il le consulta longuement, bien que l'obscurité fût déjà grande, puis il releva la tête et dit avec un calme admirable :

– Il me faut mille francs et une bicyclette.

C'était prononcé avec une fermeté qui anéantissait à l'avance toute objection.

– J'ai déjà cinq cents francs, continua-t-il, je pense m'en procurer encore trois cents. Pourrais-tu m'avancer le reste ?

J'aurais vendu jusqu'à ma chemise pour favoriser un tel projet. Il me semblait qu'en aidant ce camarade à poursuivre son but secret j'approchais insensiblement de cette Révélation que je sentais imminente.

– J'aurais bien fait une collecte dans la tribu, dit-il d'un air suffisant, mais je veux que tout cela reste secret.

Un silence se fit.

– Sans le secret, je ne puis rien faire, dit-il enfin, après un long effort.

Puis il continua :

– Pour la bicyclette, j'ai compté aussi sur la tienne, car si la mienne reste au clou, on ne s'apercevra que plus tard de ma disparition. Je gagnerai ainsi deux ou trois heures... et ces trois heures ont une grande importance.

Je promis ma bicyclette incontinent.

Je me sentis, dès lors, engagé dans une grave histoire, dans une entreprise d'envergure qui, d'un coup, élargissait mon horizon. Je ne possédais que la moitié de la somme nécessaire : cent francs tout juste, un beau billet neuf, plié en huit dans un épais porte-monnaie à compartiments, en peau de porc, à fermeture vert-de-grisé.

Je lui en fis part. Il ne parut pas attacher d'importance à ce contretemps et prit mes cent francs sans même me remercier, d'un air qui signifiait : « C'est toujours bon à prendre. »

Je n'osais lui parler de son projet. Pourtant, je lui dis :

– Raconte-moi tout.

Il me regarda, ouvrit la bouche comme s'il allait parler, mais resta silencieux. Et il fit bien car j'allais le supplier à l'instant de ne rien dire, je préférais maintenant cette incertitude et ce mystère. N'avait-il point prononcé : « Si je n'aboutis pas, je suis un type fichu. » et, surtout : « Sans le secret je ne puis rien faire. » ? Phrases merveilleuses qui faisaient pressentir l'existence, pour lui, d'une double vie. Peu m'importait d'en connaître les détails. L'essentiel était de savoir qu'il lui avait été révélé.

Pourtant j'insistai :

– Si tu as encore besoin de moi...

– Non, coupa-t-il, cinglant, je n'ai besoin de personne.

Il semblait furieux, tout à coup, et j'en fus à la fois confus et ravi. Fallait-il que la Révélation fût précise et impérieuse, en quelque sorte, pour qu'il s'engageât si hardiment dans l'aventure ! Sa merveilleuse témérité l'embellissait. On ne reconnaissait plus son regard d'élève médiocre, taché d'encre aux doigts, son échec au baccalauréat prit même une signification lorsqu'il me dit :

– Quelle année je viens de passer ! Si tu savais !

Puis, après un temps :

– Un jour, je te raconterai tout, mais je n'ai pas le temps aujourd'hui, je fais mes préparatifs.

– Quand pars-tu ? lui demandai-je.

Très simplement, il répondit :

– Peut-être demain matin.

II
L'éblouissement

A Rennes commença l'envoûtement. Dès Vitré le paysage breton avait fait son apparition : bocage morcelé, coupé de murs de terre, sarrasins fleuris, arbres en quenouille, maisons basses, au bord de rivières noires et profondes. Mais, après Rennes, je sentis comme une main dans ma main et, en moi-même, ce fut comme une hypnose. J'entrai dans la féerie. Etait-ce l'âme de Mimi que je devinais, fidèle, m'attendant au pays imaginé ? Y avait-il le pressentiment de l'admirable aventure qui m'attendait ? Je ne sais, mais c'est haletant que je vis la mer, à l'anse d'Yffiniac, la mer ! qui devait marquer mon amour de son signe d'immensité.

A Saint-Brieuc, ville grise et brune, nous bûmes une bolée de cidre, en attendant le petit tramway qui desservait la côte jusqu'à Paimpol. La femme qui nous servit avait, bien sûr, cet accent si connu que je ne puis entendre encore sans être bouleversé. Puis, avec bonhomie, le convoi se forma ; nous montâmes dans un wagon, prenant soin de nous asseoir du côté droit dans le sens de la marche, le côté de la mer, afin d'apercevoir, aussitôt qu'il serait possible, le village sur son cap.

Il m'apparut enfin, ce village, après un voyage interminable, sinueux et cahotant. Sa chapelle se détachant sur une mer pâle, tragique.

*

Le village imaginé vivait, quelque part, dans le Penthièvre. C'était pour y retrouver Mimi que je m'y rendis, dès le premier jour des vacances. Après un voyage interminable et flou, il m'apparut enfin, ce village, sur son cap. Sa chapelle se détachait sur un ciel pâle et nacré.

Dans la lande, c'était le chapelet de maisons basses au toit gris, tantôt cachées par des arbres, tantôt luisantes de la dernière pluie, ceintes de petits murs blancs et roux. De-ci de-là, des taches claires de romarin parmi les ajoncs noirs et tordus, mais, par-dessus tout, la mer qui, au loin, se mélangeait au ciel, phosphorescente, glauque et sauvage.

Un par un, je revis tous les pêcheurs, leurs barques, comme je les avais dépeints à mon ami mort. Ainsi, j'entrai de plain-pied dans cette morbide et fiévreuse certitude qui devait me mettre à même de vivre la plus extraordinaire aventure.

Cette aventure commença dès le lendemain matin.

J'étais descendu très tôt à la grève et m'y étais endormi. Lorsque je m'éveillai, j'entendis, auprès de moi, des voix qui m'appelaient. Ils étaient huit, garçons et filles, de ces grands élèves de lycée, encore pâles de leur studieuse réclusion ; je reconnus mes amis de chaque année auxquels s'étaient mêlés de nouveaux éléments.

Je m'assis sur les galets. Autour de moi, la ronde continuait et mes camarades, en passant à tour de rôle, me jetaient des poignées de ce sable fin qui brillait au soleil. J'ouvris tout grand les yeux et je distinguai, dans ce jeune groupe, une toute jeune fille, blonde et pâle, que je voyais pour la première fois.

Elle me regardait sans dire un mot. Son rire s'était éteint. Alors que les autres s'ébattaient bruyamment, elle resta, mince comme une herbe, irréelle. A-t-elle même jamais existé ?

Elle resta, debout devant moi, mains jointes.

Elle n'avait encore aucune forme féminine. Ses membres grêles n'avaient ni le modelé, ni l'élégance de la puberté. On la devinait courbée sur des livres d'école, sans jamais lever les yeux ni regarder par la fenêtre. On voyait, à la façon dont elle se tenait, un peu courbée en avant, qu'elle ne s'était jamais étudiée comme le font les jeunes filles, pour mesurer son pouvoir de séduction. On savait, rien qu'à regarder ses mains, ses joues et ses cheveux, qu'elle ne savait pas ce que c'était que le trouble ou l'inquiétude, et pourtant, comme elle me regardait !

Moi aussi, je la regardais. D'abord sans le vouloir, parce qu'elle se tenait devant moi, puis volontairement par la suite. L'eau venait presque battre ses pieds et, au bord de l'écume ainsi posée, ses cheveux blonds battant ses tempes et ses joues, elle ressemblait à la Vénus de Botticelli.

Elle rougit de se voir ainsi observée et rentra dans la danse. C'est alors que je la confondis avec la mémoire de Mimi, à tel point que je lui parlai, désormais, comme si je la connaissais depuis longtemps.

Elle m'avoua que mon premier regard ne lui avait pas échappé et, lorsque je lui demandai pourquoi elle était ainsi sortie de la danse et s'était immobilisée devant moi, elle dit : « Me suis-je avancée ? Vous ai-je dévisagé ? » avec tant de candeur que j'ai, depuis, douté à jamais de ce que j'avais vu.

Avant le bain, nous nous assîmes sur le sable, au gré des sympathies. Je lui racontai la mort de Mimi. Il me semblait à tout instant qu'elle allait me dire : « Ah ! C'est vous l'ami de Mimi ? Fort bien, je vous attendais ! » En parlant, je ne cessais de la regarder, comme si je m'étais attendu à la voir se troubler et défaillir à ce récit. Je la vis ainsi de très près. Elle ne fardait pas plus son visage que ses paroles : un petit visage de lycéenne, aux yeux bleus, aux lèvres pâles. Elle ne marqua ni étonnement ni chagrin à la fin tragique de mon récit. Je l'entendis simplement me dire, d'une voix égale :

– Vous devez avoir eu bien du chagrin.

Je répondis :

– J'en suis désormais consolé.

– Pourquoi ? dit-elle en me regardant.

Je ne sus que répondre mais elle parut n'y pas prendre garde. Elle ne prenait d'ailleurs garde à rien et se tenait immobile comme une statue. C'est dans ce silence qu'un lien se noua entre nous. Les autres s'éloignèrent, nous restâmes l'un près de l'autre. Sa longue main d'adolescente écrivait sur le sable des signes inconnus. Aucun parfum ne se dégageait d'elle, aucune haleine ne sortait de sa bouche. C'était un silence où j'aurais voulu vivre éternellement.

– Ce village, lui dis-je, cette grève, ce havre ont pour moi une valeur toute spéciale car mon ami les connaissait comme moi... Je lui en parlais si souvent.

Je levai les yeux sur son visage. Il était blanc comme une cire et immobile.

– Vous ne pouvez imaginer comme je fus ému hier, lorsque je suis arrivé ici, en constatant que tout cela existait, dont je lui ai tant parlé, alors qu'il était mort.

Elle ne répondit encore rien. On eût dit qu'elle attendait tous ces mots. Mon émotion allait croissant. Puis un sourire sembla flotter sur ses lèvres et elle dit, d'une voix trop grave pour la douceur de son visage :

– Ne parlez plus jamais de votre ami. N'y pensez jamais non plus. Il vous sera certainement remplacé.

Qui était-elle donc pour lire ainsi dans le livre de ma tendresse ?

Les autres étaient revenus et ce fut l'heure du bain. Malgré que les brutalités de la pleine eau eussent fait diversion à cet étrange entretien, je ne l'oubliai pas. Je ne devais jamais l'oublier d'ailleurs. C'est ainsi que je puis, aujourd'hui, le transcrire par cœur, sans en omettre un mot.

Dans l'après-midi, nous jouâmes sur la plage à divers jeux puérils. Elle était là, toujours en face de moi, les yeux fixés sur les miens. Cette présence donnait à toutes mes pensées une gravité inaccoutumée. Je remarquai qu'elle fuyait les garçons et j'en fus secrètement satisfait. Elle était d'ailleurs si calme que personne ne faisait attention à elle, peut-être était-elle un fantôme que j'étais le seul à voir.

*

Point par point, je retrouvais le roman de mon amitié. Chaque barque, chaque aviron, chaque visage me reportait au temps fiévreux et troublant du collège Saint-Pancrace. Ainsi, au hasard de mes errances dans la lande, sur la falaise, dans la crique où dansaient les chaloupes, dans les hautes fougères humides, dans les canots, je retrouvais le plus cher et le plus brûlant de moi-même. J'étais comme l'exilé qui retrouve son pays, caressant passionnément chaque chose retrouvée, aimant chaque être rencontré, m'enivrant d'un cri de goéland ou d'un ressac de vague, dont le rythme n'avait pas cessé de chanter étrangement en moi. Aucune conversation, aucun souci ne pouvait me tirer de cet enchantement, je touchais au pays sublime et, frémissant, j'attendais de la merveille qu'elle se manifestât.

Il y avait là, dans ce village, un bon camarade dont je ne saurais dire quand je l'avais connu. C'était Charles Le Touzé, un Breton rêveur qui lisait *Les Travailleurs de la mer* en préparant farouchement « Navale ». Il était fait d'une matière réceptive, vibrante, et lorsque, debout sur un promontoire, le regard tourné vers le large, nous sentions le vent nous envelopper et jouer dans nos cheveux humides, il nous semblait défaillir.

D'autres fois, courbé sur des feuilles de papier « Canson grain fin », il maniait compas et balustres, mettant au point un « dispositif » de son invention destiné, disait-il, à la Marine de l'Etat. Il modelait à sa guise ses plans, mêlant des connaissances étonnantes pour son âge, des précisions ahurissantes, aux élucubrations les plus invraisemblables.

Les voyages au long cours nous hantaient et, si nous suivions le chemin des douaniers, suspendus au-dessus du flot, c'était pour imaginer d'autres rives, au fond d'autres baies merveilleuses, quelque part en Asie. Si nous dérobions un canot pour partir à la voile dans la direction du Grand Légeon, nous nous mettions en panne dans le grand courant de la Chèvre, au large des « premiers brisants », et, étendus sur l'étambot, nous nous laissions comme absorber par l'eau, l'eau verte, immense, qui à cet endroit, sur des fonds de sable, devenait luisante comme un phosphore. Alors, immobiles, soulevés à chaque lame, nous suivions avec délice ce mouvement inégal, participant tels des noyés flottants à la vie de la mer bien-aimée. Puis, lorsque nous étions las de ce jeu, nous naviguions, tantôt rêvant de croisières ou de chasses de corsaires, tantôt suivant la côte, éveillant des envols de goélands.

Cette année-là, j'avais retrouvé mon camarade, changé par ce grand pantalon qu'il portait pour la première fois. Cela lui donnait l'air mâle et il me plut ainsi. En quelques heures, il me mit au courant de son année scolaire. Un peu hâbleur et pétri d'orgueil, il avait, comme de coutume, remporté tous les premiers prix et mérité les félicitations marines.

Je le revois encore, au cours de ces errances, ce pauvre Le Touzé, avec sa cote blanche de marin dont il s'affublait pour dire à tous sa vocation, tenant d'une main sa carotte de tabac à chiquer et, de l'autre, son couteau de poche, contant à sa façon une pêche au maquereau, ses cheveux bruns flottant sur son front de Breton cabochard, les pieds nus, l'ancre de marine déjà tatouée au stylo sur son avant-bras gauche, au-dessus de la montre bracelet. A chaque pas, j'aurais voulu lui dire : « Quelle est cette jeune fille qui jouait, hier, avec nous sur la grève ? » Mais je n'osais. Il me semblait que je touchais là un personnage exceptionnel dont il ne pouvait être question dans une conversation ordinaire.

D'ailleurs, avec Charles Le Touzé, on ne parlait jamais de filles. On ne parlait que de la mer. Lorsqu'il disait « Elle », on savait qu'il ne parlait pas d'une femme. Pourtant, Charles Le

Touzé eût été le seul à pouvoir me renseigner sur cette écolière blonde qui ressemblait à Mimi, mais je n'osais, de peur de l'entendre dire, de sa voix brève de Celte : « Tu as rêvé, je n'ai jamais vu cette fille. » Il aurait ainsi crevé cette admirable bulle de savon que je gonflais de tout mon espoir et de toute ma foi.

Si je ne lui posai jamais la question, du moins, dès le premier instant, fis-je tous mes efforts pour ramener la conversation sur les nouveaux venus au village. Il les connaissait tous, disait-il, pour les avoir vus arriver de la gare dans la carriole de Minoc Moëllan, le sourd-muet de la Croix du Four. Et pourtant, il ne me parla pas de cette étrange fille et revint à ses rêves maritimes.

Un jour, le temps était peut-être bien troublé par un orage qui avait dû se faire la veille au large, du côté des îles Harbourg. Une brume était venue de la mer, à l'heure de la marée montante puis, s'élevant à la mer étale, donnait au ciel une épaisse couleur d'ardoise et les terres, noires et immenses, écrasées sous cette nuée, restaient impassibles sous le vent. Nous étions assis sur un monticule de pierre grise où des filets étendus séchaient au pâle soleil, tournés vers la Bretagne des terres ; dominant le grand fracas de la mer, un bruit régulier résonnait quelque part dans la lande.

Tout à coup, là-bas, près des masures de la ville Trehic, là où les ormes élagués prenaient ces silhouettes de fantômes, je vis quatre jeunes filles, minuscules dans cette immensité mélancolique. Elles suivaient un chemin creux, tantôt cachées par les genêts noirs, tantôt passant sur les terres découvertes. Elles étaient toutes vêtues de la même façon : un caraco rouge et une jupe blanche. Elles avaient toutes les mêmes cheveux blonds. Je me levai.

– Où vas-tu ? dit Le Touzé.

– Là ! Là ! lui dis-je en lui désignant les jeunes filles. La voilà !

Il n'eut pas le temps de les voir car elles disparurent derrière un roncier. Seule resta la campagne sombre dont les lointains se perdaient dans l'arrière-pays, obscur, de l'Argoat.

Charles Le Touzé, assis sur le tumulus, me regarda partir dans la lande. Le sang battant aux tempes, les lèvres en feu, je m'enfonçai dans les hauts genêts pour tenter de rejoindre la vision.

L'ineffable poursuite commençait.

*

Tout d'abord, il me parut fort simple de rejoindre les jeunes filles. Je traversai une bruyère, puis un chaume de blé où les gerbes, par douzaines, frissonnaient au vent de mer. Je me trouvai donc sur le tertre où, quelques minutes plus tôt, j'avais vu les demoiselles disparaître. J'entendais encore la voix de l'une d'elles qui, du côté du ravin de Saint-Eloi, m'indiquait la route à suivre.

Une éclaircie balaya les landes et, sous de hauts cumulus qui glissaient lentement, je partis dans cette direction. Je pensais rattraper les jeunes filles au tournant du chemin ou, au plus tard, au calvaire du Mindy, mais, arrivé là, je ne vis personne. Je me mis à courir en revenant sur mes pas, pensant qu'elles avaient pris la sente qui conduit aux grandes grèves de port Jehan ; après avoir couru un instant, je m'arrêtai pour prêter l'oreille. J'entendis en effet des voix féminines qui se répondaient. Le cœur battant, j'avançai : c'étaient des chercheuses de vers de vase qui remontaient des grèves, leurs courtes bêches sur l'épaule. Je les connaissais pour leur avoir acheté de leur marchandise l'année précédente. Je leur demandai donc si elles n'avaient pas vu quatre toutes jeunes filles vêtues de rouge et de blanc. Elles n'avaient vu personne.

Je repris mes recherches, mais à l'opposé, du côté des masures de la Ville Jaudais, du moulin de Méheu. Là, c'était un bocage bien abrité des vents de mer, je m'enfonçais dans un pays coupé de chemins profonds qui, parfois, plongeaient sous les voûtes vertes des haies riveraines. Bien que nous fussions en été, les sentiers, ainsi couverts, étaient boueux et frais.

Parfois, je me hissais sur un tertre d'où je voyais à l'infini le bocage. Les toits gris de métairies brillaient au bord des mares, des centaines de chemins, tous semblables, s'entre-croisaient à plaisir. Pourtant, j'allais toujours m'enfonçant davantage à chaque pas dans ce pays chouan, hostile et secret.

A mon passage dans les hameaux, les enfants rentraient dans les maisons. Je demandais des renseignements à des femmes sombres et farouches qui ne me répondaient pas.

Oh ! revoir la jeune fille si calme qui m'avait dit la veille : « Ne parlez plus jamais de votre ami, n'y pensez jamais non plus, il vous sera remplacé. »

Pourtant, près de Saint-Nicolas du Goulik, un homme qui fauchait des joncs, le long d'un ruisseau, me dit :

– J'ai bien vu quatre demoiselles, aussi, habillées de même, au pardon du Vaudic, le 7 de juillet, mais je ne les ai jamais vues par chez nous.

Depuis longtemps j'avais quitté le territoire de la commune et le paysage m'était inconnu.

Tout à coup, je me trouvai au bord d'une de ces vallées bretonnes, étroites et profondes. Au fond, une rivière glissait sous des aulnes et des ormes et, lentement, l'eau coulait vers la mer. Le chemin que j'avais suivi s'arrêtait dans un fourré d'ajoncs et de ronces et, de l'autre côté, un petit manoir aux tourelles d'ardoise somnolait dans un parc bordé de barrières blanches. Sur les pelouses de ce parc, des enfants jouaient parmi des chèvres et des vaches noires et blanches, et sous un grand châtaignier des femmes tricotaient en jasant près d'une corbeille d'hortensias bleus. Ces femmes non plus n'avaient pas vu les jeunes filles.

Sur le soir, j'étais de retour à la Ville Gouarais, et le bruit sourd de la mer qui battait sur les rochers me consola un peu, comme le battement d'un cœur ami.

*

La nuit tombait lorsque j'arrivai, harassé, à la Ville Gouarais. Ma première pensée fut d'aller voir Charles Le Touzé. Lui seul, dans cette histoire, avait conservé la tête froide et pouvait me donner des précisions. De plus, il connaissait la région à merveille. Avec lui, je ne doutais pas de la réussite de mes recherches.

Avant donc de rentrer à la maison, je me dirigeai, en coupant par les fougères, vers la maison basse où Charles Le Touzé passait ses vacances. J'entrai dans l'enclos, dont les allées, bordées de coquilles Saint-Jacques, étaient sablées de galets de mer. Cette maison ressemblait à un bateau à l'amarre ; un parfum de coaltar flottait dans l'air. Tout, même le grillage, était passé au lait de chaux et des bleus de marine séchaient sur des amarres tendues entre des poulies de gréement.

Charles Le Touzé, assis sur un banc, dans la salle basse, mangeait goulûment un bol de caillé. Son oncle, près de la cheminée, accroupi sur la pierre de l'âtre, disposait sur le feu une immense cafetière en fer battu. Lorsqu'ils me virent, ils semblèrent comprendre ma détresse. Plus tard, ils avouèrent que ma pâleur et la brillance de mon regard les avaient épouvantés.

Charles, sans se lever, me dit :

– Te voilà ! Mais où diable es-tu parti si vite, cette vesprée ?

Il riait. Je ne répondis pas directement.

– J'ai à te parler, lui dis-je sérieusement.

Il chaussa ses galoches, posa son bol sur le rebord de la cheminée et, sans mot dire, monta l'escalier qui conduisait à sa chambre.

C'était une pièce mansardée, lambrissée de sapin verni, comme une cabine de navire. Une petite fenêtre donnait de biais sur la mer. Elle était ouverte et de l'arrière-jardin montait une âcre odeur de crustacés.

Il n'y avait pas de lit dans cette chambre mais, pendu au mur avec des reproductions exactes de nos navires d'escadre, un hamac plié. Sur la malle, marquée d'une ancre de marine, on lisait : CHARLES LE TOUZÉ, 482.

Nous nous assîmes sur cette cantine.

– Connais-tu ces quatre jeunes filles que je t'ai montrées sur le chemin du Mindy ?

Il mit les mains aux genoux et me regarda longuement :

– Tu es fou ! Je n'ai rien vu du tout.

– Pourtant, quatre jeunes filles, en rouge et blanc.

– Encore une fois, je te dis que je n'ai rien vu.

Il parlait sérieusement ; d'ailleurs, Charles Le Touzé ne plaisantait jamais. La vie, pour lui comme pour moi, était une affaire énorme, sérieuse et bouleversante.

J'insistai :

– C'était la jeune fille avec qui j'ai parlé sur la grève, hier.

Il fit un signe d'impuissance :

– Possible ! Je ne me souviens pas !

– Pourtant...

Le Touzé se leva, déroula son hamac puis, ayant passé une des boucles dans un crochet scellé au mur, il le déploya, le fixa à l'autre extrémité à un crochet de moufle [1]. Un parfum de toile à voile se répandit aussitôt dans la pièce. Puis il se coucha.

Roulé dans son hamac, il se balançait doucement. Peut-être même s'endormit-il, mais je restai et, allant et venant dans la chambrette, je commençai à parler d'une façon désordonnée de l'événement. Lorsque ce fut fini, j'eus la certitude

---

1. Assemblage de poulies qui permet de soulever de lourdes charges.

que Charles Le Touzé dormait dans ce hamac qui, l'enveloppant, pouvait symboliser son appartenance à la marine.

Je sortis. La nuit était venue, le phare de l'avant-port de Binic s'était mis à briller et, devant le cap, la mer rêvait. J'étais bien las, mais comme j'étais heureux, en somme, d'avoir entrevu cette jeune fille ! J'étais si sûr de lui être prédestiné que l'idée me vint de me consacrer définitivement à elle et de m'attacher invinciblement à sa destinée.

Puisque Charles Le Touzé ne la connaissait pas, peut-être n'était-elle venue qu'une fois sur la plage, uniquement pour m'apparaître et se révéler ainsi à moi ? Peut-être ne m'était-elle apparue dans la campagne, au cours de l'après-midi, que pour jalonner ma poursuite ? Un jour, oui certainement un jour, le jour désigné, elle viendrait à moi, comme elle était venue aujourd'hui, porteuse d'une nouvelle mission. La poursuivre chastement, juste assez fidèlement pour l'entrevoir de temps à autre, travailler en secret à tout connaître d'elle : sa voix, sa vie, ses goûts, ses peines, ses joies, et d'abord sa demeure, voilà quelle était ma tâche nouvelle.

A ce moment, je fis un tel effort pour l'évoquer qu'il me sembla la voir devant moi comme je l'ai revue bien souvent depuis. Je vis ses yeux, ses cheveux, ses longues mains d'adolescente, et ce fut l'éblouissement. Apparition mystérieuse de l'inconnue, à son heure venue, pour me montrer la route et m'éviter le doute, la luxure et les mille embûches de la vie.

Je venais d'arriver à la maison quand j'entendis un pas sur le chemin. C'était Charles Le Touzé.

– J'ai pensé à ton affaire, dit-il, et ces quatre filles pourraient bien être les vacancières de la Perrine.

– Nous parlerons de ça demain, lui dis-je, tant j'étais las.

– Il ne faut pas ! reprit-il d'un ton rageur, il ne faut pas remettre à demain la poursuite d'une vision. Si tu l'as vue ou si tu as cru la voir, il te faut la chercher sans repos, tu risques de te rompre le cou.

– Tu as raison, répondis-je en lui prenant la main. Conduis-moi à la Perrine tout de suite.

Nous partîmes sur-le-champ dans la nuit. Il marchait en sifflotant, les mains dans les poches. Je lui confiai :

– Je vis depuis hier dans un éblouissement.

Et je lui contai par détail tout ce qui s'était passé. Il m'écoutait en disant de temps en temps d'un ton bizarre :

– Pressons-nous, pressons-nous, nous n'arriverons jamais à temps.

Puis, lorsque j'eus fini mon histoire, il dit :

– Je crois que tu peux te vanter d'avoir une fière chance ; voilà trois ans que j'attends vainement cela, moi !

Nous avions pris le chemin du carrefour du Mindy mais, au lieu d'attendre d'être arrivés au calvaire pour quitter le chemin, nous prenions un raccourci qui nous ramenait dans l'intérieur des terres. Le Touzé marchait devant moi à grandes enjambées. Au bout de quelques instants, nous étions sur le bord de la route de Saint-Brieuc. Mon guide s'arrêta là, regarda à droite et à gauche, puis traversa la route en courant comme un contrebandier.

Enfin, lorsque la lune se montra, Charles s'arrêta et me dit :

– Nous y sommes.

Je regardai autour de moi. Le rayon de lune me permit d'entrevoir un chemin creux qui s'enfonçait, telle une ornière boueuse, sous une voûte de châtaigniers. En contrebas, entre les troncs, se laissait deviner un petit lavoir, à la limite d'une joncheraie sur laquelle une brume se levait. A droite, dans un verger de pommiers, on voyait une bâtisse noire, une de ces demeures de petit gentilhomme breton, mi-ferme, mi-château, entourée d'étables basses. Un lait de chaux avait été passé sur la façade du bâtiment principal, comme pour lui donner un air de bonhomie. Au-delà des bâtiments c'étaient les terres cultivées, puis les vallonnements de la haute vallée de l'Ye.

– Regarde, murmura Le Touzé, regarde bien ! Sauras-tu revenir ici seul ?

– Je saurai, j'en suis sûr !

Une lumière brilla près d'une des fenêtres et je la lui montrai.

– Veux-tu que nous nous approchions plus près ? souffla-t-il.

– Non. Nous ne réussirions qu'à éveiller les chiens. Rentrons.

Il me prit par le bras, brutalement :

– Tu es un lâche, dit-il en serrant les dents. Si j'étais à ta place, rien ne m'empêcherait de monter, à la force des poignets, jusqu'à cette fenêtre. Et je saurais.

– Non, dis-je doucement.

– Mais regarde, me dit-il encore, tu mets un pied sur cette branche, une main sur cette pierre saillante, tu attrapes le rebord de la fenêtre, un rétablissement et tu es près d'elle !

– Et si ce n'est pas elle ?

– Tu sautes dans le vide, tu retombes dans le verger et nous décampons ! La belle affaire !

Il avait élevé la voix. Les chiens se mirent à hurler.

– Trop tard ! grogna Le Touzé. Tu as perdu la première occasion.

– A quoi bon se presser, puisqu'elle m'est destinée, lui dis-je. Comme tu seras à la mer, je serai à elle.

*

Le Touzé était entré assez loin dans mon merveilleux secret pour que me vînt l'idée de l'en écarter à présent. D'ailleurs, son âme fantasque et délirante, son tempérament fermé, sa discrétion et aussi ses qualités de Celte, fidèle jusqu'au fanatisme, en faisaient le confident idéal. Cette nuit passée à errer avec lui dans la campagne, surtout, et cette halte près d'une maison, sous une fenêtre éclairée, ces phrases brûlantes et inoubliables que nous avions échangées l'avaient mêlé à jamais à mon aventure.

Toutefois, je fis tout ce qui était en mon pouvoir, le lendemain, pour préserver ma solitude. Je ne voulais exhiber, fût-ce à Le Touzé, ni ma fiévreuse impatience, ni ma lumineuse certitude. Je voulais garder pour moi seul l'une et l'autre et les sentir fermenter en moi.

D'abord, j'étais plus que jamais décidé à reprendre la poursuite. Mais, au lieu de ne suivre que ma fantaisie et de me lancer sans méthode à la recherche d'un si précieux bonheur, je voulais reprendre l'affaire à la base, réunir tous mes souvenirs et tous les témoignages, retrouver la piste, en un mot, et la suivre avec méthode, comme un policier.

Avant tout, il me fallait revoir le manoir de la Perrine, ou plutôt il me fallait le voir pour la première fois, car au cours de cette nuit fantastique je n'avais fait qu'entrevoir sous la lune un fantôme de maison, parmi les ouches et les enclos ; je voulais également savoir si vraiment les quatre jeunes filles demeuraient là. C'est pourquoi, aussitôt après m'être levé, je cassai un peu de fagots pour ma mère et, sans rien dire, je partis.

J'avais, au matin, préparé soigneusement l'itinéraire et je partis sûr de moi. Tout alla bien jusqu'au Mindy mais, au moment de prendre le raccourci, j'eus à choisir entre trois sentes également frayées qui semblaient ne s'écarter que très peu de la direction fatale. Cette nuit, dans l'obscurité, je n'avais pas vu cela.

Je m'engageai dans le premier de ces sentiers, dans lequel, au début, il me sembla reconnaître en effet les repères que j'avais, la veille, remarqués. Pourtant, je ne rencontrai pas la route de Saint-Brieuc. Alors, pour réparer mon erreur, je pris le parti de rejoindre le deuxième sentier qui devait se trouver à ma droite. Et me voilà parti à travers champs et bruyères.

La mer avait disparu, cachée par les collines du littoral. C'était un pays vert, compliqué de mille haies, de vallées minuscules, toutes identiques, d'arbres en quenouille, semblables les uns aux autres, et de carrés de sarrasin. Je crus voir la route au-delà d'un mamelon, j'y courus, ce n'était qu'une zone rocheuse et aride. Poussant toujours vers le sud, je devais trouver cette route. Il me sembla reconnaître, sur une hauteur, le clocher à jour du bourg de Trémélir. Marchant dans cette direction, je devais bientôt tomber dans un tel labyrinthe de chemins, de clôtures et de ronciers que je mis des heures à tenter de suivre ma direction. Tantôt contournant les landes, tantôt revenant sur mes pas, il ne me fut plus possible de m'orienter. Au loin, le clocher de Trémélir avait disparu.

Un ravin, pourtant, s'ouvrait à mes pieds, qui devait être la vallée entrevue au cours de mon premier voyage. Il me sembla que, si j'atteignais l'autre versant de ce ravin, tout s'éclaircirait. Je descendis donc, à travers un fouillis d'ajoncs, de genêts et de digitales, jusqu'au cours d'eau si calme dont le courant allait de ma gauche à ma droite, alors que je m'attendais à le voir couler dans le sens opposé.

Au fond de cette vallée, l'herbe était grasse, la terre noire et humide. Une pastourelle, tricotant, gardait deux vaches, un mouton et trois chèvres. Je lui demandai en patois gallo où j'étais. En breton, elle me répondit qu'elle ne comprenait pas. J'avais donc atteint les confins du pays bretonnant qui commençait cependant à quinze kilomètres de la Ville Gouarais. Il y avait, en effet, trois heures que je marchais. J'en savais assez pour comprendre que j'étais trop à l'ouest et que la jeune fille ne m'apparaîtrait pas dans ces parages.

Désireux de mettre au clair la situation, je résolus de rejoindre la mer. Sa lumineuse immensité devait, après ces obscures vallées, me redonner espoir. Je suivis donc le courant du ruisseau, sautant des murs de terre, passant des tourbières où voletaient des tourterelles.

Il s'était mis à pleuvoir. Non pas de ces pluies brutales de chez nous, mais un doux crachin, fin comme de la ouate, et tiède. Les alouettes n'en continuèrent pas moins à chanter, très haut, saluant cette ondée que nous amenait la marée montante. Je fus bientôt trempé, autant par les fougères que je traversais que par la pluie.

Enfin, sur le versant de la colline, un sentier s'amorça, que je suivis, las de cheminer dans le ravin. Tout à coup, j'eus un choc au cœur. J'arrivais près d'un bosquet de châtaigniers. Entre les troncs, en contrebas, on devinait un petit lavoir et, sur la droite, un verger de pommiers s'étalait. Mais, sur le revers de la colline, le manoir n'était plus là. Je me mis à courir, espérant le voir se dresser dans sa robe de granit, entouré de ses étables basses, près de son immense pailler, tel que je l'avais vu la nuit précédente, mais je ne vis rien. Je ne vis pas non plus le même horizon, pas plus que le chemin par lequel Le Touzé m'avait amené. Pendant un long moment, je restai là, prêt à pleurer, comme étouffé dans ces campagnes mystérieuses. Enfin, après plusieurs heures de marche, je vis la mer qui, piquetée de blanc, dans sa robe la plus somptueuse de violet, d'émeraude et d'indigo, m'attendait.

Je revins par la Ville Gouarais, par le chemin des douaniers. Encore une fois, l'émotion m'avait fait perdre le contrôle de moi-même. Pourtant, cette nuit, la Perrine était si proche, si accessible, et le chemin si facile !

Mais plus elle se révélait inaccessible, plus la jeune fille m'était proche. Il me semblait que, de son côté, elle devinait mes démarches, pleurait avec moi mon insuccès et m'attendait, sans prendre plaisir ailleurs, le regard perdu dans l'horizon marin, les mains pendantes, diaphanes.

Je revis Le Touzé aussitôt que je le pus, dans l'après-midi. Il me parla de ses études et de ses professeurs, puis il me montra les textes des questions posées au récent concours d'entrée à l'Ecole navale. Il semblait plein de verve, mais je sentais qu'il était curieux de savoir ce qui s'était passé. Cette nuit merveilleuse semblait lui avoir fait une grosse impression. A chaque silence, je le sentais sur le point de me questionner. Pourtant il se taisait.

Enfin, il dit :

– Où en es-tu de ton affaire ?

Car déjà naissaient entre nous des conventions tacites, un vocabulaire spécial, des mots prononcés avec respect, doucement.

Je lui racontai ma pauvre équipée du matin, mais j'insistai tout particulièrement sur la fatalité qui, chaque fois, m'écartait du bon chemin. Enfin, je ne lui cachai pas mon étonnement d'avoir trouvé un site exactement semblable au lavoir de la Perrine à la limite du pays bretonnant.

La main au menton, il disait :

– Bizarre ! Etrange !

Puis, après un long silence :

– Vois-tu, si j'avais rencontré une telle... un tel... (il cherchait, craignant de ne pas trouver un mot assez mystérieusement précis)... si j'avais trouvé une telle aventure, je crois que j'aurais tout lâché pour la suivre.

– Même la mer ? demandai-je.

Il réfléchit intensément puis, joignant ses poings, il murmura :

– Oui, même la mer !

L'instant me parut sublime. Charles Le Touzé était beau, ainsi dépouillé de son snobisme, et moi, je me sentais si heureux d'être tellement envié par un homme tel que lui. Peut-être était-ce là la récompense terrestre de cette pureté si durement acquise, si chèrement défendue, si pieusement gardée ?

– Et je pense, dit-il, que rares doivent être les privilégiés, ceux qui rencontrent l'éblouissement.

Nous restâmes passionnément silencieux.

– L'éblouissement n'est pas tout, lui dis-je, la poursuite doit le suivre.

– Je t'aiderai, dit-il, je t'aiderai de toutes mes forces.

Puis, l'un après l'autre, je repris le récit des faits depuis la rencontre, afin de mettre un peu d'ordre dans cette abondance d'événements et d'en savourer la nouveauté.

Nous nous étions assis sur un point très élevé de la côte. Nous voyions ainsi la baie dans toute son étendue, depuis le cap Fréhel jusqu'à Bréhat. Les nuées du matin étaient mortes et l'herbe, au soleil, semblait chaude et parfumée.

Mon ami guettait le mouvement du petit port que le flot commençait à abandonner. Les derniers canots sortaient par la petite passe. On les identifiait à leurs couleurs et à leur façon de se porter sur la vague. Charles, en bon marin, appréciait les manœuvres. Puis, lorsque la mer eut dégagé les brisants couverts de goémons, un âcre parfum d'iode monta des algues.

Pour moi, je cherchais des yeux, sur les grèves, quatre jeunes filles vêtues de rouge et de blanc.

Le temps se mit à la pluie dans la nuit. De mon lit où je veillais, j'entendis la première averse tambouriner sur les ardoises. Je ne saurais dire si j'en éprouvais joie ou peine. La pluie tisse, sur les paysages, un tel voile d'intimité, et l'on peut, dans une cabane de douanier, s'isoler si facilement, l'œil tourné vers le large en écoutant crier les cormorans, que j'ai souvent accueilli le temps de pluie comme un ami. Pourtant, j'allais rencontrer, du fait du mauvais temps, bien des difficultés dans mes recherches. J'eus hâte, au matin, de consulter le ciel. Je me penchai à la lucarne : il pleuvait. La côte, de Saint-Brieuc à Binic, était invisible, seuls les îlots émergeaient de cette douce grisaille. Peu de temps après, j'étais chez Le Touzé. Il était parti à la mer, dans la nuit, sur un cotre qui faisait habituellement la pêche de la roussette, et ne devait rentrer que le surlendemain, au petit jour.

Toute la journée, j'errai sous la pluie, sous un bon ciré que m'avait prêté le grand-oncle de mon ami. Je repris le chemin de la Perrine. Sans me soucier de l'eau, j'étudiai méthodiquement les trois chemins du carrefour. Celui de gauche m'était connu, je pris donc celui de droite, me réservant de revenir à l'origine dès que je m'apercevrais que je faisais fausse route.

Je rencontrai, au bout de quelques minutes de marche, la chaussée luisante que je traversai et, comme en un rêve, après un quart d'heure d'errance au hasard dans le dédale des chemins creux, m'apparut enfin la Perrine, abritée des vents de mer par sa petite châtaigneraie.

J'étais parvenu là comme guidé par un sens nouveau, un instinct. Le cœur battant, je passai devant les fenêtres closes, je fis une cinquantaine de mètres sans me retourner, puis, enfin, prenant un sentier qui tournait sur ma droite, je pus à loisir contempler le hameau dissimulé derrière une haie vive.

Sans rien savoir, j'eus à cette vue une telle émotion que j'eus la certitude que là demeurait l'adolescente tant cherchée depuis si longtemps.

J'en savais assez. Peu m'importait d'avoir une preuve, d'entrevoir un visage, de tenter l'impossible pour toucher du doigt la vérité, puisque je « savais ». Je revins donc assez lentement. Mais, lorsque je passai devant la barrière blanche fraîchement repeinte, je la vis que m'attendait. Les fleurs de la courette étaient alourdies de pluie, un romarin frissonnait à la brise d'ouest, des lys amaryllis, des œillets, des roses l'environnaient. Elle était là, debout, et me souriait.

Je la saluai. Il me sembla qu'elle répondit d'un signe.

J'eus l'audace d'approcher. Elle ne recula point, au contraire elle s'avança légèrement.

– Je vous ai vu venir, dit-elle de sa voix grave. Je me doutais bien que vous alliez repasser.

Je me tus. Je sentais que je vivais un instant inoubliable. La pluie, plus fine, tombait toujours.

– Pensez-vous toujours à votre ami ? demanda-t-elle.

– Non, dis-je simplement.

– Je savais bien !

Je la saluai de nouveau et m'en allai sans plus rien lui dire.

Au bout d'une cinquantaine de mètres, je me retournai. Elle avait disparu. La Perrine, en sa robe triste de schiste et de granit, sous son chapeau mouillé d'ardoise et de lichen, prenait maintenant une grande valeur ; elle sortait de son cadre et entrait pour toujours dans ma mémoire. A une fenêtre, au-dessus d'un figuier que je n'avais pas encore vu, je vis s'agiter un rideau ; aussi, je me remis en marche pour ne m'arrêter qu'en vue de la Ville Gouarais.

Tout à coup, il fallut quitter le village rêvé. Ma grand-mère était malade. Au début, on avait voulu me le cacher, sans doute pour ne pas troubler mon séjour, mais, bien que je n'eusse pas notion de la gravité de la maladie et que mon insouciance fût grande à cette époque, je ne tardai pas à comprendre que le mal ne ferait qu'empirer.

Dois-je dire que mon égoïsme d'adolescent me fit déplorer cet état de chose, bien plus pour les fâcheuses conséquences qu'il pouvait entraîner pour moi ? Ainsi, parfois dans la vie, les émotions ressenties sont si intenses qu'elles étouffent jusqu'à l'amour filial. Je n'y prenais point garde, à cette époque. C'est maintenant que je suis père de famille à mon tour que je le comprends, non sans frémir. C'est ainsi que je quittai la Ville Gouarais, la mort dans l'âme.

Mon père nous attendait. Je fus frappé et douloureusement étonné par la transformation des traits de son visage. Ses yeux étaient las, ses joues boursouflées, comme s'il avait longtemps pleuré. Il avait longuement et tendrement veillé et soigné sa mère et il était à bout de forces. Pour lui, c'était le drame filial qui se jouait, fatal et pourtant éternellement inaccepté.

Je n'ai compris que plus tard pourquoi il me serra si fort dans ses bras, lui habituellement si froid. Si je reconstitue les faits, j'ai honte d'avoir apporté, dans cette douloureuse crise familiale, une âme dont la meilleure partie était retenue au loin et un esprit envahi de rêves et d'éléments imaginaires.

Pour rester sincère, je dois confesser que je trouvai fâcheux qu'une vieille femme choisît, pour mourir, le moment précis où la poursuite se révélait la plus passionnante. Je ne vivrai jamais assez longtemps pour expier ces instants d'erreur. A cette époque, je ne pensais qu'à la vocation. M'arracher à moi-même et à ma famille pour me vouer à un idéal, quel qu'il fût, me semblait être le dernier mot de la vertu (perfection ?). Je serais aussi bien entré dans les ordres pour aller jusqu'au martyre, dans l'armée pour aller jusqu'à la mort héroïque, plutôt que de penser à faire bonnement mon chemin de fils.

Je ne restai cependant pas longtemps dans cet état de prostration dans lequel m'avait mis ce brutal événement.

D'abord, j'avais à brasser une énorme quantité de souvenirs. Ces souvenirs étaient des refuges délicieux où je me complaisais. Je revoyais plus les lieux des rencontres que le visage de l'être rencontré. Il m'était plus facile d'évoquer et de refaire par la pensée les démarches qui avaient constitué le début de la poursuite que de revoir la silhouette poursuivie. Chaque fois que je fermais les yeux pour l'imaginer, un voile tombait entre mon rêve et moi, qui matérialisait le respect, la pureté.

Je me mis à économiser patiemment sur l'argent de poche qu'on me donnait, à réunir des horaires de chemin de fer, des cartes routières, même des boussoles et, dans une valise que j'avais dérobée, j'empilai du linge de corps, un flacon d'eau de Cologne, une trousse de toilette, des allumettes, un briquet, dont je tenais la liste à jour sur un carnet. Ce réalisme dans le rêve me plut et je résolus de faire un effort pour abandonner l'abstrait dans lequel je me complaisais, pour tenter une évasion vers le pays.

Il était possible que cette évasion échouât, l'important était qu'elle fût tentée. Et il me sembla que, du fond de sa Bretagne, « la demoiselle aux trois sœurs » se réjouissait de me sentir en de telles dispositions.

Une lettre de Charles Le Touzé vint d'ailleurs redonner le ton :

Cher, me disait-il,

Je me suis consacré, depuis ton malheureux départ, à ton affaire. Je n'aurai de repos que lorsque j'aurai éclairci le mystère. Tout d'abord, j'ai fait un nouveau voyage à la Perrine par une belle journée comme tu les aimes, c'est-à-dire par une brume lumineuse qui venait de la mer. Arrivé au-dessus du moulin de Méheu, j'ai pu voir, à la faveur d'une large éclaircie, l'étendue des terres et le toit brillant de la Perrine. J'ai été ému pour toi. Comme je t'envie !

Je me suis approché avec précaution. Il était près de midi, un parfum de cuisine sortait de la fenêtre ouverte. Je me suis dissimulé dans la châtaigneraie et j'ai attendu. Lorsque le clocher de Trémélir a sonné trois heures, j'ai dû quitter mon poste d'observation, car je devais être au canot à quatre heures, à marée descendante, pour aller relever les casiers à homards de mon oncle.

La mort dans l'âme, je suis parti, navré de ne pouvoir rapporter les renseignements que tu attends et qu'en ton absence j'obtiendrai coûte que coûte.

Il me parlait ensuite de la pêche au maquereau, de l'abondance d'araignées de mer et d'orphies et, enfin, du passage d'une équipe de marins norvégiens.

C'est avec une grande émotion que je lus ces lignes. Le ton en était passionné et pudique à souhait. Aucune fausse note, aucune allusion précise ou irrespectueuse, aucune plaisanterie mais, au contraire, une brumeuse et mystique admiration pour tout ce qui touchait à cette « affaire », comme il disait.

Je lui répondis en le mettant au courant de ma dernière démarche, sous la pluie, qui avait été couronnée de succès. Je lui dépeignis l'heure et les circonstances de cette inoubliable rencontre et, ayant insisté sur le fait qu'aucune parole décisive n'avait été prononcée, je terminai par un cantique d'action de grâce à la beauté.

Il répondit avec une promptitude touchante :

Comme je t'envie, mon cher vieux frère, comme je suis heureux de te savoir comblé ! Les hommes comme nous, vois-tu, cherchent d'autres joies, plus rares que les autres. Une main qui frémit, un regard qui se refuse les enchantent et leur suffisent, car ils savent que l'ampleur de la vocation est inversement proportionnelle à la facilité de la réussite.

De mon côté, j'ai divers éléments nouveaux à porter à ta connaissance. J'ai appris, en questionnant le sourd-muet Minoc Moëllan, que le père était officier, en garnison à Rennes et qu'elles ne tarderaient pas à quitter la Perrine. J'ai pensé que ces détails t'intéresseraient.

Permets-moi, maintenant, mon cher ami, de te demander quelles sont tes intentions et quel but tu poursuis. Je pense si souvent à toi et à ton privilège que je voudrais avoir l'assurance que nous vibrons bien à l'unisson et qu'il se trouve enfin des jeunes hommes capables de hautes et pures spéculations.

A ce langage enthousiaste, je répondis par une lettre plus enthousiaste encore. Je lui disais notamment :

Combien j'ai plus de plaisir à vivre dans l'éloignement que de vivre près d'elle si sa présence devait avilir nos rapports !

Mon but est de suivre son sillage, comme la mouette suit le paquebot, ce qui lui permet de faire un long voyage. Elle est la bouée ! Elle est la sauvegarde.

Dois-je te confier, cher grand ami, que depuis le début de cette sublime aventure j'ai été amené à donner à tout ceci une explication merveilleuse et invraisemblable : elle est venue à moi lorsque j'étais dans la peine. Elle a arraché cette peine de mon cœur. Elle m'est apparue trois fois, toujours dans des heures pénibles, lourdes, angoissées, pour me laisser chaque fois heureux, léger, vaillant. Elle n'a cependant dit, au total que trois phrases, à voix si basse que je me demande si je les ai bien entendues.

C'est merveilleux.

*

J'allais tous les jours voir ma grand-mère malade. Elle ne se plaignait jamais et se montrait toujours satisfaite. Mon père, auprès d'elle, donnait le spectacle, toujours émouvant, de la fidélité et de l'amour filial. Pour moi, la vue des vieillards et des malades, ainsi que les conversations, me causaient un véritable malaise. Dans cette chambre tendue de papier à dessins mordorés, je ne voyais jamais sans frissonner ce lit, ce baldaquin de lourd reps à fleurs, recelant dans son obscurité cette forme blanche, exsangue et immobile. Sur la table de nuit veillaient des potions, des tasses, des cuillers, et tout prenait une allure suspecte, même ces candélabres à globe, cette glace au cadre tarabiscoté, ce mobilier sombre et triste, tout me semblait malade.

Pourtant, la pauvre grand-mère fut hors de danger et on m'annonça que j'allais pouvoir retourner à la Ville Gouarais, seul cette fois car ma mère resterait au chevet de la convalescente. Cette nouvelle m'ouvrit un tel horizon que j'en eus un véritable vertige.

A peine avais-je appris cette nouvelle que je reçus une missive de Charles Le Touzé qui me disait :

J'ai pu aborder qui tu penses, hier. C'était sur la grève, à l'heure de marée haute. Il faisait doux. Une bonne brise du large faisait flotter ses cheveux.

J'ai pu parler de toi. J'ai cru comprendre qu'« on » avait fait attention à toi. « On » m'a demandé :

– A-t-il oublié son ami mort ?

J'ai répondu :

– Je le pense. D'ailleurs, il voit se lever un grand espoir !

Puis nous avons parlé un peu de toi mais « on » m'a quitté car le père arrivait à ce moment par le chemin de port Jehan. C'est un bel homme à la moustache rousse, au regard clair. Il porte une réglette de la Légion d'honneur et se promène nu-tête avec cet air martial que seuls les officiers savent prendre.

Cette lettre décupla le plaisir que j'avais à retourner là-bas. Ainsi, j'allais pouvoir entendre parler d'elle, la revoir et, peut-être, lui adresser un peu la parole.

Septembre était clair et doucement mélancolique. Tout au long du voyage, je retrouvai des arbres connus mais vieillis en leur feuillage, les terres n'avaient plus le même visage, dépouillées de leurs moissons et déjà labourées par place. Les friches, les landes commençaient à prendre des teintes rousses et, dans les vergers, les gens faisaient la récolte des pommes précoces. Plus nous allions et plus les pommiers étaient nombreux ; des tas de fruits se formaient dans les courtils, dans les granges ouvertes et, lorsqu'on passait près d'un village, on sentait une bonne odeur de pommes. Les premiers cidres coulaient des pressoirs.

Je regardais tout cela avec avidité. Le vigneron que j'étais se penchait avec curiosité sur ces travaux inconnus qui font, de tout le pays chouan, dès le 15 septembre, une vaste cidrerie.

La côte était encore plus belle qu'en fin juillet. Les landes étaient brunes et rousses, marbrées de taches noires des ajoncs. La mer paraissait plus transparente, par contraste, et les pays perdus de l'Argoat, aux lourds horizons usés et las, commençaient à rendre, sous les vols des courlis, des échos pathétiques.

Tout en redoutant l'entrevue qui ne pouvait manquer de se produire, j'étais heureux, d'un de ces bonheurs peureux et pudiques, trop grands, trop contenus, qui gagnent en profondeur ce qu'ils perdent en surface.

Peut-être allais-je la revoir.

Mais même si je ne la revoyais pas, du moins retrouverais-je ses pas dans les boues des chemins creux et dans le sable de la plage, et personne ne m'empêcherait d'entrer à la Perrine pour demander un verre de cidre au propriétaire et ainsi voir ces vieux meubles qui l'avaient vue s'asseoir, aller, venir. Cela me suffisait pour l'instant. Plus tard, plus tard, je tenterais des démarches plus décisives car, pour l'instant, qu'avais-je fait pour mériter davantage ?

Lorsque je descendis du train, Charles Le Touzé m'attendait.

« Elles sont parties hier à midi » furent ses premières paroles.

Je l'avais prévu mais, à cette nouvelle, je sentis mes jambes se dérober sous moi, cette nouvelle me sembla délicieusement cruelle.

Il m'observait ardemment.

– Tant mieux, lui dis-je, s'il m'avait été donné de la revoir sans obstacle, j'aurais pensé avoir fait fausse route.

Dans le petit tramway qui desservait la côte, nous eûmes une longue conversation, ou plutôt nous fîmes à nous deux un duo inoubliable dont notre amitié donnait les harmoniques.

Le temps était à la pêche. Le maquereau était abondant, ainsi que le bar, amené par les gros temps. La mer, plus mouvementée qu'en août, prenait déjà sa grande voix d'hiver. Nous sortions à la mer chaque jour, soit avec les uns, soit avec les autres. Nous prenions le travers de la baie jusqu'à ce que le phare du Legué nous apparût dans l'alignement du clocher du bourg de Plevenoeuc. Là, nous mettions en panne et, au travers du courant, nous laissant dériver mollement, penchés par-dessus bord, nous cherchions les maquereaux.

Parfois, au cours de ces dérives ou encore à l'amarre, au large des îles du Portrieux, je regardais la côte et l'arrière-pays que l'on devinait, dans la direction bien-aimée. Lorsque le temps était clair et que nous passions dans une certaine zone, je pouvais voir sur les terres un bosquet et, blottie auprès, une maison dont la façade était blanchie à la chaux. On la devinait plutôt qu'on ne la voyait, car il fallait être à plus de dix kilomètres en mer pour l'apercevoir.

Lorsque nous courions le maquereau, sous les côtes, je ne voyais plus cette maison vide, mais j'en établissais la position par des points de repère que j'avais indiqués sur la carte et, la face tournée vers cette direction, je me laissais fouetter par le vent fraîchissant de septembre.

Au retour, les soirs, nous allions à la « fillerie ». C'était une assemblée où les jeunes gens et jeunes filles se rencontraient. Tantôt cela se tenait sur les falaises, à l'abri d'une touffe de genêts, tantôt nous nous retrouvions à un carrefour de chemins, et, assis sur le talus, nous écoutions de ces récits qui ne peuvent naître que dans les imaginations celtes. On racontait qu'un galant, se rendant voir sa belle nuitamment, rencontrait sur son chemin un chien qui tentait chaque fois de le mordre. Une nuit, s'étant armé d'un bâton, il en frappa le chien qui s'enfuit en hurlant. Le lendemain, l'abbé Bieuzen avait une jambe cassée.

Et encore cette histoire du jeune galant qui vit un cheval emportant sa belle. Lorsqu'il arriva près d'elle, il la trouva morte.

Ces récits, dans l'ombre, créaient des frissons et des soupirs. La mort et le fantastique rendaient les filles amoureuses et certains couples passaient des heures enlacés.

Pour moi, je n'étais pas en reste et, avec ma verve truculente de Bourguignon, je racontais des agapes et des farces énormes qui soulevaient des rires, de ces rires de gorge qui s'accordent si bien avec la rumeur rageuse de la mer.

Lorsque la nuit était tombée, nous partions, nous deux Le Touzé, le long des chemins et, sans nous concerter, nous arrivions au carrefour du Mindy. Là, nous prenions le petit sentier si connu maintenant, puis nous arrivions près de la Perrine. Nous ne disions rien. Nous passions et repassions devant les fenêtres et ne rentrions nous coucher que lorsque nous étions las de ce manège. Il était parfois une heure ou deux heures du matin.

Une nuit que nous venions de nous quitter, j'entendis, au moment de me mettre au lit, un appel qui venait du jardin. J'ouvris ma lucarne. La nuit était noire et je ne vis rien. Mais l'appel retentit à nouveau, puis j'entendis la voix de Le Touzé me dire :

– Descends, il y a du nouveau.

Je le rejoignis.

Aussitôt que je l'eus rejoint, il se retourna et se mit à marcher rapidement.

– Viens vite ! dit-il.

Je le suivis. Nous courions, sur le chemin, dans la direction. Le Touzé ne disait rien. Lorsque nous fûmes arrivés sur le tertre d'où l'on découvre la Perrine, il me dit :

– Regarde !

Le cœur battant, je vis une lumière briller à l'une des fenêtres.

– Elles sont revenues ! me dit Le Touzé.

En silence, nous avancions maintenant.

Passé la douve où chantaient les grenouilles, je le pris par la main en lui disant :

– Le phare !

Il dut sourire, puis je l'entendis me répondre :

– Heureux navigateur !

Et nous continuâmes de nous approcher de cette lumière.

Bientôt, nous étions dans le verger et nous nous apprêtions coûte que coûte à l'escalade lorsque la lumière s'éteignit. Ce fut comme si une de mes veines se brisait. Pourtant, je restai là, près de Le Touzé, sans mot dire.

– Peut-être va-t-elle se rallumer ?

– Peut-être.

Les grenouilles s'arrêtaient puis reprenaient leur chant sans qu'on sût pourquoi. Et la mer, assez forte, donnait aux récifs du cap des coups de butoir que nous entendions à merveille.

L'œil fixé sur la fenêtre endormie, j'attendis je ne sais quel prodige.

Lorsque le jour vint, nous étions là, tous deux, fatigués d'avoir murmuré dans l'obscurité pendant des heures, mais soutenus par un si ferme espoir. Les coqs s'éveillèrent. Une porte claqua. Un pas sur le chemin. Nous regardions, le cœur en feu, dissimulés dans les fougères. Un homme ouvrit le portillon de bois peint en blanc. Il avait un complet sombre, démodé, un chapeau de feutre, et portait deux valises.

– Le père, murmura Charles.

L'homme sortit un trousseau de clés de sa poche, ferma le portillon et, d'un pas décidé, en murmurant quelque chose, il passa près de nous et prit le chemin du bourg.

En rentrant, avant de descendre au havre pour la marée du matin, j'arrêtai Le Touzé et brusquement je lui dis :

– Nous ne connaissons même pas son nom.

Le Touzé répondit :

– Nous chercherons !

– C'est que, repris-je, je pars dans trois jours, les vacances sont finies.

Il dit :

– D'ici là, nous saurons peut-être quelque chose, mais j'aurai ensuite toute une année scolaire pour me renseigner, à Rennes, et je te tiendrai au courant.

Le 1er septembre arriva sans que le secret de la Perrine fût forcé. Je quittai Le Touzé sur la promesse qu'il me fit de s'occuper activement de ces recherches. Il me dit encore :

– Tu as la bonne part. N'abandonne jamais la poursuite.

Je lui répondis :

– Le cap sera rongé par la mer, la Perrine sera en ruine, et moi je poursuivrai toujours.

III
La poursuite

J'ai peur de parler des années qui suivirent tant elles furent terribles ; elles me furent pourtant encore précieuses. On peut dire que mes débuts à Saint-Pancrace, avec cette amitié si frivole et si sévère à la fois, avec ce cauchemar des nuits de prières et de macération, furent dignement continués par ce qui suivit car je ne sortis de ce monde tourmenté que pour entrer en un monde contigu dont le souvenir me fait frémir et sourire aujourd'hui.

Mais, pour comprendre ces quatre années, pour s'imaginer ce cheminement perpétuel dans le « pays où tout est possible », il faut avoir eu la vision de cette fille blonde, sous la pluie, près de la barrière blanche, parmi les fleurs mouillées. Il faut avoir entendu cette voix grave et monotone comme celle d'une mourante, il faut sans doute aussi avoir connu, au temps de son adolescence, un grand amour lointain et impossible, désespérant comme on n'en peut rêver qu'à dix-sept ans. Il faut encore, pour comprendre la poursuite, avoir aimé fuir les contacts simples et brutaux, pour ne se complaire que dans l'amour et ses impossibilités, où tout enchantement ne vient que du passé, où les souvenirs prennent naissance dans les brumes de l'enfance, où le monde réel devient plus incertain que le paradis qu'on s'est inventé.

Je repris mes études avec joie. Les pluies d'octobre me ravageaient le cœur à plaisir et j'écoutais avec délice le bruit de l'eau qui tombait sur les feuilles mortes. J'aimais les heures laborieuses de l'étude du soir, les dimanches désolés, dans ma chambre, devant mes livres et mes cahiers. Là, je retrouvais l'image conservée, immobile, hiératique, qui me redonnait le courage de désespérer. Je l'avais quittée sans lui avoir parlé, et c'est de là que me venait la joie d'être suspendu entre ciel et terre, sans espoir et exposé à apprendre le pire, un jour, par incidence. Mais toute la valeur de mon espoir venait de là. Des serments échangés, ridicules, eussent fait naître moins de joie que cette incertitude.

Charles Le Touzé avait réintégré le lycée de Rennes, mais comme externe cette fois-ci. Il logeait dans les quartiers neufs sur la route de Saint-Malo, chez des parents, et chaque semaine il m'écrivait fidèlement. Au début, il ne me parlait que du temps et de ses études. Il disait : « Les pluies sont venues... », et je m'imaginais le pays rêvé sous ces averses inlassables, plus gris, plus nostalgique que jamais. Je voyais la Perrine près de la châtaigneraie, dépouillée, et chaque fois que je me la représentais, une lumière brillait à l'une des fenêtres, comme au premier soir.

Ces lettres étaient conservées comme des reliques. Leur papier avait un parfum spécial et émouvant.

Il m'affirma, ce bon ami, qu'entré en mathématiques spéciales en octobre, il serait en mesure de passer avec succès le concours d'entrée à l'Ecole navale en juillet. *Moi aussi*, disait-il, *je suis consacré et j'ai la foi. J'appartiens à la mer.*

Ce fut la première allusion à mon aventure. Sur la lettre suivante, il disait : *Je veux, comme toi, poursuivre le rêve entrevu, sans m'en distraire une seconde.* Ainsi, par délicates allusions, il me redonnait la force, lorsqu'elle me manquait.

Je répondais dans le même sens, omettant de parler directement de « l'affaire » et, à vivre ainsi entre l'étude et le commerce épistolaire, je conçus le plan de rester à jamais fidèle à l'idéal entrevu. Enfin, un jour, une lettre vint, plus lourde et plus précieuse que les autres. Elle contenait des choses merveilleuses.

J'ai revu, de loin, le visage que tu penses, dans des circonstances un peu rocambolesques : j'étais entré au jardin du Thabor avec un camarade. Tu sais que ce jardin domine le lycée de jeunes filles et que, de certaines allées, on voit très bien l'intérieur des classes.

Hier, il faisait clair et doux, la pluie avait cessé de tomber. Mon camarade s'amusait à envoyer le reflet d'une glace de poche dans les classes où les jeunes filles, surprises et amusées, riaient en cachette. Je pris à mon tour la glace et je promenai le point lumineux de son reflet sur les nuques des élèves. On voyait le professeur ouvrir et refermer la bouche, on entendait même sa voix.

Une à une, les filles se retournaient. Certaines riaient sous cape en nous regardant, d'autres nous faisaient des signes auxquels nous répondions. Tout à coup, le reflet se posa sur une chevelure blonde, du blond pâle de la paille, brillante et souple.

Lentement, la jeune fille tourna la tête, sans rire, sans un jeu de physionomie et nous regarda, sans sourciller. J'eus presque peur. C'était ce visage connu que tu as vu près de toi au mois d'août. J'en donnerais ma main à couper. Elle fut la seule à ne pas rire, à ne pas se trouver distraite ; elle supporta l'éclat du reflet comme si elle avait été morte. Ses yeux regardaient ailleurs.

Je me suis enfui, ivre de bonheur pour toi, et je te l'écris aujourd'hui, encore tout vibrant d'émotion.

J'irai ce soir à la sortie du lycée de jeunes filles, j'irai demain, j'irai tous les soirs, pour être sûr de ne m'être point trompé, en attendant que tu me dises ce que je dois faire.

Je lus et relus cette lettre, en admirant la façon dont Le Touzé m'avait conté l'anecdote. Il avait employé des mots fort simples en eux-mêmes mais si justes pour la dépeindre, que son image se levait, précise : « Ses yeux regardaient ailleurs. »

Je lui répondis une longue lettre où je disais notamment :

Ce que tu dois faire ? Mon cher ami, tu iras à la sortie du lycée, tu la regarderas pour pouvoir me la décrire longuement sur ta prochaine lettre, et c'est tout. Je sais que tu vas me critiquer violemment et m'inciter à agir, mais que peut faire un collégien tel que moi en face d'une jeune fille de ce monde-là ?

Je ne veux pas que tu lui reparles de moi avant que j'aie réussi dans mes études. Pour l'instant, je ne suis encore rien : un méprisable petit potache qui ne fume même pas.

Dois-je te l'avouer ? J'ai fait le projet d'attendre les vacances prochaines pour chercher à reprendre contact. J'aurai alors été reçu à mon baccalauréat. Si je n'étais pas reçu, je resterais encore dans l'ombre (mais je serai reçu).

En attendant, je veux parler et reparler d'elle, sans espérer l'atteindre par mes paroles.

La réponse ne se fit pas attendre. Le Touzé, le jour même où il reçut cette lettre, m'écrivit ceci :

Je l'ai revue. C'est bien elle.

Je me trouvais à la sortie de sa classe, dans l'encoignure d'une porte. Elle est sortie seule, silencieuse, au milieu de ses compagnes trop bavardes.

Je n'ai pas eu tant de chance que la première fois car elle était emmitouflée dans une fourrure et cachée par un parapluie, car le vent plaquait la pluie...

La pluie ! Encore la pluie, dont le souvenir était inséparable de cette silhouette fuyante !

Je ne vivais, désormais, que dans l'espoir de recevoir la lettre de Le Touzé. La semaine se résumait à cet instant lumineux où ma main saisissait l'enveloppe et la décachetait. Tout ce que me disait Le Touzé contribuait encore à couper les attaches qui me reliaient à ma vie réelle.

Je n'avais plus d'ami à Saint-Pancrace, moi jadis si avide d'amitié. J'avais interdit qu'on m'appelât « Yannick », non pas que ce sobriquet me déplût, au contraire, il avait une consonance bretonne qui m'agréait, mais parce que l'être qui le portait jadis était mort, mort avec Mimi.

J'entrai en première, la classe du baccalauréat. Dès les premières journées de classe, j'admis de considérer ce diplôme comme le but immédiat et aussi comme un symbole. L'obtenir, c'était mériter la rencontre, c'était recevoir du Ciel le signe que la direction élue était digne de moi et que j'étais digne d'elle. En quelque sorte, par mon travail, je pouvais influer sur le jugement divin puisque, après tout, cette réussite dépendait de moi.

Dès le premier mois, on comprit, à Saint-Pancrace, que « Yannick » était changé car je m'adjugeai, aux compositions du mois, la première place en anglais, en allemand et je la conservai en français. Les professeurs reconnurent mon effort et chacun d'eux s'arrogea le bénéfice de cette transformation. Ma mère les écoutait, un sourire aux lèvres puis, lorsqu'elle parlait en tête à tête avec mon père, disait :

– Je sais bien que ce sont mes prières qui l'ont à ce point changé.

Enfin, un jour, le Préfet de discipline lui-même fit publiquement l'éloge de mon travail et de ma conduite. De mon travail surtout. Puis il me dit :

– Venez donc à mon bureau à onze heures.

J'eus un frisson au souvenir de tant de ces entrevues, mais cette fois le prêtre avait un tel sourire que j'attendis sans frémir les onze heures.

Je descendis les escaliers de pierre et je me trouvai, très ému, devant cette porte tant de fois franchie. Je frappai. Une voix molle, quoique cantique, me parvint de l'intérieur. J'entrai.

Le bureau était le même ; l'odeur caractéristique du salicylate de méthyle y régnait plus absolument que jamais. Le Préfet de discipline était emmitouflé dans sa grande douillette d'hiver. Il était assis à son fauteuil et souriait.

– Entrez, mon fils, entrez ! dit-il suavement.

Cet accueil me glaça néanmoins. Suivant la méthode ecclésiastique, ne m'avait-il pas toujours accueilli en ces termes, même lorsqu'il devait, l'instant d'après, jeter sur moi l'anathème ? A vrai dire, je n'avais plus confiance en cet éducateur. Tant de fois et si longtemps, il s'était mépris sur mes intentions et même sur mes gestes, qu'il m'apparaissait désormais comme un voluptueux et maniaque sadique. Pourtant, sa figure était toujours empreinte d'onction et de rigoureuse bienveillance. Au fond, c'était un éducateur consciencieux mais sujet aux erreurs, comme tout le monde.

Il me désigna une chaise et me dit :

– Asseyez-vous, mon petit.

Je pris place sur un siège en tapisserie à pieds torsadés, comme j'en avais vu à la représentation du *Misanthrope*, en la salle des fêtes du collège.

– J'ai remarqué, mon fils, dit-il en joignant les mains, que vous aviez fait un gros effort pour améliorer à la fois travail et conduite. Je n'ai rien voulu dire tout d'abord, craignant que ce ne fussent là que les résultats fugaces des bonnes résolutions prises au cours de votre retraite. Grâce à Dieu, voici bientôt plus d'un demi-trimestre écoulé et vous semblez toujours être dans ces excellentes dispositions. Sur douze compositions, six places de premier, deux de second, trois de cinquième et, en mathématiques, la douzième place sur vingt-trois élèves.

Il se tut un instant. La fenêtre se reflétait dans le verre de ses lorgnons. Il respira, fit une grimace et continua :

– Du point de vue de la conduite, même amélioration : plus d'indisciplines notoires, plus d'esprit frondeur...

Sa voie resta en suspens puis, d'un ton mélodramatique qui lui seyait à merveille et me remplissait jadis de frayeur :

– Hosanna ! mon fils, Hosanna ! Dieu soit béni ! Vous voilà remis sur la bonne voie !

Puis, dans un murmure :

– La Providence aurait-elle entendu ma prière ? Aurions-nous employé, dans cette maison, la méthode adéquate ? Le fait est que vous êtes méconnaissable, mon fils, et j'en remercie le Seigneur !

Il me regardait, la tête penchée sur l'épaule droite. Tout à coup, il devint grave, sa voix se mouilla, ainsi que son œil, pour me dire :

– L'année passée fut terminée par des événements graves qui ont jeté la consternation dans notre chère maison. Vous en avez été touché plus que d'autres et je n'ai pas été sans comprendre votre chagrin, ni sans compatir, vous le savez. Mais c'était ce dur chemin qu'il vous fallait gravir...

Sa voix chantait, monotone, à mon oreille. Je l'entendais sans comprendre. J'étais profondément vexé que chacun pût donner une explication si naïve à ma transformation et ces grands mots, ce ton de componction qui m'en imposait tant l'an passé me semblaient aujourd'hui ridicules.

Heureux de mes succès scolaires, je me retournais vers la demoiselle pour la remercier, et le Préfet de discipline pouvait jaser, l'horloge pouvait égrener ses quarts et ses demies, mes condisciples pouvaient rire, jouer, se battre, mon regard resterait invinciblement tourné vers elle.

Le Préfet s'aperçut que je ne l'écoutais plus au moment où, m'ayant posé une question, il attendit vainement la réponse. Il la réitéra d'une voix plus forte en esquissant un mouvement d'impatience et j'eus beaucoup de peine à réunir les éléments de la réponse. Ce voyant, le Préfet de discipline me remercia d'un ton sec et me rendit à ma rêverie.

Qu'il me félicitât, je n'y voyais aucun inconvénient, mais qu'on attribuât mon « amélioration » à des sermons intempestifs et saugrenus, à des interventions maladroites qui toutes étaient tombées à faux, voilà qui m'exaspérait au plus haut point. Et tout cela était couronné par une séquence de compliments inopportuns qui poussèrent au paroxysme mon désir de dire bien haut à tous mes éducateurs : « Vous vous trompez. Ce ne sont ni vos semonces, ni vos conseils qui ont fait de moi ce que je suis aujourd'hui. C'est un secret, je voudrais le savourer seul, mais vous allez m'obliger à le proclamer. J'en ai assez de vos mines satisfaites, de vos airs de supériorité. Votre triomphe est facile et vous n'êtes pas les artisans de mon amendement ! »

Puis je me calmai et je fus tenté de confier ce secret à mon confesseur, autant par besoin de franchise que pour me gausser un peu de lui. Enfin, je crois aussi qu'il y avait, de ma part, le désir de parler à haute voix de ces souvenirs que je me répétais à moi seul avec enthousiasme. J'étais devenu, pour moi-même, un interlocuteur insuffisant.

Plusieurs fois je pris le chemin de l'austère cabinet parfumé de méthyle, dans le but d'y pénétrer et de jouer la scène de grand abandon et de confiance éperdue. Chaque fois, une salutaire pudeur me retint à temps, non pas que je craignisse le ridicule, car le ridicule n'atteint pas l'adolescent, mais parce que je redoutais l'attitude froide et compassée qui eût accueilli la puérilité de cette confidence. D'ailleurs, le Préfet aurait-il cru qu'une image de femme, cet être de Satan dont on nous apprenait à nous écarter, pût, en fermentant dans un cœur de jeune homme, y porter autre chose que le trouble ou la débauche ?

Je résolus donc de brider, jusqu'à nouvel ordre, ce besoin d'épanchement. Je conservai le même confesseur et ne lui fis jamais part de mon éblouissement intérieur, le laissant charitablement croire qu'il était à l'origine de mon revirement. Il pouvait même croire en l'efficacité de ses prières, s'il en avait fait à mon intention, il pouvait également construire, comme je l'en soupçonnais, un traité d'éducation des garçons en partant de mon cas particulier et en le généralisant, peu importait, ce ne serait ni sa première ni sa dernière erreur et il mourrait ainsi, d'une crise cardiaque sans doute, nageant dans l'erreur commune à tous les pédagogues et attribuant à des causes scientifiques simples de la puberté ou des rencontres de hasard sur ses élèves.

J'éprouvai même un malin plaisir à imaginer le monceau de sottises que les hommes mûrs et éminents peuvent accumuler en leurs ouvrages sur le problème de l'éducation. J'avais d'ailleurs remarqué que leur interprétation des gestes d'autrui était toujours d'une indigence et d'une mauvaise foi insignes. Un poète distingué faisait-il une faute de syntaxe ? C'était à dessein, pour renforcer « l'effet », il n'en fallait pas douter. Un élève de première commet-il la même erreur ? C'est une faute grave, au contraire, qu'il convient de sanctionner. S'il advient qu'un chimiste mélange par erreur deux mixtures et qu'il en résulte, par hasard, un corps nouveau qui trouve par la suite une application industrielle, ce chimiste est un génie. Qu'un élève de première s'avise de mélanger, par dilettantisme, le contenu de plusieurs flacons de laboratoire de son collège et qu'il en résulte une légère détérioration du matériel et des installations diverses, voilà un élève puni. J'en parle en connaissance de cause. Et, pourtant, il eût très bien pu se faire que la déflagration fût scientifiquement remarquable et le jeune chimiste porté aux nues si l'on se fût donné la peine d'étudier ses travaux avec bienveillance.

Conclusion : les gens d'âge, en général, et les éducateurs, en particulier, n'ont jamais rien compris à l'adolescent. Le jeune homme de dix-sept ans est, sans conteste, une sorte d'incompris total. Enfant ? On a disséqué ses amitiés, converti ses intentions, perverti ses crises de douleur et de joie, éteint ses enthousiasmes, brisé ses liaisons les plus fécondes. Adolescent ? Voilà qu'on ne lui reconnaît pas même la possibilité de s'améliorer au contact d'une aventure merveilleuse, capable de bouleverser sa vie en profondeur. On met sa métamorphose sur le compte d'une discipline extérieure, d'une vigilance d'éducateurs balourds, et c'est l'injure capitale qu'on puisse lui faire.

Voici le résumé de mes heures de méditations et de mes colères. Et je sortis de cette crise plus que jamais résolu à monter ma tour d'ivoire et me laisser éblouir par l'aventure. Ce fut en un court moment de lucidité que je me rendis compte du ridicule de la situation. J'en fus dégoûté à tel point que je repris avec ferveur la poursuite la plus désintéressée, la plus acharnée, la plus téméraire qu'on puisse jamais imaginer.

*

N'avais-je pas Charles Le Touzé qui se révélait de plus en plus avide de confidences ? Ne semblait-il pas mis là pour me permettre de parler d'elle, de l'éblouissement, de l'aventure et, enfin, de la poursuite ?

Mélangeant l'émoi des souvenirs à l'ardeur de nos recherches, nous entretenions une correspondance suivie.

J'ai vu qui tu penses, m'écrivait-il fidèlement. *C'était hier, à cinq heures du soir, rue Bastard. Elle était avec ses trois sœurs et j'en ai eu pour toi un choc au cœur, car je ne pensais pas la rencontrer là. En effet, son image s'accorde mieux avec les paysages des confins du pays breton et de la côte bordée de récifs et d'écume opaline qu'avec le spectacle d'une rue passagère et commerçante où se pavanent les snobs.*

Elle a dû me voir car elle m'a regardé pendant deux ou trois secondes, puis elle a eu l'air d'avoir quelque chose à me communiquer, mais elle a eu un regard de détresse. Elle a repris la conversation avec ses sœurs.

Ou bien, la semaine suivante :

Je l'ai rencontrée encore hier, au coin du Palais de justice. Elle était avec son père, en uniforme de commandant d'infanterie. Je les ai croisés et, cette fois, elle m'a vu car elle a répondu très gracieusement à mon salut. Le père a salué aussi mais, lorsque je fus passé, je l'entendis demander à sa fille :

– Quel est ce jeune homme ?

Alors, j'ai entendu sa voix, mon cher ami. Elle disait :

– C'est un camarade de la Ville Gouarais.

C'est alors que j'ai eu l'idée de la suivre. Déjà deux fois, j'avais tenté de le faire, dans le but de connaître son adresse, mais je ne t'en avais pas parlé, de peur de te choquer. Cette fois, j'ai pensé qu'il était de mon devoir de te fournir tous les renseignements. Aussi, avec précaution, j'ai suivi les deux promeneurs. J'ai eu plus de chance que les premières fois. Il s'était mis à pleuvoir. Ils entrèrent au cinéma, j'y entrai derrière eux et j'assistai au spectacle. A la sortie, je les suivis sous la pluie froide. Ils descendirent sur les quais de la Vilaine, passèrent la rivière et enfin, après avoir parcouru quelques rues, traversèrent la ligne de chemin de fer et entrèrent dans une villa située en bordure de la route de Redon.

Je sais ainsi son nom et son adresse.

Ces deux lettres me firent plus de mal que de bien. Je ne retins que quelques phrases que je soulignai d'un trait bleu afin de les retrouver plus aisément : « J'ai entendu sa voix ; son image s'accorde mieux avec les paysages des confins du pays breton » ; etc.

Et je relus ces merveilleuses phrases à satiété, mais je répondis :

Pourquoi m'as-tu trahi ? Je ne veux savoir ni nom, ni adresse. Un fantôme, voilà ce qu'elle doit être pour moi. Conserve ces renseignements pour toi, sans doute en aurai-je besoin un jour, mais aujourd'hui je ne veux savoir d'elle que le souvenir de son visage et le son de sa voix, que je n'oublierai jamais. De plus, je crois que, dans ton zèle à m'être agréable, tu as commis une grave erreur de suivre, dans la rue, cette jeune fille qui semble appartenir à un monde où ces mœurs sont mal jugées. Je te remercie de ton dévouement, mon cher ami, mais, de grâce, ne me donne aucune de ces précisions qui me feraient perdre la vision exacte...

Il me répondit :

Je sais que la demoiselle que tu vois, là-bas, est plus conforme que celle que je rencontre dans les rues de Rennes. Je sais qu'il faut te conserver fidèle à cette image et ne pas détruire la magie de ta vision par des précisions vulgaires qui la réduisent à des proportions banales. Je te demande pardon d'avoir insisté pour obtenir ces renseignements que je tairai.

Je fus enchanté de ce ton et je me remis au travail avec plus d'ardeur.

Ma douzième place en mathématiques me chagrinait. Sans elle, j'aurais tenu la tête de la classe. J'avais d'ailleurs obtenu le plus souvent, dans mes devoirs d'algèbre et de géométrie, des notes éliminatoires. Il fallait donc insister sur ces points.

Ce fut avec un véritable dégoût que je me mis au travail. Je convins, avec Chaudurot, le mathématicien, que nous travaillerions ensemble, chaque fois que nous le pourrions, lui me donnant des leçons de mathématiques et moi lui faisant ses corrections d'anglais et d'allemand.

Nous demandâmes l'autorisation de passer nos heures d'étude dans une petite classe où se donnaient les cours de grec. Le Préfet des études informa le Préfet de discipline de nos intentions et ce dernier nous fit appeler séparément.

Il semblait étonné de cette demande et nous interrogea longuement. Enfin, l'autorisation nous fut accordée et, le soir même, eut lieu la première séance de cette collaboration. Par la suite, nous en prîmes l'habitude et je me souviens de ces heures passées, Chaudurot et moi, dans cette petite salle, devant le tableau noir. Les heures passaient rapidement. Chaudurot résolvait les problèmes les plus ardus avec une facilité déconcertante. Il démontait un théorème comme on déplie un lit de sangles, rabattant angle sur angle, droite sur droite, et arrivant aisément, *in fine*, au C.Q.F.D. traditionnel qu'il écrivait en grosses lettres au tableau.

Je comprenais tout avec lui, d'ailleurs, en mathématiques, rien n'est difficile, on peut dire que l'évidence saute aux yeux, mais la mathématique consiste encore, pour moi, à démontrer difficilement cette évidence. Ce n'était pas déplaisant, à la longue, de toujours employer les mêmes astuces pour aboutir sans cesse au même résultat. Ce qui me choquait, c'était l'inutilité, évidente pour moi, d'une telle gymnastique. Pour Chaudurot, au contraire, ces démonstrations avaient une importance capitale. Il semblait que notre vie d'homme dût nous réserver d'innombrables occasions de résoudre, par ces méthodes, de non moins innombrables problèmes et que notre vie dépendait de la façon avec laquelle nous exposerions les cas d'égalité des triangles à notre boucher, à notre épicier ou à notre employeur.

Je riais volontiers de son entêtement à vouloir prouver, par d'ingénieuses théories, l'égalité de deux droites alors qu'il suffisait, en somme, de les mesurer à l'aide d'un mètre. Il se fâchait tout rouge et disait :

– Tu n'as pas l'esprit scientifique.

Il pensait ainsi m'injurier. Quoi qu'il en soit, je mordis à belles dents en cette insipide matière car « il le fallait ». Et le soir, il m'arrivait de rentrer fourbu et de me coucher, à bout de forces, pour avoir voulu « piger ».

Ce sacrifice m'était doux puisqu'il me permettait d'espérer les succès universitaires et, dans mon lit, avant de m'endormir, après avoir fait ma prière, je composais une oraison de ce genre : « O ! image lointaine, tu m'as fait vaincre ma répugnance et triompher de la difficulté, tu as embelli ma vie. Je m'approcherai de toi un jour. Lorsque Dieu le permettra et je te remercierai, toi, seule responsable de mon succès. »

Déjà je préparais cette future et touchante entrevue. Je pensais à ces vacances prochaines et je disais, en m'endormant :

– Je la verrai, alors, et je lui dirai tout.

Certainement, je devais sourire en dormant.

*

Je ne sais pas au juste de quelle façon mes parents avaient connu la famille Viallatte, de Gourdon, dans le Lot. Quoi qu'il en soit, nous prîmes un jour le Strasbourg-Bordeaux afin de traverser les deux tiers de la France pour nous rendre là-bas.

Le voyage me plut. J'aimai ce parcours varié qui, de Dijon à Limoges, puis de Limoges à Gourdon, nous fit traverser des régions qui m'étaient inconnues. J'étais parti avec insouciance, oubliant, pour un temps, le souvenir de la pluie bretonne et de la douce apparition. Je me laissais entraîner vers la Gascogne que je ne connaissais pas encore.

Le piquant, ce fut que, sur le quai de la gare, à notre arrivée, je trouvai une fort jolie fille, d'un an mon aînée, qui me fit la mauvaise plaisanterie de me sauter au cou et de m'embrasser comme du bon pain en me souhaitant la bienvenue. Mlle Gabrielle Viallatte m'avait bel et bien donné le premier baiser de femme que j'eusse jamais reçu de ma vie.

Dans l'omnibus de ville qui nous amena au sommet de la bourgade, sur la route de Sarlat, je n'eus guère le loisir de regarder cette jeune personne car elle ne me quitta pas des yeux (et de quels yeux !) et je ne voulus point affronter ce regard. Je n'ai gardé, de ce court séjour en Quercy, que le souvenir de pâté truffé, de confit d'oie et d'une aventure qui était destinée à donner toute sa signification à mon rêve.

Je ne voudrais pas jeter le discrédit sur cette pétillante jeune fille, mais je puis dire maintenant qu'elle n'était certes pas comparable à cette brûlante et silencieuse image entrevue en Bretagne. En quelques minutes, nous fûmes amis ; au bout d'une heure, elle me prenait la main et ne la quittait pas et, quelques instants plus tard, dans un massif de fusain, elle me confiait avoir eu un amour contrarié suivi d'une violente crise de neurasthénie. Enfin, nous étant assis l'un près de l'autre, nous ouvrîmes un album de photographies de famille.

Ce qui se passa alors relève de l'enfer, je n'en ai jamais douté. Nous regardions, bras croisés, les photographies, épaule contre épaule lorsque, tout à coup, je sentis sa main prendre la mienne et la porter sur sa poitrine. Le souffle me manqua mais je ne résistai pas. Je sentis, sous mes doigts, quelque chose de ferme et de doux à la fois ; elle, les yeux mi-clos, souriait. Le feu entra dans mes veines et je ne retirai pas ma main, afin de prolonger ce contact agréable. Nous restions muets.

Enfin, titubant, je me levai et je rejoignis nos parents. Pendant plus de vingt minutes, j'écoutai la conversation mais, ne voyant pas venir Gabrielle, je me dirigeai vers le massif de fusain où je retrouvai la belle enfant échevelée, l'œil battu qui, dans une pose très étudiée, semblait violemment agitée.

Je m'approchai d'elle afin de lui faire des excuses :

– Gabrielle..., commençai-je.

Elle me coupa la parole :

– Tais-toi, je sais, me dit-elle, tu es plus jeune que moi, mais je t'attendrai tant qu'il faudra.

– Mais...

– Tais-toi, dit-elle en me touchant de tout son corps tendu, j'ai confiance en toi, je sais que tu mèneras très bien ta barque, je serai tienne !

Et, sans attendre, elle tendit ses lèvres, me prit un baiser fort long, me sembla-t-il, au cours duquel j'eus tout le loisir de respirer son parfum de fille fraîche et voluptueuse et de sentir la douceur de ses lèvres accoutumées qui, savamment, s'entrouvraient.

La femme s'était révélée à moi pour la première fois.

J'eus une nuit agitée. A peine m'étais-je glissé sous les couvertures que j'eus la sensation d'avoir commis un crime. Ce contact me déshonorait à jamais et cette complaisance à imaginer ses lèvres, son cou et même sa poitrine me rendait indigne d'elle, la très pure, la « Madone de la pluie ».

Je n'étais au bout ni de mon étonnement ni de mes remords car, alors que luxure et pureté se livraient en moi bataille, j'entendis la porte de ma chambre s'ouvrir. Ce bruit me parut normal. Je l'attendais. Je vis, dans la demi-obscurité, une forme blanche venir à mon lit. Je sentis ses cheveux sur ma figure et ses mains se joindre sous mon menton.

– Je te demande pardon ! lui dis-je.

– Je n'ai jamais ressenti ce que je ressens en ce moment, dit-elle à voix basse, avec cet accent gascon si touchant.

Nous restâmes ainsi, joue à joue.

– Quelle fièvre que la vie ! dit-elle enfin.

Elle avait certainement beaucoup plus d'expérience que moi, mais je crus pouvoir dire, en toute sincérité :

Oui, quelle fièvre !

Encore un silence, dans l'immobilité la plus totale et la plus frémissante. Puis Gabrielle, dont je respirais l'haleine chaude, un peu pimentée, me dit :

– Que penses-tu de l'enfant ?

– L'enfant ?

– Oui, le petit être qui naît.

Je n'avais jamais pensé à cela ou, du moins, si je m'étais penché avec curiosité sur la question de procréation, comme tous les adolescents, pour en éclaircir le mystère, je n'avais jamais envisagé la question sous cet angle. Comme son étreinte se resserrait autour de mon cou et qu'elle s'asseyait lentement sur mon lit, je restai sans réponse.

– Je pense, dit-elle en regardant devant elle dans l'obscurité, je pense que c'est le couronnement de l'amour.

Un trouble naquit en moi. Je sentais son corps se rapprocher du mien.

– Lorsque nous serons mariés, commença-t-elle.

– C'est que, lui dis-je sans réfléchir dans le seul but de me dégager de cette étreinte trop suave, trop brûlante et aussi pour sortir de cette atmosphère irrespirable, c'est que je ne peux pas devenir ton époux.

– Pourquoi cela ?

C'eût été un véritable sacrilège de parler de la demoiselle à ce monstre de lubricité, aussi je répondis :

– Parce que je ne peux pas. Voilà tout.

Elle parut en proie au plus violent chagrin et alla même jusqu'à pleurer. C'était la première fois que je voyais pleurer une femme. J'en fus bouleversé mais je ne fis pas un geste.

Au bout d'un moment, elle se leva lentement et gagna la porte, comme à regret. Sans en comprendre la raison, j'eus l'impression qu'elle était déçue.

Si cette aventure me valut une de mes plus mémorables nuits d'insomnie, ce fut pour la regretter et me débattre contre le souvenir de ce parfum trop chaud, de ces mains moites, de ces lèvres trop habiles. Le lendemain matin, j'étais brisé, harassé, comme si j'avais fait au cours de la nuit vingt kilomètres en terrain marécageux. Mais j'étais victorieux de la lutte ; j'avais repoussé, sinon étranglé, la tentation en récitant ardemment mon chapelet, ce qui avait eu pour résultat certain de m'endormir au petit jour.

Pourtant, la fille n'avait pas fini de me livrer des escarmouches. D'abord, elle mit ce jour-là une robe indescriptible qui pouvait fort bien n'être qu'une robe comme les autres mais que je vis avec de tels yeux qu'elle me parut extraordinaire. Elle la mit, j'en suis sûr, parce qu'il fallait bien qu'elle mît une robe, mais je fus convaincu que c'était à ma seule intention qu'elle s'était ainsi vêtue.

Tout en elle me parlait directement : les boucles de ses cheveux, le mouvement de ses paupières, le frémissement de sa poitrine, tout m'adressait la parole, tout me criait un appel obsédant.

Où étais-tu, pâle et mince amie sans parole ? Où étais-tu, toi dont on ne voit pas le corps ?

Gabrielle ne fit aucune allusion à cette nuit troublante. Elle fut charmante, mais j'eus la conviction qu'elle portait en elle un principe d'impureté et, à partir de ce jour, dans mes pensées, je la nommai le « monstre ».

Dans le train du retour, je ne pus que constater les ravages que Gabrielle avait faits en moi. Je me reprochai un cynisme révoltant, une propension à la luxure et à la sensualité, une imprudence coupable ; et l'ombre du péché mortel obscurcit alors mon âme comme un nuage d'orage. De fait, ce fut un véritable effondrement. D'un coup, j'avais perdu cette lumière douce et cette joie de vivre en paix. Une sourde tempête montait de mon corps, de mes muscles.

J'avais bien rencontré la femme telle qu'on nous la présentait à Saint-Pancrace et, lorsque je fus revenu de mon malaise, je décidai de réagir violemment et de recouvrer la félicité. Ce me fut difficile car Gabrielle avait déchaîné en moi quelque chose de plus fort que moi. Je m'apprêtais donc à livrer la lutte par les moyens déjà expérimentés : prières, jeûnes et pénitences corporelles, mais, à mon retour, je trouvai une lettre de Charles Le Touzé qui me défendit, mieux que les macérations, contre la tentation.

D'un seul coup, à la lecture de cette lettre, je me rendis compte que je venais de faire une escapade en dehors du rêve, du Rêve et, bien que ce mot fût fort agaçant, fort usé, je fus ravi, baigné de joie, lorsque je réintégrai le « pays nostalgique où rien ne se passe », le pays de l'absence.

Cette absence suffit à me laver de ces miasmes dont la présence m'avait environné. Avec la lettre de Le Touzé je retrouvais le vide bien-aimé, toutes ces choses que, dans mon journal d'étudiant, j'écrivais avec une lettre majuscule et qui revenaient si souvent dans notre correspondance.

Je n'eus besoin ni de prier ni de me mortifier pour reconquérir la transparence. Elle vint d'elle-même à l'évocation des lieux chers, et ma main, qui avait pressé cette poitrine, me devenait un objet de mépris ; j'aurais voulu m'arracher ces lèvres qui avaient commis le baiser, me couper les oreilles qui s'étaient délectées, en somme, d'entendre ces paroles stupides. Bref, j'en voulais à mon corps d'avoir haussé le ton.

J'en fis part à Charles Le Touzé, auquel j'expliquai la chose en détail. Il répondit :

J'ai pleuré de rage, mon petit frère, à la lecture de ta lettre ! Comment ? L'ange peut encore céder le pas à la bête ?

Et l'échange des lettres reprit, plus fréquent et plus fidèle que jamais. Un jour, je reçus une lettre où mon ami disait :

Hier, je suis allé chez nos amis Fieuzen, que tu connais. J'y allais par politesse. J'ai eu la bonne surprise d'y trouver les « quatre sœurs ». Oui, mon cher. Lorsque je suis arrivé, j'ai tout de suite vu son visage et sa chevelure. Elle fit mine de ne point me voir. Elle était distante, triste et à peine élégante. Son père jouait au bridge avec M. Fieuzen et le « maestro », tu sais, cet homme que l'on vit quelquefois à la plage et qui chantait toujours.

Lorsque Le Meur s'est mis au piano, nous avons dansé. J'ai fait une valse avec Léonie Fieuzen. La salle était trop petite et nous nous heurtions aux meubles. Tout le monde riait, sauf elle. Je n'osais l'inviter à danser, par respect pour le cher absent que tu es. Enfin, j'allai près d'elle au moment où Léonie commençait à jouer un air. Elle me dit :

– Vous m'invitez à danser ? Vous savez bien que je ne peux pas accepter.

Je n'ai pas insisté. Je n'ai même pas cherché à reprendre la conversation au cours de la soirée. N'en savais-je pas davantage que si elle m'avait fait un long discours ?

Je la regardais à la dérobée. Elle refusa tous les cavaliers et se tint immobile, bavardant avec les filles ou, le plus souvent, regardant droit devant elle.

Je n'ai rien eu de plus pressé que de t'écrire ce matin, au petit jour (ce fut le premier travail de la journée) pour te transmettre ses paroles, encore toutes fraîches.

Je répondis :

Oh ! quelle douleur de lire cette lettre pleine d'elle, encourageante à plus d'un titre, mais qui creuse encore l'abîme qui nous sépare. Abîme de la distance, abîme surtout qui se creuse entre nos conditions sociales.

Je ne suis que le fils d'un modeste employé. Je ne vais jamais danser dans un salon, si petit soit-il, et mon père ne joue pas au bridge, tu le sais.

Et savoir que des jeunes hommes riches et bien vêtus la côtoient, lui parlent, l'invitent à la danse ! Savoir qu'elle est sollicitée ou qu'elle pourrait être sollicitée me mange la joie que j'ai de savoir qu'elle refuse les cavaliers. Car enfin, elle les refusera une fois, dix fois, cent fois, et cédera peut-être un jour.

Je transcris la réponse que je reçus :

N'écris pas, n'écris jamais ces paroles sacrilèges que je viens de lire. Aurais-tu perdu, au contact de ta chienne lubrique (il voulait parler de Gabrielle) *ta confiance en la demoiselle de la Perrine ? Si tu l'avais entendue me dire : « Vous savez bien que je ne peux pas accepter » !*

Si tu avais entendu sa voix grave appuyer sur le « je ne peux *pas... » !*

Il continuait sur ce ton pendant deux pages. Lorsque j'en eus fini la lecture, je louai Dieu. J'étais confirmé dans ma foi en elle. Désormais la reine de Saba elle-même pouvait venir danser nue devant moi, je ne lèverais pas même le regard.

[*Manquent cinq pages du manuscrit.*]

*

J'avais gravé, dans le bois de mon pupitre, une rose des vents sur laquelle, dans la direction ouest nord-ouest, établie à la boussole, une flèche partait, plus longue et ornée de motifs décoratifs. C'était la Direction, la seule vers laquelle, aux heures de lassitude, je dirigeais mon regard. Personne ne savait pourquoi, pendant de longs instants, je restais tourné de ce côté-là, le regard fixe, comme hypnotisé par un point de la muraille.

A la longue, cette direction, à force d'être suivie par mon regard que prolongeait ma pensée, opéra sur moi une véritable fascination. Il me semblait, pour peu que je me laissasse prendre au jeu, que j'allais me sublimer et partir moi-même sur le point du souvenir.

Relisant les lettres, je réunissais les arguments qui me prouvaient son amour. Je me réjouissais à la lecture des phrases, quelque peu ambiguës pour d'autres, mais parfaitement claires pour moi, et j'imaginais que sa pensée rejoignait la mienne, par-dessus les pays, les bois, les plaines et les fleuves. J'imaginais que ce devait être aux heures d'études qu'elle aussi venait à ma rencontre et, pour rien au monde, je n'aurais manqué ce rendez-vous. Vraiment, sans que nous n'ayons jamais passé de conventions à ce sujet, nous nous retrouvions à ces heures où le crépuscule descendait sur les arbres noirs. C'est là où je reprenais ma force.

Je pensais parfois que les vacances étaient encore très lointaines et que jamais je n'aurais le courage d'attendre jusque là. Aussi, je me proposai de tenter un voyage à Rennes, non pas pour l'y toucher de ma main, cette main souillée, mais pour me dissimuler dans un portail masqué de branchages, ainsi qu'il devait en exister sur la route de Redon, non loin de sa demeure, et attendre, attendre dévotement pour la voir sortir par la grande grille ou, sinon, rester sous la pluie, le soir, à l'heure où les familles se rassemblent dans les salles à manger et risquer entendre, dans le bruit sourd et intime, des conversations, le son unique de sa voix, puis repartir ensuite, chavirant de bonheur.

Je partis donc un jour pour Paris. Lorsque je fus sur le trottoir de la gare de Lyon, au lieu de me rendre boulevard Beaumarchais chez nos amis puis, de là au Petit Palais pour visiter le salon de printemps, ainsi qu'il était convenu, je fus contraint de traverser le pont d'Austerlitz et de suivre le boulevard Saint-Marcel pour enfin aboutir devant la gare Montparnasse.

C'était par miracle. Une force m'attirait vers le guichet des grandes lignes. Je demandai le prix d'un billet aller et retour pour Rennes. Le prix dépassait malheureusement la somme que j'avais en poche.

Je pénétrai dans le hall des départs et je regardai les trains en partance. Enfin, je pris un billet pour Versailles, la première gare dans la direction. J'errai tout le jour dans le parc, cherchant à retrouver, dans les paysages de Satory, le visage des pays d'Ouest. Faute de mieux, les rues calmes de Versailles me donnèrent l'illusion, avec leurs toits d'ardoise, d'avoir retrouvé l'atmosphère. Enfin, je rentrai à Paris où, sans avoir visité le salon, je repris le train de la Bourgogne.

A mon retour à Dijon, à la faveur d'un hasard, je découvris avec une grande émotion dans une boutique du marché, près des Halles, une jeune vendeuse blonde et timide comme elle. Sans doute ne lui ressemblait-elle pas tout à fait. Personne ne pouvait lui ressembler, mais du moins donnait-elle, lorsque je la voyais dans l'obscurité de la boutique, à travers les vitres embuées, l'impression de retrouver une parcelle de mon émoi.

Je me rendais donc souvent aux Halles et, immobile en quelque coin de porte ou me donnant l'allure affairée d'un passant, je restais là des heures entières, surtout à l'heure grise où le magasin s'illuminait alors que tous les passants se ressemblaient dans l'obscurité croissante. J'attendais parfois une heure avant d'entrevoir cette vendeuse et, au cours de ces vaines attentes, je sentais la nécessité de quitter ces lieux, de rentrer à la maison pour y travailler, au chaud, mais je ne m'y décidais jamais, retenu là par l'espoir drolatique de voir aller et venir cette contrefaçon de la demoiselle. Il me venait parfois l'envie d'entrer dans le magasin pour la voir de plus près. Je n'y cédais pas car, outre que je n'eusse pas su qu'acheter, j'avais peur de supprimer cette glace sans cesse embuée qui, de la rue, brouillait ses traits comme l'éloignement.

Bientôt, je fus remarqué par les commerçants du quartier qui souriaient lorsqu'ils me voyaient venir. Je les aimais, ces commerçants ; à n'en pas douter, ils avaient deviné ma détresse et, par leurs sourires, me marquaient leur compassion. La petite vendeuse elle-même fut prévenue de mon assiduité. Elle en parut gênée, rougissant et cherchant à se cacher lorsqu'elle me voyait. Cette attitude me rendit la ressemblance encore plus frappante et les heures d'attente plus émouvantes.

*

Le jour du baccalauréat vint enfin. J'étais sûr de moi, sûr d'avoir acquis, en cette année scolaire, tout ce qu'il fallait savoir pour être reçu.

Dans une atmosphère lourde et chaude de fin juin, commencèrent les épreuves. Tout était si bien classé et incrusté dans mon esprit et ma préparation avait été si intense que les questions me parurent d'une facilité déconcertante. Seule la chaleur me fut insupportable, mais je vivais dans un état d'esprit indescriptible : je sentais que je jouais, en quelques heures, une partie que j'avais mis des années à préparer. J'attendais tout bonnement la récompense de ce formidable travail et de ma sereine confiance.

Sans surprise, j'appris mon admission à l'écrit. La nuit même, je la vis, en rêve, me sourire.

Les épreuves orales me parurent trop courtes, désespérément courtes. Je regrettai de n'avoir pas le loisir d'exhiber toutes mes connaissances si durement acquises. Je dus me contenter de parler cinq minutes sur Lamartine, cinq minutes sur la colonisation japonaise et sur d'autres sujets qui me semblèrent puérils et ratatinés auprès de l'ampleur et de la profondeur de mon savoir.

Le soir même, mon nom figurait dans la liste des « reçus » qu'un huissier épingla aux portes de l'université. Oh ! comme j'aurais voulu me recueillir alors et, par la force de ma pensée, porter à ses pieds mon succès, mon premier succès, que je lui devais tout entier ! Ce fut comme un triomphe qui m'inonda, un triomphe secret, intime, que j'aurais voulu savourer en pleurant de joie, confondant mes études avec mon aventure et recevant avec ferveur, par anticipation, une réponse à l'angoissante et brûlante question.

Hélas ! Je fus entraîné par les camarades et je dus courir avec eux les cafés et boire, boire de l'alcool qui m'arrachait à ma douce joie et à mon recueillement. Certains camarades, ivres, me parurent abjects. Ils interpellaient les filles et leur tenaient de hideux propos. Enfin, ils décidèrent d'aller au bordel. J'aurais, à entendre ce mot, vomi tout mon dégoût. Je résistai :

– Viens donc, disaient-ils, viens voir les femmes !

– Que m'importent « les femmes ». C'est « elle » que je voudrais voir !

– Oh, oh ! Le très pur ! On n'est pas reçu au bac tous les jours ! Après les filles, « elle » ne te paraîtra plus la même ! Viens donc rire avec nous ! Affranchis-toi !

Je murmurai, comme un héros de Tolstoï :

– Le dégoût est à la porte d'entrée de tous les lieux de débauche.

Pourtant, ils m'y entraînèrent de force mais, arrivé devant la porte à la lanterne rouge, il y eut un combat terrible que je livrai, seul contre dix, et dont je sortis vainqueur, ce qui prouvait bien que le Seigneur était avec moi ou, tout au moins, neuf de ses anges les plus valeureux.

*

J'arrivai à la Ville Gouarais auréolé de toutes ces gloires. Je ne trouvai pas Le Touzé qui, ainsi qu'il l'avait promis, avait été reçu au concours de Navale et préparait à Rennes son trousseau. Son absence ne me soucia guère. Je me rendis, dès le premier soir, à la Perrine. Il me semblait qu'elle allait être là, près de la barrière blanche, sous le tamaris, pour m'attendre et recevoir confirmation de la bonne nouvelle car, il n'en fallait pas douter, le message lui était parvenu, que je lui avais envoyé par la pensée d'un bout à l'autre de la France.

Malgré cette assurance, j'étais ému en arrivant au carrefour du Mindy. Je trouvai le sentier sans hésiter. Un doux parfum de fougère et d'ajonc montait des landiers. J'étais dans un état indescriptible, comparable à celui de l'élu pénétrant dans le paradis, je suppose. Lorsque j'arrivai, les volets étaient clos. Seule une fenêtre était ouverte à demi, derrière une haie de géraniums et d'œillets poivrés. La cour était envahie par une végétation indomptée dans laquelle un sentier serpentait, étroit et timide, allant de la porte aux communs.

Comme j'attendais, caché derrière la haie, je vis une très vieille femme, portant la coiffe d'Erquy, sortir par la petite porte et se rendre au fond du jardin abandonné. Elle disparaissait dans les hautes fleurs des digitales et les rejets d'un vieux figuier abattu l'année passée. Le désordre du jardin et de ces minces allées rongées d'herbes, ces volets clos, tout me fit comprendre que la Perrine était inhabitée. J'avais cru que, dès mon arrivée, j'allais voir flotter les maillots, les sorties de bain et tous ces vêtements multicolores qui signalent la présence des baigneurs.

Le lendemain, je revins à la même place et aussi les jours qui suivirent. Parfois, je voyais la vieille femme à la coiffe étrangère, avec ses cheveux blancs soigneusement nattés, proprette et toujours costumée comme pour un pardon. D'autres fois, je l'entendais aller et venir et se livrer à ces mille besognes mystérieuses qu'ont les vieillards, pendant que résonnait la grosse horloge dans le silence de la châtaigneraie voisine.

Un jour, je la rencontrai sur le chemin du bourg, alors que j'allais prendre mon poste de guet.

– Bonjour ! me dit-elle en riant. Tu perds ton temps, mon gars !

Je n'osai pas répondre. Mon cœur se mit à battre à grands coups. Lorsqu'elle fut disparue, je m'assis sur le talus et je me sentis découragé.

Le lendemain, Le Touzé arriva.

– Elles ne viendront pas, me dit-il, elles sont en vacances quelque part en Ille-et-Vilaine.

– Je les chercherai et je les trouverai, dit-je, la mort dans l'âme.

La minute d'abattement passée, il me resta une amertume agréable que je pris plaisir à savourer au cours de mon séjour, surtout les soirs où le soleil était caché par la brume du côté de Guingamp. La mer alors devenait grise, un peu phosphorescente du côté de Bréhat.

Petit à petit, au cours de cette année de séparation, le souvenir précis s'était effiloché, remplacé par une image qui, insensiblement, se composait. Je passai donc mes vacances à bord du *Frère et Sœur* à « courir le maquereau » en baie de Saint-Brieuc, avec Le Touzé, les deux hommes de l'équipage et cette image-là.

Un jour, j'eus une joie profonde : une jeune fille vint à nous, au moment où nous débarquions. Je la reconnus pour l'avoir vue le matin où j'avais rencontré la demoiselle pour la première fois. Elle salua Le Touzé, qui la connaissait mieux que moi.

– J'ai un bonjour à vous donner, dit-elle, de la part de la jeune fille de la Perrine.

Je levai la tête. J'avais peur d'une mystification. La jeune fille sortit une carte de sa poche et nous la lut. L'inconnue de la Perrine racontait ses vacances et regrettait la Ville Gouarais.

> *Donne le bonjour,* disait-elle, *à tous les camarades, à M. Le Touzé et à son ami, dont je ne sais pas le nom, en lui demandant s'il est consolé de la mort de son ami.*

J'écoutai cette phrase banale, les larmes aux yeux, lui redonnant tout son sens occulte. Je sentis que le secret qui nous liait avait été jalousement gardé et je n'eus plus aucun doute.

– Vous direz à votre amie, lui dis-je, que je suis consolé, ainsi qu'elle me l'avait prédit.

Le Touzé me regardait. « J'ai cru que tu allais éclater en sanglots », me dit-il plus tard alors que nous remontions du havre par la sente, la hotte sur le dos.

De fait, l'émotion violente qui m'avait été causée par ce brusque rappel des plus beaux jours me rendit plus nerveux et plus inquiet. Je repris, ainsi que je devais le faire si souvent, la suite des événements ; lentement, avec délectation, je refis l'historique de mon aventure et, comme un pêcheur de perles rassemble dans le creux de sa main le fruit de ses pêches d'une année entière, je ne conservai en mon esprit que les deux ou trois événements importants qui avaient bouleversé ma vie. C'était peu, c'était bien peu, mais que ces quelques perles, infiniment fines et impalpables, avaient donc de valeur !

Je passai désormais mon temps à rechercher la compagnie de cette jeune fille, non pour elle-même, mais parce qu'elle était l'amie de la demoiselle et qu'elle pouvait, à tout instant, parler d'elle. Ainsi, je recueillerais en secret ces bribes de phrases où il était question d'elle et je les conserverais en ma mémoire.

C'est ainsi que je pris l'habitude de me trouver sur le passage de la jeune fille lorsqu'elle descendait au bain. Je ne pensai pas un seul instant qu'elle pût se méprendre sur la signification de cette assiduité car il me semblait qu'on pouvait lire mes intentions les plus secrètes comme à travers un cristal et que j'étais marqué d'un signe.

Ainsi, j'appris le nom de la demoiselle tant cherchée : elle se nommait Anne Le Gall. De même, avec une joie délirante, j'appris différents détails qui me prouvèrent qu'elle avait laissé filtrer, dans ses confidences, un peu de son secret. Car un jour, alors que nous étions étendus tous deux sur les galets, je ne pus m'empêcher de dire :

– Pourquoi, pourquoi Anne n'est-elle pas revenue à la Ville Gouarais ?

– Son père, me répondit la jeune fille, est très dur. C'est un original, un capricieux. Il a refusé de ramener sa famille ici sans donner de motif.

Puis, après un silence :

– Anne a bien pleuré en apprenant cette décision car, je le sais, elle tenait beaucoup à vous revoir.

Je me levai brusquement :

– Taisez-vous, Louise, dis-je à la jeune fille. Oh ! Taisez-vous, je ne voulais point en savoir si long.

Elle fut étonnée.

– Cela ne vous réjouit pas de penser qu'elle souhaitait vous revoir ?

– Je peux, je veux me passer de tant de précisions. Le lien qui me lie à elle ne se trouve renforcé ni par des faits ni par des serments. Je voudrais vivre éternellement dans cette incertitude et dans cet espoir.

Louise, ma camarade, resta interdite. Puis, avec une voix dont je ne saurais donner une idée, elle murmura :

– Comme elle a de la chance.

De ce jour, je vécus cependant plus heureux, car je savais que mes paroles allaient lui être transmises.

Lorsque je quittai la Ville Gouarais, aux premiers jours de septembre, je sentis que je m'éloignais une fois encore du « pays » pour une nouvelle année d'attente.

*

Quelle émotion me prend à la gorge à revivre ainsi, par la pensée, les heures extraordinaires de ma dix-huitième année ! Cette nostalgique amertume, cette solitude volontaire de l'étudiant, crispé dans une attente, parmi les sollicitations de ses sens, au milieu de condisciples libertins, cette joie cruelle aussi de se répéter à l'infini qu'il reste fidèle à une lueur fugitive, à peine entrevue, et qu'il conserve rageusement sa confiance à un être dont il connaît à peine la voix, cet engagement à corps perdu de toutes ses forces, de toutes ses facultés, pour honorer la demoiselle si lointaine, tout cela, tellement disproportionné avec les faibles consolations que lui procure la lecture de lettres, de plus en plus rares, où il ne récolte que quelques phrases parlant d'elle.

Moins le rêve semblait réalisable et plus mon contentement était grand. D'avoir attendu son encouragement, aimé sans engagement, donné sans recevoir, espéré sans espoir, je me jugeais amplement récompensé par l'instant indicible qui suivait les grandes joies de ma vie scolaire.

Lorsque j'avais un succès, une bonne note, je me retrouvais en quelques secondes dans un grand silence intérieur, en une zone agréable éclairée d'une lumière spéciale, où le nom murmuré était à la fois la louange, la prière, l'action de grâce et la récompense.

« Anne ! répétais-je, Anne ! » Et j'étais persuadé qu'elle m'entendait.

Lorsque le souvenir des heures brûlantes, passées près de Gabrielle Viallatte, venait troubler mon imagination, des images impures semblaient monter devant mes yeux, tous mes sens étaient sollicités, ma main même se souvenait de ce corps effleuré et caressé malgré moi, et mes lèvres tremblaient. « Anne ! » disais-je alors, depuis mes collines bourguignonnes. Et, du fond des pays celtes, une douceur me venait, une averse gracieuse m'inondait, apaisant ce feu, et je souriais de cette tentation vaincue.

Tout à coup, sur cette trame invisible et fragile, j'eus le désir violent de broder le fil d'or de l'événement.

Je n'eus pas le loisir de réfléchir. Je partis la nuit. Je me souviens d'une gare, d'un grand vent froid qui rabattait la fumée sur les lumignons tremblotants, d'un fracas de rapide et de sifflets stridents, d'une course dans les ténèbres, dans un wagon glacé.

Le chapeau rabattu sur les yeux, le col du manteau relevé, je ne pus m'endormir en mon coin. Je murmurais : « Je n'en puis plus. Deux ans bientôt, deux ans de sacrifices et pas la moindre lueur d'espoir. Je n'attends plus que mon destin éclose, je brise la coquille, je malmène le cours des choses. »

Paris fut atteint, traversé en taxi, puis ce fut à nouveau, de Montparnasse, une ruée vers ces pays d'Ouest où j'allais chercher, de force, une récompense et un encouragement, si faibles soient-ils.

J'avais emporté un peigne, un tube de cosmétique et une belle cravate rouge roulée dans ma poche. Après Vitré, je me rendis au lavabo où je passai un long instant à me peigner, à me cravater car, bien que n'ayant prévenu personne de mon voyage, je m'attendais à la voir sur le quai, à ma descente du train.

Certes, il n'en fut rien. J'arrivai à Rennes par un beau soleil d'avril. C'était dimanche, les familles se promenaient sur le champ de Mars et le long des quais de la Vilaine. Des baraques foraines jouaient de la musique. J'étais en fête dans cette atmosphère de fête.

Je me rendis chez Charles Le Touzé, pensant obtenir près de lui réconfort, encouragement et renseignements. Sa logeuse m'apprit qu'il était parti à la Ville Gouarais pour la journée. J'en fus déçu et un peu décontenancé. Je partis néanmoins pour la route de Redon, où demeurait Anne.

Je n'avais pas son adresse exacte mais j'étais sûr de trouver la maison, un instinct devait m'y conduire. En effet, je traversai la ville et je sus m'orienter de telle sorte que je me trouvai bientôt sur la route de Redon, aux portes de la ville. Il était cinq heures du soir, les promeneurs, lentement, regagnaient leur domicile. A tout instant, je m'attendais à me trouver nez à nez avec la famille Le Gall, rentrant de promenade. Enfin, je vis une maison, d'assez belle apparence couverte en ardoises et entourée d'un jardinet fermé par une grille. La ressemblance de cette demeure avec celle que j'avais imaginée était si frappante que je fus certain d'avoir atteint, sans hésitation, mon but.

Je n'eus pas le loisir de regarder longuement cette maison en passant car elle m'était apparue brusquement et se trouva bientôt cachée par la maison voisine. Je continuai donc ma route sans m'arrêter puis je repassai plusieurs fois devant la grille.

Sous le bouton de la sonnette, je lus hâtivement : C^NE^ H. LE GALL. Je n'avais pas fait fausse route.

Jusqu'à la nuit, je me tins devant la maison sans apercevoir la moindre silhouette. Pourtant, des airs de piano m'arrivaient, assourdis, puis le son d'un violon, enfin des bruits de voix. J'étais haletant. Dès avant la tombée du jour, je m'étais fait remarquer par des voisins et je vis certaines personnes sortir puis rentrer simplement pour avoir l'occasion de voir de plus près ce jeune homme aux allées et venues si inquiétantes, mais je n'y pris pas garde.

La nuit vint.

Une personne ferma les volets de la maison sans qu'il me fût possible de la distinguer.

J'étais las à tel point que je fus contraint de m'éloigner un peu, dans la direction de la banlieue, pour m'étendre un instant sur un talus, dans l'obscurité ; puis je revins prendre ma faction.

Les heures passèrent. Un petit café restaurant, devant lequel je passais à chaque allée et venue, s'anima. Quelques clients s'installèrent aux tables. Il ne me vint pas à l'esprit de m'asseoir près d'eux. D'ailleurs, cette idée me serait-elle venue que je n'aurais pu la mettre à exécution car il ne me restait en poche que sept francs et mon billet de retour.

Je ne souffris pas de jeûner ; au contraire, l'inanition et la fatigue me mirent dans cet état propice à l'extase dans lequel je sombrais au cours de mes macérations. A force de marcher dans la nuit, je fus possédé par une idée fixe, alors que des papillons blancs voletaient devant mes yeux : je voulais repartir avec un souvenir précis.

La lassitude aidant, mon esprit se mit à batifoler alors que je faisais les cents pas dans cette nuit douce d'avril. Mon imagination fut excitée par le fait que les fenêtres du premier étage s'illuminèrent, alors que celles du rez-de-chaussée, une à une, s'éteignaient. Comme la demie de dix heures sonnait au même instant, j'en déduisis que les demoiselles avaient regagné leurs chambres. Longtemps, ces fenêtres restèrent illuminées. Mes pensées avaient, désormais, un cours tortueux et imprécis. Fixant une de ces fenêtres, je m'imaginais la voir occupée à rêver, assise sur un fauteuil et, découragé à la pensée que l'heure de mon train approchait, je résolus de faire un gros effort pour emporter un souvenir visuel qui me fut, dans ma solitude, comme un jalon, une balise lumineuse sur la route du port.

Je me hissai sur le mur de la grille puis sur la grille elle-même, et j'atteignis ainsi les branches d'un sophora dans lequel je pus grimper. Hélas, d'aussi haut que je pus monter, je ne vis rien à travers les volets que le manteau d'une cheminée, le coin d'un chandelier et un miroir brillant qui me renvoya l'image tronquée d'un lustre illuminé. Hypnotisé par ce point lumineux, je restai dans l'arbre un instant puis, enfin, je redescendis.

Comme je mettais le pied sur le trottoir, j'entendis une porte cochère s'ouvrir et un cycliste en sortit, qui tourna à toute vitesse à droite, vers le centre de la ville. Extrêmement las, vaincu par la fatigue du voyage et le jeûne, je tentai de reprendre ma faction, aussi fis-je de nouveau les cents pas sur le trottoir. Il m'avait bien semblé, en passant sous les fenêtres d'une maison voisine, que quelqu'un guettait derrière les volets. Lorsque j'y passai, cette fois, un des battants s'ouvrit doucement et une voix de très vieille femme me dit :

– Allez donc vous coucher, mon petit, vous êtes fatigué.

Je ne sus que répondre. Puis la voix dit encore :

– D'où venez-vous donc, pour être aussi las ?

– De très loin, lui dis-je.

– Allez vous reposer, allez, dit la vieille, il va vous arriver du mal.

– Vous croyez ?

– Oui, dame ! Je le vois bien, vous avez une mauvaise mine et vous seriez mieux dans votre lit.

– C'est que, répondis-je, je n'ai que sept francs en poche et je ne peux pas prendre une chambre à l'hôtel.

La vieille resta un moment silencieuse.

– Pauvre jeune homme ! dit-elle enfin en son langage d'Ille-et-Vilaine. Qu'êtes-vous venu faire ici, aussi donc ?

Je ne répondis rien.

– Qu'allez-vous faire ?

– L'heure de mon train est passée. Je vais aller à la salle d'attente et tenter de me reposer un peu. Je serai mieux demain.

– Vous reviendrez ici ?

J'attendis un moment, pour répondre avec force :

– Certainement !

J'entendis, dans l'obscurité, le bruit d'une bouche qui souriait, puis la voix fut plus douce, maternelle, pour me dire :

– Allez vous reposer, mon petit gars, demain matin vous serez remis.

Et j'écoutai cette voix brisée de vieille femme, cette voix mémorable qui se confond aujourd'hui avec celle de ma grand-mère mourante.

Obéissant, je me rendis, bien sage, à la salle d'attente où je m'étendis pour m'endormir.

Je ne dormis pas longtemps car, à deux heures du matin, un employé armé d'un balai me réveilla en m'informant que la gare fermait jusqu'à quatre heures. Je me retrouvai donc sur le trottoir en pleine nuit. Que faire, sinon retourner sur la route de Redon pour reprendre ma muette faction ?

Les becs de gaz sifflaient dans la fraîcheur de la nuit, la rue était, cette fois, déserte, et je vécus les plus belles heures de mon voyage. Assis sur le petit mur, je m'accoudai à la grille et je regardai fixement la fenêtre.

Lorsque vint le matin, je remontai la route jusqu'à une montée où je trouvai une borne-fontaine, où je fis une toilette sommaire et bus un peu d'eau fraîche, puis je revins près de la maison.

La vieille femme qui m'avait adressé la parole était à sa fenêtre. Lorsqu'elle me vit, elle eut un sourire :

– Vous êtes tenace, mon pauvre garçon.

– Je le suis plus que vous ne le pensez, lui dis-je, et je lui citai la phrase de l'Evangile : « Lorsqu'un homme a trouvé une perle d'un grand prix... »

– Vous êtes jeune, dit-elle en souriant, et lorsqu'on est jeune, il est bon d'avoir un idéal, mais soyez bien raisonnable. Voyez-vous, cette nuit, lorsque mon voisin vous a vu monter dans l'arbre de chez M. Le Gall, il a pris sa bicyclette et il est allé chercher la police. Les sergents de ville sont venus aussitôt après votre départ, ils ont guetté pendant une heure, puis ils sont repartis.

Je fus un peu effrayé à la pensée de ces gendarmes, non que je les craignisse, mais parce que ma démarche allait être découverte et dévoilée à M. Le Gall, qu'on interrogerait peut-être.

La vieille avait disparu. Elle réapparut à la fenêtre et me dit :

– J'ai bien entendu, cette nuit, que vous disiez votre chapelet, en attendant, et vous n'êtes certainement pas un mauvais jeune homme. Je vous ai préparé un bon café, entrez donc le boire !

Je refusai mais l'affabilité bretonne est si bien secondée par l'entêtement que je dus céder.

J'entrai en une demeure fort simple où tout était ciré, jusqu'au plafond de pitchpin. D'innombrables cages à oiseaux étaient disposées dans tous les coins, pendues à tous les clous, posées sur tous les meubles. Les unes vides, les autres habitées. Tous ces oiseaux chantaient en évoluant nerveusement sur des trapèzes, des balançoires, des maisonnettes à portes coloriées, des boules de couleurs, brillantes. Certains oiseaux étaient réunis par couple dans leur demeure et, dans une petite maison verte dotée de fenêtres vitrées, un nid postiche était posé, comme un lit conjugal en une chambrette. D'autres animaux étaient seuls dans leur cage mais, outre les accessoires communs, la mangeoire, l'abreuvoir et ces mille objets qu'on donne aux canaris pour les distraire de leur captivité, il y avait un miroir où l'oiseau se mirait à chaque volte-face.

Dans un concert étourdissant de cris d'oiseaux, je bus un bon café et mangeai du pain et du beurre.

La vieille me regardait faire en babillant comme ses oiseaux et, avec un accent « des terres », me disait :

– Pauvre gars, comme il avait faim ! A-t-on idée de s'embarquer ainsi sans argent aussi ?

Je sortis de cette demeure enchantée tout à fait restauré. Les enfants se rendaient à l'école et mon cœur battit lorsque je pensai qu'à cette heure j'aurais dû être à Saint-Pancrace et que ma mère devait être inquiète.

Pourtant, lorsque la porte de la maison s'ouvrit, je fus récompensé de toutes mes souffrances et guéri de toutes les inquiétudes. Leur serviette sous le bras, trois des demoiselles Le Gall parurent, toutes trois de noir vêtues. Mais, sur cette couleur triste, leurs cheveux semblaient plus blonds et leur peau plus douce. Je ne pus reconnaître Anne tant elles étaient semblables. Elles me virent toutes trois dès le premier instant, toutes trois eurent le même mouvement d'étonnement puis rougirent en baissant les yeux. Je passai un instant terrible : laquelle était-ce ? Etait-elle même présente ou ses sœurs portaient-elles son deuil ?

Je les suivis d'assez loin. Elles ne se retournèrent pas. Je les regardais toutes trois marcher. Elles avaient changé :

d'adolescentes, elles étaient devenues presque des jeunes filles, encore minces et d'apparence fragile, mais moins gauches que jadis, elles portaient leur toilette avec une simple élégance. Je les suivais, atrocement torturé. Etait-ce celle de droite, celle de gauche ou plutôt celle, un peu plus grande, qui marchait au centre ?

Sous le pont du chemin de fer, j'en vis une s'arrêter et faire mine d'attacher son soulier. Ses sœurs continuèrent leur route et bientôt je me trouvai à sa hauteur. Elle se releva et, se mettant à marcher, se trouva bientôt à mes côtés. C'était elle.

– Vous êtes venu ? dit-elle, d'une voix changée, sans tourner la tête.

– Oui. Je serais venu de l'autre bout du monde. Il fallait que je vous voie. J'ai pu vivre un temps sur un souvenir, car ce souvenir était assez riche, mais on ne peut demander à un jeune homme de dix-huit ans...

– Attention, coupa-t-elle, quelqu'un nous regarde.

Puis, quelques mètres plus loin, elle murmura, près de moi, sans tourner la tête :

– Vous avez bien fait.

– Vraiment ? Vous pensez que j'ai bien fait ?

– Oui, souffla-t-elle en forçant le pas pour rejoindre ses sœurs.

Je la suivis.

– Adieu ! lui dis-je.

– Au revoir !

– Reviendrez-vous à la Perrine cet été ?

– Peut-être... Je ne sais pas... Je voudrais bien. Espérons-le tous deux.

– Je ne vis que d'espoir.

– Moi aussi.

– Vous aussi ?

– Oui. Oh ! oui.

Puis elle partit en courant.

*

Après ce contact inoubliable, j'eus plus d'audace pour vaincre les difficultés de la vie, dominer les fatigues des soirs d'étude où je travaillais comme un fou. J'étais fort.

Les tentations naissaient par centaines au long de ma route de jeune homme : aller aux bars d'étudiants avec mes camarades et jouir comme eux de la présence de certaines filles agréables à fréquenter, fumer avec elles des cigarettes parfumées, satisfaire le besoin d'enlacer un corps de femme, de recevoir et de donner des baisers dont Gabrielle Viallatte m'avait donné le secret, avoir avec les femmes des allures désinvoltes et quitter cet étroit couloir sombre de labeur et de pureté pour déborder un peu sur le pays ensoleillé et varié de la sensualité. Mais j'eus, de plus en plus, le dégoût de ces satisfactions à bon marché, à court terme, pour ne conserver d'ardeur qu'à cette spéculation hasardeuse : tout mon capital physique, moral, intellectuel, engagé à fonds perdus dans cette aventure.

Un jour, le Préfet me fit venir dans son bureau :

– Mon fils, dit-il, vous vous êtes absenté irrégulièrement le lundi 7 avril et vos parents n'ont pas donné d'excuses à cette absence. Nous n'avons pas voulu entreprendre une enquête de suite. Nous avons bien fait car, après cette escapade, nous avons constaté une amélioration nouvelle dans votre travail. C'est pourquoi nous sommes décidés à ne pas sévir gravement contre cette faute qui, normalement, devrait recevoir une sanction exemplaire. Mais nous voulons connaître la raison de cette absence d'une journée que votre père lui-même n'a pas su expliquer !

Je restai muet.

Le Préfet marqua quelque impatience.

– J'écoute ! dit-il.

J'hésitai.

– J'étais fatigué par un effort de six mois d'école..., dis-je.

– Je vous l'accorde, vous avez travaillé avec ardeur. Nous ne vous avons ménagé ici ni les compliments, ni les encouragements et, si vous étiez fatigué, vous auriez dû m'en prévenir et le médecin de l'établissement vous eût donné les jours de repos nécessaires.

J'hésitais encore.

– Le médecin n'y pouvait rien. C'était mon courage qui était à bout. Je suis allé reprendre courage, c'est tout.

– Mais où ?

– Dans le seul endroit où je puisse reprendre courage.

– C'est bon, je n'insiste pas. Vous manquez de confiance en votre vieux directeur de conscience après lui avoir donné de l'inquiétude, d'abord, puis de grandes joies, ensuite. Vous êtes, mon petit, mon plus cher pénitent, je vous l'avoue, et c'est pourquoi votre attitude me chagrine au plus haut point.

Emu par ce lyrisme, j'étais sur le point d'éclater, de livrer le contenu de mon cœur, de me vider, de m'exhiber. Mais, autant par pudeur que par calcul, je me roidis et je répondis :

– Je suis très sensible, mon Père, à votre bonté, mais il m'est impossible de vous livrer la vérité. Le mieux que je puisse faire, c'est de vous promettre que je n'ai rien à me reprocher.

– C'est bon, dit le prêtre en faisant une moue bien cocasse, vous voulez échapper à l'autorité et vous vous jugez assez grand pour juger vos actes, c'est bon ! C'est là précisément le péché le plus odieux, le péché d'orgueil. Pensez-y bien, mon petit, et tâchez de venir plus souvent vous confesser.

En pensant à mes camarades, je ne pus m'empêcher de dire :

– Peut-être préféreriez-vous que je fréquente les bars et les filles, que je me complaise en cette atmosphère pourvu que je vienne ici bien humblement (bien hypocritement) réciter les formules de la confession.

– Taisez-vous, dit le prêtre. Prenez garde ! Prenez garde !

Et je sortis en fermant brutalement la porte.

Je m'attendais à être exclu de l'école, mais il n'en fut rien. J'étais l'élève le plus capable de faire honneur à Saint-Pancrace, aux épreuves de juillet, en philosophie, et Saint-Pancrace tenait à conserver cet atout dans son jeu.

Quoi qu'il en soit, je changeai de confesseur, de ce jour, et je pris l'habitude de me confesser à un père dominicain dont j'avais fait la connaissance. Il me recevait dans sa chambre, au siège de la congrégation. Cette chambre était absolument nue et blanchie à la chaux, les meubles étaient de bois blanc et le lit recouvert d'une couverture brune, sans draps.

Cette simplicité monacale me plut davantage que le luxe sévère, l'austérité cossue du cabinet du Préfet. Tout de suite, je fus à mon aise et le Père Filhaire sut profiter de cette heureuse disposition. Il me questionna longuement pour savoir où j'en étais de l'initiation sexuelle et ainsi, en quelques heures, il connut l'influence de Gabrielle Viallatte et il sut me faire avouer qu'elle avait été contrecarrée par une autre, infiniment bienfaisante, sur laquelle je ne voulus point m'étendre. Il comprit à demi-mot et, immédiatement, me parla de l'utilité, pour un jeune homme, de rencontrer très tôt sur son chemin une affection discrète et pure qui peut, plus tard, si Dieu le juge bon, se transformer en un sentiment plus décisif, et me fit entrevoir le mariage.

Sa voix était douce et ses paroles s'appliquaient avec tant d'exactitude à ma propre expérience que je me félicitais d'avoir rencontré ce religieux. C'était la première personne qui perçait mon cher secret. Je me sentis plus léger désormais. Avec le Père Filhaire, je repris, ou plutôt j'intensifiai jusqu'au maximum cette campagne de dépistage des mauvaises pensées et de dressage de la volonté.

Je me refusais le droit de regarder les femmes dans la rue. Lorsque, de loin, je voyais arriver une fille coquette, je mettais un point d'honneur à ne lui accorder aucun regard. Ou bien, lorsque, au hasard des petits incidents de la vie courante, j'avais l'occasion de jeter les yeux sur une jambe ou des épaules féminines, j'étais arrivé à détourner automatiquement le regard, non que j'eusse peur, mais pour obtenir qu'en toutes circonstances ma volonté dominât mes sens. Mes pensées étaient soumises à la même discipline. J'arrivais à commander à mon imagination, filtrant les images, n'acceptant que les plus saines et repoussant les délétères avec autant de facilité qu'on écarte d'un coup de bâton les ronces du chemin. Je ne restais pas un seul instant dans l'inaction car j'avais remarqué que la tentation, qui précède le mal, n'entre en nous qu'au cours des heures d'oisiveté ; aussi, lorsque je n'étudiais ni ne lisais, je me livrais à un entraînement intense de culture physique, m'accoutumant en outre à marcher pieds nus, à porter de lourdes charges, à supporter des brusques changements de température. Tout cela en cachette, comme un malfaiteur.

Le mot « mariage » fut prononcé la première fois par le Père Filhaire et, malgré toute la componction que mit le bénédictin à prononcer ce mot, cela fit comme une fausse note cruelle et déchirante. C'était beaucoup trop tôt, je le sentais, mais le Père voulait ainsi diriger ma rêverie qui n'avait que trop tendance à être morbide. Je refusai toujours avec opiniâtreté de donner des détails sur mon « affaire », pour reprendre le langage de Charles Le Touzé, auquel j'écrivis à cette époque : *Je ne veux, pour l'instant, qu'un souvenir, mais un souvenir avec lequel tout soit possible. Un souvenir aussi obstiné que moi.*

Et je l'avais, ce souvenir, je sentais bien que je l'avais, aussi, ma joie, la joie morbide de posséder sans jamais prendre possession, me remplissait d'une haute jouissance, semblable à celle que j'éprouvais à dominer mes sens et à me jouer des tentations.

J'attendais orgueilleusement la récompense de tant de vertus et la consécration de tant de mérites. Cette récompense serait et ne pourrait qu'être l'entrevision de la demoiselle par une belle journée du mois d'août, dans la clarté irréelle des grèves de Port Jehan.

Parfois, j'imaginais qu'il m'était donné de lui parler, de lui sourire et même d'effleurer sa main ; je me préparais à cet honneur qui ne devait pas manquer de m'échoir tôt ou tard. « Que ce soit cet été, disais-je en mes prières, que ce soit cet été ! »

L'été s'approchait. Je fis les démarches pour passer, immédiatement après les épreuves de la seconde partie de mon baccalauréat, le concours d'entrée à l'Ecole des hautes études commerciales, où l'on n'accédait, en général, qu'après deux ans de préparation supplémentaire. J'avais la certitude d'être reçu.

De fait, je fus bachelier complet le soir du 30 juin et, le 7 juillet, j'étais reçu huitième de France et de Navarre à l'Ecole des hautes études commerciales. Le soir de ce 7 juillet mémorable, de l'hôtel de Champerret où j'étais descendu, près de la porte du même nom, j'écrivis à Charles Le Touzé :

> *Je suis bachelier de la semaine dernière et, ce soir, j'entre aux H.E.C. Voilà le premier cadeau que je fais à la « demoiselle ». Arrange-toi pour la voir et dis-lui que c'est à elle que j'offre ce premier succès, car c'est à elle que je le dois.*
>
> *J'ai suffisamment attendu. Je la verrai sous peu, je l'espère, à la Ville Gouarais. Je lui parlerai, c'est décidé.*

J'entrais en ma dix-huitième année.

*

Puis ce fut le pèlerinage annuel à la Ville Gouarais, deux ans après l'éblouissement. J'y appris que la famille Le Gall ne viendrait pas encore cette année-là. Pour la deuxième fois, mon espoir était déçu. C'était à nouveau le cauchemar d'une année d'attente et de refoulement. Je me mis à errer, sans ordre, dans la campagne triste, sur laquelle glissaient des nuages clairs, encore brillants des reflets de la mer. On aurait dit que le ciel se peuplait de nacres humides et que les nuées, comme la mer, venaient battre les plages dorées pour rejaillir en écume sur les terres noires et basses.

Je ne voyais aucun des camarades des années passées, car notre petite société de jadis se désagrégeait maintenant en de nombreux couples qui préféraient la solitude et les longues promenades secrètes le long des grèves.

L'heure de l'accouplement était venue pour les jeunes que nous étions. Chacun avait trouvé sa chacune, comme on dit. Le Touzé faisait la cour à la Manche et rêvait voluptueusement devant elle, nageant déjà dans l'aventure et un exotisme anticipé, bourré de Loti et de Chack. Et moi, sans cesse passant et repassant dans la lande grise, je n'avais, à mes côtés, qu'un souvenir fuyant, poursuivi avec fièvre, dont je ne trouvais que des bribes aux ajoncs des sentiers.

Louise, cette amie qui m'avait, l'an passé, parlé d'Anne, revint elle aussi et j'en eus beaucoup de joie. Elle seule pouvait désormais évoquer mon amie et donner à mon fantôme aimé un souffle de vie. Je l'attendais, les matins, alors qu'elle descendait au bain. C'était une belle fille, pétrie dans cette chair musquée et blanche qui me rappelait celle de Gabrielle Viallatte. Ses mains étaient rondelettes et soyeuses, ses cheveux avaient la couleur des noisettes et ses yeux étaient verts.

Dès le premier jour, elle jura de me faire saigner l'âme car, lorsque je lui demandai des nouvelles d'Anne, son amie, elle ne répondit rien de précis et se contenta de dire :

– Certaines femmes sont indignes de l'homme qui les aime et de l'amour qu'il leur porte.

Ce fut, dès lors, une campagne de médisance et de calomnie dont Anne était le centre. Elle parlait d'un bal où elle était allée et où elle avait vu Anne avoir une conduite scandaleuse. Elle nommait des jeunes étudiants et disait, négligemment : « Un des flirts d'Anne. »

Plus je m'apercevais que cette fille mentait, plus j'avais besoin de la revoir et de respirer le parfum sauvage qui montait de son corps. Plus je l'écoutais, plus elle versait en moi le dégoût et le découragement. Et pourtant, j'aimais la voir. Elle se trouvait sans cesse sur mon chemin, tantôt couchée sur l'herbe au bord du sentier des douaniers où je passais, tantôt offrant son corps au soleil, sous sa robe légère.

Un soir, elle dit :

– Je ne comprends pas qu'un homme de votre valeur se soit attaché à une fille telle qu'Anne.

Et, dès ce soir-là, je jurai de ne plus la revoir. Je me réfugiai vers Le Touzé, le marin. Mais il manquait de chaleur et de conviction pour me dire :

– Heureux homme !

Un jour, je lui demandai :

– Enfin, que penses-tu d'Anne ?

Il parut gêné.

– C'est une bonne fille, dit-il.

– Comme il est loin, ton enthousiasme de l'an passé pour ma « prodigieuse aventure » ! soupirai-je.

– J'ai beaucoup changé, dit-il en excuse. Il est possible que je ne juge pas la chose avec autant de passion...

– Toi aussi tu m'abandonnes à mon attente, à mon espoir ?

– Je puis te parler de la petite fille sérieuse et studieuse de l'an passé, mais je ne peux pas te décrire la jeune fille qu'elle est aujourd'hui. Songe que je ne l'ai pas vue, à Rennes, depuis longtemps..., dit mon ami. On m'a raconté, continua-t-il à mi-voix, qu'elle avait beaucoup changé. C'est possible, après tout.

– On m'a dit aussi qu'elle allait au bal et y faisait scandale ? hasardai-je, la mort dans l'âme.

– On l'a dit, oui, on l'a dit. Mais cela me paraît douteux puisqu'une des quatre sœurs est morte cet hiver et que, de ce fait, la famille Le Gall est en deuil.

Je compris alors pourquoi les trois sœurs étaient vêtues de noir en avril, et l'espoir me revint.

– Celle qui colporte ces nouvelles est une intrigante, méfie-toi ! s'écria Charles tout à coup.

Et cette phrase me redonna du courage.

Louise, dès ce jour, ne perdit pas une occasion de détruire ma confiance et, pour cela, elle ne m'attaqua jamais de face mais elle se plaignit plutôt avec une ferveur contenue. Sa commisération était mêlée d'une admiration subtile qui me paralysait. Elle mêlait adroitement la flatterie à la calomnie, ne prononçait jamais un mot de haine sans l'accompagner d'un soupir de regret, ne parlait jamais du mensonge sans vanter avec émotion la sincérité, admirait la fidélité pour mieux déplorer le parjure, et tout cela sans jamais prononcer un seul nom mais en le laissant sous-entendre.

Près de Charles Le Touzé, elle parlait à découvert, au contraire, pensant que mon ami, dont elle connaissait la délicatesse, n'oserait rien me répéter brutalement mais saurait voiler juste assez sa fraternelle compassion. Il semblait gêné maintenant lorsque, au cours de nos promenades, j'abordais la question de la « demoiselle ». J'aurais voulu retrouver en lui le fiévreux et passionné confident, l'admirateur ému de cette idylle, celui qui m'encourageait et m'excitait lorsque mon ardeur se lassait, celui qui m'appelait dans la nuit pour me conduire à la Perrine, sous la fenêtre éclairée, et m'inciter à me hisser jusqu'à cette fenêtre.

Je voulus expliquer sa tiédeur par son amour croissant pour la marine, à laquelle il appartenait désormais, mais les soirs, alors qu'il manquait le rendez-vous habituel, je me sentais seul et démuni.

Louise, avec adresse, avait également opéré auprès de tous mes camarades, répandant cyniquement la nouvelle que j'étais la pitoyable victime d'une fille sans scrupules. Elle avait su propager cela avec tant de pitié que personne ne pouvait, à mon approche, s'empêcher d'avoir un sourire navré qui me faisait plus de mal que les plus cruelles précisions.

Louise réussit enfin à m'isoler si complètement, à m'entourer d'une telle atmosphère de sympathie apitoyée que je me sentis sombrer dans le chagrin. Elle avait sapé mon espoir.

Ce travail avait été si lent, si habile, que je sentis peu à peu la solitude m'écraser comme une chape et, bientôt, me vint le besoin de confidence. Louise guettait cet instant. Le Touzé ne vivait qu'à la mer, tous mes autres camarades des deux sexes étaient accaparés par les intrigues et les plaisirs de leur âge. Seule Louise était là, revenue après une éclipse savante, plus charme, plus voluptueuse que jamais. Elle me tendait la main avec un désintéressement, un dévouement charmants. Et je tombai dans ce piège si bien tendu. Elle reçut de moi quelques confidences, lut certains de mes vers qu'elle loua outre mesure. Pris entre cette tendresse qui s'effaçait habilement et cette admiration qui me chatouillait, parce que je la croyais sincère, je prononçais devant Louise des mots, non encore définitifs, mais qui pourtant laissaient clairement entendre que sa présence m'était chère.

Je vis alors briller son regard triomphant et, désormais, elle sut doser les rencontres, provoquer les entrevues et réchauffer nos relations par des moyens bien propres à me séduire. Elle était devenue pudique, douce et pieuse, parfois retenue jusqu'à la pudibonderie, parfois gonflée d'une sensualité qui avait peine à ne pas percer et qu'elle semblait ne brider que grâce à une vigilance touchante.

En moi, tout au fond de mon âme, se débattait encore une lueur fidèle, mais je n'osais ni trop penser, ni trop philosopher, car je ne me sentais pas la force d'endiguer ce flot débordant de sensualité qui, petit à petit, m'envahissait. Et ce combat me brisait. Mon vieil orgueil souffrait le martyre. Je sentais s'élargir cette sournoise voie d'eau ouverte en mes œuvres vives, et je me voyais couler sous les yeux de mes camarades, ayant sottement lutté, plus ridicule que celui qui se livre au premier jour et sans soubresaut à n'importe quelle luxure, ayant promené partout mon arrogante pureté, un sourire de mépris aux lèvres, pour succomber sans éclat, quelques instants plus tard, aux appels d'une jolie fille.

Perdue, cette mélancolique et noble poursuite ! Fini, ce délicieux et farouche éblouissement ! Finies, ces heures de luttes et d'espoir, de recherche, de recueillement et défunt, ce parfum si dolent de l'absence. Fini le culte du fantôme. Je sombrais, comme les autres, je cédais à l'ivresse de la présence, je pliais le genou devant la chair vivante et embaumée, comme les autres. Sans gloire, après avoir si magnifiquement tenu le siège pendant deux ans et déjoué tous les calculs de Satan, je capitulais devant l'intrigue la plus sommaire, menée avec les moyens les plus grossiers. Mais, surtout, j'avais perdu la haute joie, l'émoi, la transparence. Ma mère allait lire en moi la déchéance et mes amis allaient ricaner de ma tardive mais lamentable reddition.

« A quoi bon, allaient-ils dire, avoir passé des nuits de veille, dans les vergers, près des demeures, à guetter les fenêtres, à quoi bon avoir promené, par les chemins, toute cette nostalgie brumeuse et larmoyante ? A quoi bon avoir dédaigné nos joies bruyantes et critiqué nos ébats ? A quoi bon avoir refusé si longtemps l'invitation galante pour se rendre enfin aux désirs d'une fille rouée ? »

J'entendis cela. J'entendis bien d'autres choses encore. Et toujours ce leitmotiv blessant : « comme les autres ». Pourtant, comme Louise, ces matins-là, était belle, sur la plage, à l'heure du premier bain, et comme sa main, qui vint rejoindre la mienne en cachette (me sembla-t-il), me parut si voluptueusement moite !

Il suffit d'un rêve (mais était-ce un rêve ?) pour me faire réagir. Je vis, un jour, la vieille femme aux oiseaux, celle qui m'avait offert le café, à Rennes. Elle passait sur la plage et ramassait des coquillages, et ses oiseaux voltigeaient autour d'elle. La mer, toute transparente, venait mourir, en vagues plates, jusqu'à ses pieds. Je la rejoignis, haletant, et elle me reconnut.

– Voilà mon petit saute-muraille, dit-elle, voilà mon grimpeur d'arbres, voilà mon petit compagnon d'une nuit ! Savez-vous, jeune homme, que vous m'avez tenu compagnie, cette nuit-là ?

Puis elle se mit à rire. Je touchai sa petite pèlerine de laine du bout du doigt afin de reprendre contact avec la réalité, j'entends la vraie, l'unique réalité, celle de mon attente et de ma douloureuse épopée. Elle reprit :

– J'aime voir des jeunes hommes grimper ainsi à l'arbre, pour regarder par la fenêtre, j'ai pris plaisir à imaginer votre histoire à tous deux...

Puis, se penchant à mon oreille avec un air finaud :

– Dites-moi, jeune homme, laquelle est-ce des trois sœurs ? Sylvie, Jeannette ou Anne ?

– C'est Anne ! répondis-je, les lèvres en feu.

– Je l'aurais parié, s'écria-t-elle, je l'avais deviné. Anne ! La plus douce, qui passe si sagement devant ma fenêtre. Anne ! La fille sans sourire ! Je prierai pour vous deux, vous êtes dignes l'un de l'autre et je me réjouis pour vous, jeune homme, d'avoir si bien jeté votre dévolu !

Encouragé par ce discours, je lui demandai :

– Croyez-vous, grand-mère, qu'elle soit sérieuse ?

– Sérieuse ? cria-t-elle, Jésus ma Doué, vous me demandez, mon gars, si Anne Le Gall est sérieuse ? Voulez-vous donc que je vous gifle pour avoir laissé entrer le moindre doute en votre cœur ? Sérieuse ! La pauvre petite âme que je vois si pure, si farouche et qui vous aime tant ! Car, ajouta-t-elle, on m'a parlé de vous, on m'a laissé entendre des choses ! Allez, mon gars, allez en paix, votre trésor est bien gardé !

*

Le lendemain, je recherchai la compagnie de Louise. Je l'obtins sans peine. Je manœuvrai pour obtenir que nous fussions isolés. Elle alla au-devant de mes désirs, courut dans les rochers, monta dans la falaise puis, lorsque nous fûmes loin, m'attendit, face à la mer, les cheveux voltigeant au vent.

Je m'approchai. J'allais prononcer un réquisitoire sévère, lui reprocher sa calomnieuse campagne, la fouailler de mon indulgence et de mon mépris et la laisser là, lorsqu'une idée me vint à l'esprit, une de ces idées odieuses, noires comme les algues gluantes des bas-fonds et qui remontent parfois à la surface lorsqu'un chalut les a déracinées. Je lui souris.

– Permettez-moi, lui dis-je, de vous donner un baiser, c'est un gage que je voudrais vous donner.

Elle livra ses lèvres avec un élan qui ne laissa pas de m'émouvoir et qui fit naître en moi, déjà, le remords. Pourtant, le baiser était donné. Jouant l'ingénuité surprise, elle se retourna et s'en fut en courant rejoindre les autres.

Un jour, je me surpris tenant Louise dans mes bras. Au plaisir inavoué de sentir ses jeunes lèvres sur les miennes et son souffle sur ma joue se substituait la joie de tenir ma vengeance. En effet, décidé de me faire aimer d'elle, de l'obliger à donner, dans cet amour, le meilleur d'elle-même en ne donnant rien de mon côté, puis, ayant réussi, je me proposais de l'abandonner à son triste sort afin de lui faire payer ses médisances et ses calomnies, persuadé qu'elle ne ressentirait encore que la moitié du dixième des souffrances du doute que je venais d'endurer par sa faute.

Le processus de la vengeance fut déclenché en moi par le chagrin et le dépit. Il mit en œuvre des facultés qui m'étonnèrent ; je ne me serais jamais cru capable par exemple de donner des baisers par vengeance. Lorsque le premier fut donné, la joie de mon corps éclata en même temps qu'une amertume se répandit dans mon âme et je devins triste.

Le lendemain, comme Louise revenait, fidèle et malgré tout très touchante en sa jeune perversité, j'eus toutes les peines du monde à refaire les gestes qui accompagnent l'affection, et le baiser fut mou. Elle mit cela sur le compte de mon ingénuité et son amour pour moi s'en accrut. S'accrurent parallèlement en moi, la joie et le malaise de rendre le mal pour le mal.

Je continuai néanmoins à jouer cette déchirante comédie car le roué dormait au saint des excuses, des excuses acceptables. C'était pour venger Anne que je me livrais à une telle... *[mot manquant]*, c'était pour punir une odieuse calomniatrice et, sous cet angle, je me faisais l'illusion de redresser les torts et de me rendre encore plus digne de la demoiselle. Mais je sentais bien que je sombrais en une fange puante et visqueuse où, à chaque geste, je m'enfonçais davantage. Il était temps de se reprendre si je voulais conserver cette sainteté qui avait fait de moi le héros de Saint-Pancrace. Il était urgent de réformer mes mœurs car, outre que je me sentisse avili par le procédé, je ne manquais pas de ressentir les premiers symptômes de la volupté.

Le processus de la vengeance était, je n'en doutais plus, le détour habile que le Malin avait choisi pour prendre, par ruse, ma forteresse. Désireux de venger l'image et de frapper celle qui avait réussi à ternir l'éblouissement et interrompre la poursuite, j'avais posé mes lèvres sur les siennes et c'est alors que je ne pouvais m'en détacher et que j'allais succomber à l'appel de cette jeune chair, vivace, parfumée. Aussi, ayant éventé la ruse infernale, je me mis à prier, ainsi qu'on m'avait appris à le faire à Saint-Pancrace, et je demandai à Dieu la force de résister.

Ce jour-là, je devais retrouver Louise le long d'un chemin creux qui débouchait sur la lande. Je fus exact au rendez-vous. Elle s'attendait à ce que notre entrevue commençât par un baiser, le second de notre étrange idylle, le troisième que j'eusse jamais donné. Elle avança ses lèvres, imperceptiblement. Je ne me rendis pas à cette invitation. J'étais raide comme un piquet, galvanisé dans mes résolutions et je tentais de me composer un visage grave et timoré.

– Louise, lui dis-je, j'ai fauté en vous embrassant, l'autre jour. J'ai fauté en vous laissant croire que je vous aimais.

– Mais vous m'aimez, s'écria-t-elle.

– Non, répondis-je de la façon la plus romantique. J'aurais pu vous aimer si je ne m'étais pas promis ailleurs. Vous êtes belle, de même éducation et de même instruction que moi. Il est possible, il est certain que nous eussions fait un ménage parfait. Mais j'en aime une autre et...

– Elle n'est pas digne de vous.

– C'est justement parce que vous m'avez dit cela que, vous ayant cru, j'avais décidé de vous épouser mais, depuis, j'ai eu la certitude qu'Anne était au-dessus de tout reproche. (Elle ricana.) Aussi, trouvez normal que je retourne à mes premières amours et que, du même coup, Anne retrouve son amant et Louise reçoive la punition de son mensonge.

J'avais mis deux jours à préparer cette phrase qui consacrait ma fidélité indélébile et l'indignité de cette fille médisante. J'en fus très fier. Je m'éloignai dignement. Avant que j'eusse fait trois pas, je l'entendis fondre en sanglots. A vrai dire, je fus remué par ce désespoir flatteur et, à cette émotion, le souvenir des larmes de Gabrielle Viallatte n'était pas étranger.

Je savourai sur-le-champ cette joie spéciale que donnent les intrigues amoureuses et les conflits entre sexes, mais je sentis que cette atmosphère était délétère et dangereuse et je repris ma vie de constance et de vertu. J'y retrouvai avec joie l'image silencieuse et immobile. Ce souvenir meurtri m'inspira le plus vif repentir, je sombrai dans les méditations et les extases et, peu de temps après cette dernière entrevue avec Louise, j'étais certain d'avoir été victime d'un cauchemar.

Ainsi, mes lèvres se refirent une virginité.

*

J'ai même eu tort de raconter ces baisers car, aussi bien, ils n'ont jamais eu lieu. Non, ce n'est pas possible qu'ils aient eu lieu. Dans la vie, certains faits sont de si pénible mémoire qu'il est préférable qu'ils disparaissent et, de fait, à force d'être frottés à la pierre du remords, usés et voilés par les rêves, ils arrivent à disparaître complètement.

L'affaire Louise s'effaça d'autant plus rapidement que, six mois après notre premier et unique baiser, j'apprenais que cette fille était fiancée à un jeune instituteur trégorrois qu'elle adorait. Je fus, de ce fait, lavé de ma mauvaise action et secrètement vexé.

Entre temps, j'avais fait mon entrée à l'école du boulevard Malesherbes et, au plaisir d'être étudiant à Paris, je joignais celui d'entrevoir le couronnement de mes études universitaires par l'obtention d'un titre. « Alors, pensai-je, je pourrai me présenter à M. Le Gall et lui demander la main de sa fille. »

Après les diverses épreuves que j'avais subies, et dont j'étais sorti vainqueur, je me sentais capable d'affronter Paris et ses tentations.

Je logeais dans le lycée Rollin qui, à cette époque, se nommait l'Accueil des Etudiants et mettait à la disposition des universitaires pauvres les anciennes chambres particulières de ce collège. Le boulevard Rochechouart coulait tout auprès, dominé par l'énorme basilique blanche du Sacré-Cœur. Ce quartier me plut car il était pittoresque et d'allure provinciale.

Toutefois, encore aujourd'hui, pour peu que l'on s'écarte du boulevard et que l'on entre dans une brasserie ou un café, on rencontre des femmes, de ces femmes qui ont fait la réputation de Paris et pour lesquelles je n'avais alors que pitié et répugnance.

Tout me paraissait vil et pourri. Plus que jamais, Anne était, au milieu de ces filles et de ces métèques [1], une lumière douce mais puissante qui m'aveuglait et, par contraste, les

1. Au sens étymologique d'« étrangers ».

êtres que je fréquentais me paraissaient gris et ternes. Je la voyais grande, mince, infiniment souple, auréolée de cheveux blonds doucement bouclés. Cette image aimait la beauté, la pureté, elle était pieuse et sensible aux sacrifices que l'on faisait pour elle. Je me plaisais à la faire évoluer dans mes rêves malgré que, depuis si longtemps, ses traits se fussent troublés. Néanmoins, mon imagination venait en aide à ma mémoire. Ses lèvres étaient fines, fermes et très roses. Son front était haut, d'un dessin très pur, mais ce qui était le plus beau, c'étaient les yeux, les yeux noirs d'une blonde, qui donnaient à ce portrait aimé une nuance troublante de sensualité. Hormis ces yeux, tout était angélique en elle.

Elle errait en mon rêve perpétuel, vêtue de robes longues, étroites, qui faisaient d'elle une silhouette interminable, impalpable, légèrement soulevée de terre, planant plutôt que marchant. Elle portait des cheveux longs, bouclés à l'anglaise. Sa peau de blonde était nacrée, plutôt blanche que rose. Parfois, elle était droite, sans formes féminines, simplement présente par son parfum et sa couleur. D'autres fois, elle respirait et ses cils battaient fiévreusement, ses lèvres s'entrouvraient, humides. Alors, je remarquai que sa poitrine se gonflait. Sous sa robe naissaient des formes féminines qui palpitaient, la rendant chastement désirable. Puis, d'un seul coup, elle reprenait sa transparence angélique, tremblante d'avoir osé m'émouvoir à ce point.

Elle allait, elle venait sous mes yeux, sans cesse présente dans notre jardin, celui de la Perrine où vaquait la vieille femme, ce jardin où je vivais par la pensée aussitôt que mes études me laissaient quelque répit.

Un soir que j'avais eu de grosses difficultés à suivre les cours, à cause de maux de tête, et que l'angoisse naissait en moi, j'eus le désir de quitter Paris, en pleine nuit, la migraine frappant à grands coups dans ma tête, las de me débattre dans les ténèbres de l'absence, fuyant la société des camarades proxénètes ou libertins, las de soutenir ce tête-à-tête épuisant avec un fantôme. Je bourrai ma valise et, ayant consulté les horaires des trains au départ de Montparnasse, je m'étendis sur mon lit.

Il était presque minuit.

A peine m'étais-je étendu que l'on frappa à ma porte. C'était mon voisin, un étudiant en médecine qui avait beaucoup d'amitié pour moi. Il se nommait Jean Mâle et parlait par phrases courtes et sentencieuses.

– Fatigué ?

– Oui. Maux de tête, énervement.

– Travailles trop.

– Il faut bien.

– Pas assez de distractions.

– Pas le temps de rire.

– Si. Toujours le temps de rire. Se refuser le rire, c'est appeler la maladie. Habille-toi. Viens.

Il se leva.

– Viens, répéta-t-il en souriant, je vais te sortir et je te montrerai des bars lumineux, pleins de musique et de jolies femmes. Tu écouteras la musique et regarderas les femmes. Nous boirons du mousseux. Tu seras remis.

– Non, lui dis-je, ces femmes me dégoûtent.

– Je ne te demande pas de coucher avec elles, mais de les regarder, simplement.

– Elles sont laides.

– Ce sont des femmes, elles ont le sourire facile et cela fait du bien à ceux qui étudient avec acharnement comme nous.

– Ces sourires me répugnent, dis-je avec force.

– Oh, oh ! fit-il après m'avoir dévisagé. Ce qu'il te faudrait, c'est une bonne nuit avec une vieille prostituée. Le lendemain matin, tout serait rentré dans l'ordre.

– Tais-toi, tu me dégoûtes.

Il rit.

– Je connais ta maladie. J'ai un autre malade comme toi parmi nos camarades : Dupont. Votre misogynie vient d'un refoulement, ni plus, ni moins. Couchez régulièrement avec une femme et vous serez guéris. Crois-moi, gamin.

Il était beaucoup plus âgé que moi. Ses bouquins, son titre de carabin, ses moustaches fines, ses lunettes, tout cela m'en imposait. Il jeta le trouble dans mon cœur. Il reprit :

– Sur cinq élèves qui sortent des grands collèges religieux, deux sont comme toi et les trois autres sont les plus noceurs des étudiants. Les grands collèges religieux fournissent au monde universitaire les lunatiques et les dépravés. Tristes recrues, en vérité. Mais si les dépravés me répugnent, les refoulés me font pitié !

Ces paroles tournèrent longtemps dans ma tête. Ainsi, ce qui était vertu, volonté, piété pour les prêtres, mes éducateurs, devenait trouble pathologique pour les médecins. Etait-ce possible que Jean Mâle, si loyal, et toute la médecine avec lui, ignorassent les beautés et les bienfaits de la chasteté ? Je lui dis :

– Jean, un jeune homme qui se garde pour sa femme est-il donc fatalement un malade ? Et les malaises moraux et même physiques qu'il ressent sont-ils donc des symptômes de maladie relevant de la psychiatrie ? Un jeune homme vierge est-il donc la victime d'idéalistes maladroits ? N'y a-t-il pas place, dans son rêve, pour une volonté saine et bien arrêtée de vivre proprement et d'offrir à sa femme l'intégralité de son capital physique ?

Jean Mâle caressa sa moustache blonde en souriant doucement.

– Ne t'énerve pas, dit-il fraternellement, nous reparlerons de tout ça plus tard.

*

Jean Mâle était un carabin cynique. Il avait des fréquentations déplorables. Il jetait sur tous les sentiments délicats et sur toutes les convictions le voile épais du doute et ironisait ensuite sans pitié. Pourtant, il était bon pour moi, et très doux. Mais ses camarades, qui étaient devenus les miens, m'étaient insupportables. Je jouissais, dans leur petit cénacle, d'une réputation assez peu banale car ils connaissaient ma sublime aventure, Jean Mâle l'ayant divulguée. Ils ne m'en parlaient pas, mais ils m'appelaient « chérubin » ou, le plus souvent, « le petit fiancé ». Ce dernier sobriquet me plaisait infiniment car il me consacrait définitivement à celle-là que je glorifiais de toute la pureté de mon cœur et de mon corps.

Pourtant, je désertai ce milieu pittoresque pour m'enfermer en mes souvenirs et édifier, dans le temple frais de ma mémoire, un autel à la déesse. Ces airs d'accordéon qui accompagnaient nos agapes, ces filles dont les camarades s'entouraient composaient une atmosphère où je ne pouvais ni rire, ni même sourire. Je n'aurais jamais voulu voir un seul visage concupiscent, un sourire ambigu, un geste qui trahît la passion, n'entendre une parole choquante. J'aurais aimé une société de jeunes hommes où l'on n'eût parlé que des fiancées, connues ou inconnues, des épouses futures ou des fantômes entrevus, comme le mien, plus beaux que la beauté des artistes, plus purs que la pureté dont parlent les prêtres. J'aurais aimé même que ceux qui n'auraient pas eu le bonheur de rencontrer une telle image attendissent avec fièvre et angoisse, mais aussi avec confiance, de la trouver au détour d'une rue ou à la faveur d'un voyage, et qu'ils vécussent ainsi, dans une attente ferme et sereine, sans chercher à tricher avec leurs sens ou leur conscience.

D'ailleurs, pour peu que les soirs fussent doux et brumeux, ils se révélaient tous à moi comme étant contrits de leur vie de débauche et tous, sauf un, me confièrent qu'ils avaient, eux aussi, leur « sublime aventure ». Ils venaient chez moi aux heures de cafard et s'étendaient sur mon lit sans rien dire. Ils commençaient par se moquer de moi, avec une amicale ironie, puis ils m'écoutaient parler du pays, de l'aventure, de la Perrine, de la vieille femme aux oiseaux, et leur regard devenait fixe. J'aimais mes camarades à ces moments-là, brisés de fatigue, un peu inquiets, comme un nageur fatigué que la vague vient reposer sur la grève, le soir, presque cadavre. Je les aimais et les entretenais d'elle.

Ils m'écoutaient car elle, c'est la même et seule image pour tous. J'ouvrais un instant les portes de mon temple et sur l'autel, avec émerveillement, ils voyaient leur image. Alors, ils s'enivraient de leurs propres souvenirs, les mêmes que les miens, en pleurant de n'avoir pas, comme moi, tout sacrifié pour leur rester fidèles.

J'aimais ces heures qui me réconfortaient de mon propre enthousiasme, m'édifiaient de mon propre exemple et me donnaient la foi en moi, plus fragile que la foi en elle.

Il y avait bien l'histoire des baisers à Louise, mais je n'y pensais plus et aucun de mes camarades ne la connaissait, aussi pouvais-je n'en point parler. D'ailleurs, j'avais le droit de mutiler l'histoire du moment que la morale y gagnait et que la vraisemblance n'y perdait rien.

Hormis ces entrevues, je ne voyais plus souvent les amis de Jean Mâle. Lui-même ne venait chez moi qu'aux heures grises du jour, à ces instants où l'on aime se sentir en famille et où l'on admet sans difficulté ses propres erreurs. Il rêvait un instant près de moi puis, lorsque les boulevards étaient illuminés, repartait vers le plaisir.

Je l'imaginais alors vautré près d'une fille, sur une banquette de bar, parmi les fleurs et les parfums, les ors et les pierreries, se livrant à des débauches innommables. Lorsqu'il rentrait et qu'il me disait avoir fumé paisiblement une cigarette, assis à la terrasse du *Café des Oiseaux*, près d'Erika, sa maîtresse, je ne le croyais pas.

Pour moi, ayant terminé mon travail, je rédigeais une interminable lettre adressée à Charles Le Touzé. Toute ma vie se réfugiait dans cette correspondance avec ce camarade exceptionnel qui pouvait écrire des lettres de quatre pages, sans parler d'autre chose que de mon « aventure » qu'il admirait.

Il était à Brest, désormais, et ne voyait plus jamais Anne. Ainsi, je n'avais plus aucun contact avec elle, même par personne interposée. Jamais plus Charles Le Touzé ne m'écrivait : *Je l'ai vue hier soir à la sortie du lycée... J'étais caché... Elle est passée devant moi...* Une à une, les occasions de confronter mon rêve avec la réalité m'étaient supprimées. Comme un navigateur qui perd l'un après l'autre tous ses matelots ainsi que ses instruments de bord, je croisais au hasard. J'en ressentis l'ivresse que l'on éprouve lorsque, pour la première fois, on se trouve seul au plein large, en mer, sans balises, sans point de repère. J'étais certain de la fidélité de ma mémoire. Chaque fois que j'évoquais sa silhouette, je la retrouvais merveilleusement semblable à elle-même, sans qu'un seul détail fût changé.

Je ressuscitais alors la Perrine, près de son petit bois de châtaigniers, sous un ciel gris qui, par longs intervalles, se mouillait de crachin. Là, dans l'immuable jardin négligé, parmi des fleurs délicates, humides, je plaçais l'inaltérable vision et je n'osais plus bouger, de peur de troubler le tableau. Ces extases me tenaient parfois lieu de sommeil, j'y trouvais le repos après les dures séances d'amphithéâtre.

Lorsque ma lettre était envoyée, j'attendais la réponse. Elle me parvenait rarement plus de trois jours plus tard. C'était le reflet de la mienne. Je m'y retrouvais comme dans un miroir fidèle, seul le ton différait : Charles était plus habile que moi à rendre la verte âpreté des paysages du Penthièvre lorsqu'il parlait des falaises couvertes de fougères, de l'horizon gris de l'intérieur des terres et des façades sombres de la Perrine ; j'arrivais à mieux imaginer encore les diverses apparitions de la demoiselle, le son de sa voix, la couleur de son regard, même son parfum.

Puis Charles Le Touzé fit sa première croisière scolaire à bord du voilier de l'Ecole navale. Je restai sans nouvelles pendant six semaines ; je lui écrivis régulièrement néanmoins, toutes les semaines, des lettres qu'il ne recevait pas.

J'y évoquais, avec plus d'application que jamais, l'atmosphère grise et paisible de la ville de Rennes, la route de Redon, le déjeuner chez la vieille femme aux oiseaux. Ainsi se levait, pour moi seul, le décor bien-aimé, et il me vint une fois de plus le désir de retourner sur place.

C'était le printemps. Avril était humide et parfumé. Je profitai d'un samedi et d'un dimanche de liberté, je me privai de plusieurs repas afin de ne pas grever trop lourdement mon budget, car il me répugnait de réclamer à mon père un supplément aux neuf cents francs qu'il m'envoyait mensuellement. Au petit jour, j'étais à Montparnasse et, vers les neuf heures, le rapide de Brest m'emmenait vers l'ouest.

Grâce à Dieu, la pluie nous surprit après Le Mans, une pluie lente et lumineuse, noyant tout d'un halo merveilleux. Le paysage revêtit donc sa parure idéale, comme pour fêter mon retour. Au passage, les petites villes grises luisaient de tous leurs toits d'ardoise, et déjà il semblait que le ciel reflétait la phosphorescence de la mer. Il pleuvait à souhait, sans rudesse, sans brutalité.

Aussitôt arrivé à Rennes, je pris la direction de la route de Redon. Sorti de la gare, je fus ravi de constater que la pluie était tiède et impalpable. Pleuvait-il même ? N'était-ce pas plutôt la luisance des toitures et du ciel qui retombait, en vapeur, sur un paysage saturé ?

La route de Redon brillait, elle aussi, comme un miroir. Les jardinets, devant les maisons, avaient déjà des tulipes et des camélias. Sans hésiter, je frappai à la porte de la vieille femme aux oiseaux.

Une jeune femme vint m'ouvrir. Elle ne comprit pas, tout d'abord, ce que je lui demandais. Puis, elle eut un sourire apitoyé.

– Mme Le Clec'h est morte, mon pauvre monsieur, morte cet hiver. Les voisins, ne la voyant plus, sont entrés chez elle un matin. Ils l'ont trouvée étendue sur le pavé de sa cuisine. Ses oiseaux criaient famine.

– C'est dommage, dis-je, c'est dommage. Que sont devenus tous ses petits compagnons ?

– De qui voulez-vous parler ? demanda la femme.

– Ses oiseaux, repris-je, que sont devenus ses oiseaux ?

Elle eut un geste évasif.

– Sais pas, dit-elle, nous ne sommes là que depuis trois semaines et je ne sais cela que par ouï-dire ; je n'ai jamais connu Mme Le Clec'h.

Avant de partir, alors que la femme fermait sa porte, je lui demandai encore :

– Où est-elle enterrée ?

– Je ne pourrais pas vous dire, monsieur.

– Elle portait la coiffe de Guingamp, dis-je encore, peut-être est-elle enterrée là-bas ?

– Peut-être, monsieur, peut-être ! dit la femme en fermant la porte.

J'étais sur le trottoir, immobile, la gorge un peu crispée. Ainsi, tout disparaissait de ma première aventure. Néanmoins, je repris la faction, abandonnée un an auparavant, devant la grande maison. Les volets en étaient clos. Je demandai à un commerçant si la famille Le Gall habitait toujours là.

– Non, monsieur, me dit-il, le capitaine Le Gall a été nommé commandant au Maroc.

– Au Maroc ? Il est parti au Maroc ?

– Dame oui, monsieur.

– Sa famille l'a-t-elle suivi ? demandai-je.

– Oui, monsieur, il est parti le premier et ces dames l'ont rejoint.

Je sortis du magasin et, sans plus me dissimuler, je restai un long instant debout devant cette élégante maison précédée d'un jardinet déjà herbeux.

Même Anne était partie maintenant, il ne me restait que mon fantôme. Il ne me quitta plus. Peu m'importait de savoir où était la demoiselle puisque son image était avec moi. C'est elle qui m'accompagna exclusivement désormais.

Je restai un long moment dans le quartier puis, avant de prendre mon train, je rejoignis le jardin du Thabor. Je trouvai sans difficulté l'allée d'où l'on aperçoit les classes du lycée de jeunes filles. Je m'assis sur un banc et, de là, je regardai avec délice les bancs vides.

Dans la nuit, je repris le train. Le convoi démarra et je restai debout dans le couloir, cherchant à voir encore les quartiers de la ville où s'était nouée l'aventure, et j'attendis pour entrer dans le compartiment que nous fussions hors du pays chouan.

*

Jean Mâle entra dans ma chambre. J'étais à ma table de travail et je ne me retournai pas. Il avait une façon si particulière de traîner ses savates que nul ne pouvait s'y tromper. Je l'entendis se jeter sur mon lit sans dire un mot. Des bribes de musique nous venaient du boulevard où, entre les manèges, sur le terre-plein, les orchestres forains et les bateleurs s'étaient installés. On entendait aussi les cris des enfants jouant dans le square d'Anvers ou sur l'avenue Trudaine.

– Ainsi, me dit Jean, puisque ta belle s'est s'enfuie en Afrique, un de ces dimanches, tu vas prendre un billet pour Casablanca. Lorsque nous ne te verrons pas à table, nous dirons tout simplement : « Le petit fiancé continue sa poursuite. »

Je ne répondis rien.

– Mais enfin, reprit-il.

Puis n'osant me regarder, il me dit :

– Elle est donc si méritante que cela ?

J'éclatai en confidences. Il sut tout en un instant. Je parlai avec passion, avec certitude, avec confiance.

– Elle est donc si belle ? dit-il, incrédule et légèrement goguenard.

– Je ne me souviens pas très bien, murmurai-je.

– Tu n'as pas une photo ? Je serais curieux de la voir.

Je lui avouai que je n'avais aucune photographie, ne lui ayant adressé la parole que trois fois très furtivement.

Il se tut, les narines gonflées comme s'il allait éclater de rire ou sangloter.

– Depuis quand l'aimes-tu ?

– Depuis trois ans.

Il resta silencieux, très grave.

– Je ne sais si je dois t'envier ou te plaindre, dit-il.

Puis il se mit à fumer sans arrêt pendant que je m'endormais, tout vêtu, sur mon lit.

*

Aussitôt revenu à Paris, je mis Charles Le Touzé au courant de ce départ de la famille Le Gall. Il comprit, sans que je le lui eusse dit, que cet événement ne me touchait pas. Notre correspondance continua sur le même ton et, dans nos lettres, nous parlions comme auparavant de la demoiselle qui, pour nous, vivait à la Perrine et quelque peu dans les rues de Rennes.

> *Je te le répète*, disait en outre Charles Le Touzé, *l'atmosphère de la ville ne lui convient pas. Où elle est elle-même, c'est à la Perrine, près de la châtaigneraie, ou sur la côte, dans le vent du large.*

Nous fûmes d'accord là-dessus.

> *Elle est dans le jardin mouillé,* écrivais-je, *sur les petits chemins du carrefour du Mindy, à la chapelle du Vaudic où il faudra bien que je la retrouve un jour.*

Pourtant, j'eus peur de lasser mon ami et je me fis de plus en plus réticent. Ce que je ne disais pas dans ces lettres, je le développais dans mon journal intime. J'écrivais alors longuement, la recréant dans ce cadre inoubliable de la côte du

Penthièvre : *Je vois un petit chemin encombré de fougères penchées. J'entends le craquement des graines d'ajonc éclatant au soleil. Il fait doux, humide, et la façade blafarde de la Perrine se dresse sur la lande noire. Des nuages amicaux passent, brillants comme la nacre des coquillages, et vous êtes là, demoiselle. A travers vous on voit le paysage, tant vous êtes légère, à peine indiquée. Et pourtant, vous êtes là, je vous regarde. L'avenir dira si j'ai mérité cette joie permanente de la contemplation. Je reste pur, je reste intact, pour en être digne dès à présent. Quelque chose me dit que, si je faisais fausse route, vous cesseriez de m'apparaître dans ce décor chaque fois que je l'évoque. Si vous êtes là, sur l'horizon gris, dans le parfum du miel des sarrasins et des genêts, c'est que vous êtes fidèle à la promesse que vous ne m'avez jamais faite. Cette image est la seule certitude à laquelle j'accroche mon espoir.*

J'écrivais encore : *Un jour, pourtant, il faudra bien que nous nous rencontrions. Assise sur un talus qui vous fera un trône, quelque part dans la lande où je vous ai vue disparaître, vous recevrez, de mes mains, les lauriers universitaires que je récolte pour vous et surtout le merveilleux cadeau de mon honneur et de ma virginité de jeune homme. La joie de voir une larme briller au coin de votre paupière, je l'aurai. Pourquoi ne l'aurais-je point ?*

J'avais peur, en relisant ces choses. Mon audace me suffoquait. Comment avais-je osé évoquer cette heure décisive ? N'allais-je point perdre d'un coup le bénéfice de ma timide et implacable attente ? Aussi, je reprenais l'interminable description de la vision et de la Perrine et le cahier sur lequel j'écrivais tout cela était d'une prestigieuse monotonie. C'était un monument massif, énorme, un témoin abondant qui ne craignait ni les redites ni les maladresses de style. Chaque jour, une page venait s'ajouter aux autres, plus ardente, plus mystérieusement inspirée, et Charles Le Touzé ne recevait plus que des lettres banales.

Je crus trouver, en la personne d'Erika, une confidente résignée. C'était une jeune étudiante allemande que Jean Mâle avait rencontrée devant les Madones de Fra Filippo Lippi, au Louvre. Elle avait des cheveux courts comme un garçon, des jupes courtes, des souliers plats. C'était une interlocutrice remarquable et un redoutable contradicteur. Elle fumait, faisait de la politique, connaissait Marx à fond et admirait l'URSS. Son intelligence était vive et son imagination débordante. On ne se lassait pas de l'entendre nier tout, depuis l'amour jusqu'au patriotisme. Pourtant, à en croire Jean Mâle, elle était ardente en amour et chauvine.

Sous ses toilettes hommasses, je découvrais avec émotion des formes troublantes, sous ses allures de garçonne, je sentais palpiter une féminité qui me bouleversait. Elle m'appelait aussi « le petit fiancé » et me dévisageait longuement. Sous ce regard brûlant, je frémissais sans savoir pourquoi.

Un jour, Jean Mâle me pria de passer chez elle, boulevard du Montparnasse, pour l'avertir qu'il ne pourrait se rendre à je ne sais quel rendez-vous. Avec joie, je traversai Paris pour rendre service à mon bon ami, secrètement ravi de voir Erika chez elle, seule à seul.

Sa chambre était au sixième étage d'une luxueuse maison. Mais, dès le quatrième, les tapis disparaissaient, remplacés par un parquet ciré. Au cinquième, le parquet n'était plus ciré du tout et, au sixième, on se contentait de le laver à l'eau de Javel, ce qui avait pour effet de le blanchir comme un pont de bateau. Je frappai. Une voix dit :

– Entrez.

J'osai à peine entrer. Erika n'était vêtue que d'une culotte et d'un soutien-gorge en jersey rose. Elle m'accueillit en riant aux éclats.

Des livres traînaient sur le lit, une grande caisse, recouverte d'un reps douteux, servait à la fois de fauteuil et d'armoire. Sur la table, des feuillets se soulevaient au vent chaud qui entrait par l'œil-de-bœuf entrouvert.

– Je travaillais, dit-elle.

Je m'assis sur le lit, elle vint s'installer près de moi, presque nue. Nous parlâmes de peinture et d'art puis, bientôt, il fut question de politique. Elle s'échauffa et, insensiblement, nous en vînmes à parler de l'amour et de l'union libre.

Je me souviens très bien de sa cuisse touchant la mienne.

Elle se renversa sur son lit, gracieuse et fraîche. Je me levai et je me rendis vers la fenêtre d'où je contemplai les toits de Paris, brillants sous le soleil. Elle se mit à rire puis vint à moi :

– Pourquoi t'es-tu levé ? dit-elle. Pourquoi n'es-tu pas resté près de moi ?

Je ne répondis pas. En fait, je ne m'étais même pas aperçu de ce mouvement. Ma chair, cependant, avait frissonné à ce contact. Mais, bien dressée, elle s'était insurgée.

– C'est la première fois que je vois cela, dit-elle en riant nerveusement.

Puis, petit à petit, elle se calma. Son regard devint fixe et infiniment triste. Elle me regarda intensément, avec une nuance de délicate affection.

– Non, vraiment, tu n'es pas comme les autres.

Elle se leva, passa une blouse blanche et, sans transition, me dit en s'approchant de moi :

– Elle est donc bien belle ?

J'eus la faiblesse de répondre et de parler longuement de tout, depuis l'éblouissement jusqu'à la poursuite et, comme chaque fois que je me laissais aller à donner publicité à mon aventure, je fus fâché contre moi-même ; d'ailleurs, je sentais bien que les mots que je prononçais, cependant avec ferveur, n'arrivaient pas à créer l'atmosphère de mon attente. Je voulais compléter ma pensée, donner le ton exact, ne rien omettre des entrevues, mais chaque phrase intensifiait le malentendu, aussi je m'arrêtai, découragé.

– Je sens bien que je ne peux pas te faire comprendre, à quoi bon parler de ces choses ? Tu ne comprends pas, tu ne peux pas comprendre. Il faudrait que tu connaisses la Ville Gouarais, les rochers bleus et gris, la lande, il faudrait que tu aies vu le petit jardin, les fleurs mouillées de la Perrine, il faudrait que tu aies senti ton sang s'arrêter dans tes veines, après de longues nuits de guet, lorsque la barrière blanche s'ouvrait enfin, au matin. Il faudrait que tu fusses moi-même.

– Même l'absence, même la séparation ne te découragent pas ? demanda-t-elle.

– L'absence n'entraîne pas forcément la séparation.

– Je sais, dit-elle en souriant, c'est quelquefois la présence qui creuse le fossé le plus profond.

Nous restâmes immobiles. Erika paraissait brasser des souvenirs personnels. Je continuai :

– Voilà déjà les examens de fin d'année, ils commencent demain. Juillet va venir, puis août, août ! La Ville Gouarais ! La Perrine ! Les promenades dans le pays vert !

– Penses-tu qu'elle viendra du Maroc passer ses vacances à la Perrine ?

– Elle est à la Perrine, dis-je avec force, elle n'en est jamais partie.

– Je comprends ce que tu veux dire..., dit-elle doucement, mais tu ne te contenteras pas toujours d'une femme de rêve.

Je compris à ce moment-là que l'on m'avait tendu un piège chez Erika, un piège où mes camarades eussent été satisfaits de me voir trébucher. Erika allait leur dire comment j'avais déjoué leurs ruses et comment cette escarmouche s'était déroulée, tout à mon avantage, sans que la blonde Erika ait pu marquer un seul point. Elle n'eut pas de dépit de son échec et me dit :

– C'est égal, j'en connais qui vont être étonnés lorsque je leur raconterai ta visite !

Le lendemain, les examens commencèrent.

*

Je fus admis brillamment en deuxième année. Je me laissai envahir de la saine satisfaction que donne le succès mérité. Mon cœur fondit de joie lorsque je pensai à mon père et à ma mère, auxquels j'avais évité, par mon travail, deux années de frais scolaires. Mais, dans le train qui m'emmenait vers la Bourgogne, alors que la nuit tombait sur la vallée de l'Yonne, je pensai à Anne avec une telle intensité qu'il me sembla être mis en communication directe avec elle. A cette heure, elle ne pouvait pas, en effet, ne pas penser à moi.

Le lendemain de mon arrivée, je rendis visite, à Saint-Pancrace, au Préfet de discipline. Il me reçut dans ce grand cabinet obscur qui avait entendu mes confessions de collégien. Le Préfet m'accueillit avec un sourire inoubliable. Il me félicita de mon succès au concours d'entrée et aux examens de passage :

– Votre succès rejaillit sur notre cher Saint-Pancrace tout entier, dit-il avec onction.

Puis, avec habileté, il présenta ce succès comme étant l'œuvre exclusive des « méthodes » employées à Saint-Pancrace. Enfin, il termina par ces mots :

– Vous allez être appelé à un poste assez élevé dans l'échelle sociale, mon fils, aussi je prie Dieu pour que vous ne perdiez jamais de vue les principes qui vous furent inculqués ici. Où que votre vie vous entraîne, soyez toujours un bon chrétien et un bon Français.

Ce discours me causa un malaise indéfinissable et je me demandai pourquoi j'étais venu là ; je ne tardai pas à le savoir. Aussitôt sorti de chez le Préfet, je me mis à errer dans l'école et là, je trouvai ce que j'étais venu chercher : le parfum de mon enfance, morte avec Mimi.

J'étais dans le couloir et je regardais, par les verrières, dans l'intérieur des classes. A ma place se tenait un garçon châtain foncé, fort pour son âge et, auprès de lui, une tête blonde émergeait à peine. Le professeur de français faisait son cours, le dernier de l'année, et sa voix me parvenait, étrange écho des journées fiévreuses, souvenir des heures d'incertitude, de tâtonnement, et je mesurai mon bonheur présent. Je revis aussi les cours désertes, dont le sol était usé, défiguré par des milliers de pas d'adolescents puis, m'étant rendu au fond du parc, m'étant retourné, j'eus sous les yeux l'école Saint-Pancrace avec ses cours, ses terrains de jeux, et je n'oublierai jamais l'impression que cela me fit. Pour rien au monde je n'aurais voulu revivre les heures troubles vécues là et je sortis en hâte.

Le soir même, mon père, à qui mon air fatigué n'avait pas échappé, me dit :

– Je voudrais te rendre un peu de la joie que tu nous procures. Je te laisse le choix de la récompense.

– Partons dès demain à la Ville Gouarais, répondis-je. Voilà le plus grand plaisir qu'on puisse me faire.

Nous passâmes la nuit à préparer ma mallette. Au matin j'étais prêt.

Je partis seul. Mes parents, par discrétion, prétendirent qu'ils devaient attendre encore quelques semaines pour m'y rejoindre. Je fis une halte à Rennes afin de refaire le pèlerinage de la route de Redon et du Thabor. La maison était triste, volets clos. Le jardin était envahi des pousses rebelles des rosiers. Je supposai que la famille Le Gall ne reviendrait pas encore cette année et j'en fus brisé. Pourtant, au Thabor, je retrouvai une douce joie à passer et repasser dans l'allée d'où Le Touzé avait vu la demoiselle. Je pris une chambre tout près de là pour y passer la nuit. La fenêtre, comme je le supposais, donnait sur le jardin, aussi je restai, accoudé au balcon, fort avant dans la nuit, à contempler ces frondaisons et ces fraîches pelouses.

Le lendemain, j'arrivai à la Ville Gouarais, aux environs de midi, ma valise à la main. Le Penthièvre brillait sous un soleil un peu voilé. Les paysans commençaient la moisson. Sur la côte, les genêts rythmaient de leur grésillement la chanson bien celtique de l'alouette et, de la chapelle qui domine la baie, on entendait des bruits venant des cotres amarrés face au large. La mer était unie et luisante. Derrière moi, le pays s'enfonçait, damier jaune et gris de blé et de sarrasin, morcelé, coupé par les murs de terre, haché de haies et de bosquets, auprès des toits gris.

Le chemin creux s'en allait, à droite de la chapelle perdue, s'enfonçant sous les ajoncs, vers le pays où j'avais erré si longtemps avant de trouver la demoiselle. Plutôt que de gagner la croix blanche qui bénissait les maisons de pêcheurs, je posai ma valise dans un coin de la chapelle et je suivis le chemin. C'était l'itinéraire du souvenir, la route mille fois parcourue depuis. Je retrouvai le carrefour du Mindy puis le raccourci dans le landier, enfin le petit ravin où plongeait la châtaigneraie, et regardai au loin, du côté du clocher à jour de Trémélir, le manoir blafard de la Perrine ; alors, je m'assis sur l'herbe avant le dernier tournant.

*

Charles Le Touzé m'accueillit avec joie. Il me raconta de vive voix la croisière scolaire dont il m'avait déjà donné les détails par lettre. Il était exalté. Sa voix, pour parler de la mer et des vents, prenait un son différent. Il me dépeignit sans passion les ports d'escale, il prit le temps de m'en faire une description pittoresque mais, où sa voix changeait, c'était lorsqu'il parlait du large, de la houle, de la mer.

Un jour, il fut question de l'amour.

– Si je me laissais aller à un grand amour, dit-il tout à coup, je ne pourrais plus être marin, je deviendrais un tout petit terrien, une fourmi, et je n'aimerais plus le voyage.

Puis encore :

– Chez nous, les marins, un grand amour, c'est une catastrophe.

Il désirait se spécialiser dans les sous-marins, non pas que cela lui plût, mais parce que cette arme était appelée, disait-il, à un grand avenir. Mais il regrettait de ne pouvoir faire sa carrière « sur le pont », car il était avant tout navigateur, fils et petit-fils de gabier. Son oncle, lorsqu'il parlait des sous-marins, entrait dans des rages folles.

– C'est-y de la marine, ça, je vous le demande ? disait-il. C'est-y la vraie marine ? Autant chevaucher une taupe ou un ver blanc !

Et, devant l'entêtement du neveu, il disait :

– J'aimerais mieux te voir au petit cabotage plutôt que dans ces monstres-là !

Et ce sont toutes ces choses qui alimentèrent nos premières conversations.

Pourtant, un jour, sans nous être concertés, nous prîmes le chemin de la Perrine. Nous parlions de la vieille marine à voile, tout en marchant, mais nos pensées étaient ailleurs. Chaque pas nous rapprochait de la façade blanche qui, du large, nous servait de repère, auprès de la masse noire des châtaigniers. Le pignon nous apparut tout à coup au détour du chemin. Le Touzé me regarda, sa figure était pâle. Il me retint par la manche.

– Inutile d'aller plus loin, dit-il.

Et nous restâmes là, sans faire un mouvement, extasiés tous deux. Au bout d'un moment, il parut sortir d'un rêve et me dit :

– Comme elle est belle !

Puis il tourna brusquement les talons. Je croyais qu'il allait se mettre à courir.

– N'allons pas si vite, lui dis-je, ne partons pas tout de suite, on est si bien ici.

– Je ne peux plus, dit-il. Reste là si tu veux, toi, mais moi je ne peux plus.

Il se retourna et regagna la Ville Gouarais, penché en avant pour faire front au grand vent de nord-ouest qui charriait des images énormes.

Je restai là, regardant tantôt ce grand jeune homme qui s'en allait, tantôt la silhouette désolée de la Perrine.

Le lendemain, comme je descendais à sa maisonnette, je le rencontrai sur le petit chemin. Il marchait bon pas et regardait le large avec cet air farouche qu'il avait lorsqu'il était résolu à quelque scandale. Il portait son sac de matelot sur l'épaule et, à la main, une caissette marquée à ses initiales. Il avait un tricot bleu marine sous son bourgeron de l'Ecole navale.

– Je vais au Legué, dit-il, où un brick norvégien de grand cabotage appareille demain au matin. Nous emmenons des poteaux de mine au Portugal. Je remplace un matelot qui vient d'être hospitalisé à Saint-Brieuc. J'aurai les autorisations nécessaires.

Il parlait sec, avec une voix de gorge, comme les pêcheurs du cru.

– Sur un brick norvégien ? fis-je, étonné.

– Ça m'apprendra mon métier, dit-il.

– Mais quand reviendras-tu ?

– Dans deux mois, pour la rentrée à Navale. Je n'aurai pas perdu mes vacances à courir les landes et les châtaigneraies, dit-il en riant nerveusement.

Je voulus l'accompagner jusqu'au bourg mais il refusa tout net.

– Laisse donc, dit-il, les marins sont perdus pour la terre, les départs font notre bonheur.

Il me prit les mains, les serra très fort en me disant :

– Je te souhaite bonne chance. Tu le mérites. Je n'ai jamais vu un gars qui le méritât comme toi !

– Bon voyage, gabier ! dis-je en souriant.

– Bon courage ! répondit-il.

Je le regardai partir et je ne sus si je l'enviais ou si je l'admirais. Mais je fus soulagé lorsque je ne le vis plus.

Je restai donc seul à errer dans les landes et bientôt des sentiers furent marqués par mes seules allées et venues du côté du Mindy. Un tertre, surtout, m'attirait, d'où l'on distinguait, cachées par de hauts ajoncs, la Perrine et la mer.

Je surveillais les deux à la fois ; d'un côté mon ami, de l'autre la demoiselle. J'allais m'y asseoir chaque jour et je cherchais à comprendre la navigation de toute la baie. Je m'orientais, je prenais le vent et, sur mon tertre, drossé comme une poupe, je suivais Le Touzé dans sa croisière. Puis, lassé de ces innombrables mouvements de l'eau aux chatoiements multiples, je portais mes yeux sur le calme horizon des terres. La maison, immobile à l'abri des grands châtaigniers, regardait la Bretagne de ses yeux blancs.

C'est là qu'il me vint des pensées innombrables. C'est là aussi que je récapitulai les détails, tous les détails de mon aventure, donnant une signification aux moindres incidents afin d'affermir mon espoir. Je me remémorais de préférence cette matinée dansante où elle avait dit à Charles : « Vous m'invitez à danser ? Vous savez bien que je ne peux pas accepter. »

C'est au cours d'une de ces rêveries que les paroles du Préfet de discipline me vinrent à l'esprit : « Vous allez être appelé à un poste assez élevé dans l'échelle sociale... » Jamais je n'avais pensé objectivement à mon avenir et voilà que, brusquement, on me traitait avec respect et considération, et l'un de mes anciens maîtres me faisait entrevoir une situation enviable. Je convins avec bonne grâce que dans un an j'allais posséder un diplôme de valeur et voler de mes propres ailes. Je compris que, bientôt, ma vingtième année aidant, je pourrais me mettre à la recherche de la demoiselle, fût-elle aux antipodes, et m'approcher d'elle sans rougir, ainsi que je me l'étais promis. Je sentis que tout cela se déroulait selon un plan fatal et cette constatation me remplit de joie. Lentement, la récompense s'approchait.

*

Bien que l'absence d'Anne fût pour moi une grosse déception dont personne ne saurait avoir une idée, je jugeai que c'était là un nouveau coup dont la providence me frappait, dans le but évident de me prouver sa grande bonté en m'encourageant, d'une façon discrète, à persévérer.

Je voulais voir, dans la vie, un ordre et une méthode. Rien n'échappe à Dieu, me semblait-il, et je récitais volontiers cette phrase admirable de l'Evangile de saint Jean : « Tout ce qui a été fait a été fait par lui et rien de ce qui a été fait n'a été fait sans lui. » Et si parfois les événements me paraissaient chaotiques, c'était sans doute que je manquais encore de sagesse ou d'expérience pour en comprendre le sens. Mais j'étais certain qu'à la fin de ma vie, me retournant pour contempler le chemin parcouru, j'allais voir ce prodigieux amas de faits contradictoires s'ordonner en fonction de mon salut.

Je n'avais qu'à m'abîmer dans la prière et rendre grâce en répétant, chaque fois que m'échappait mon idéal tant poursuivi, tant mérité, cette phrase qui me brisait en me consolant : « Que Votre volonté soit faite et non la mienne. » J'entrais dans les chapelles solitaires qui sont innombrables en Bretagne. Elles s'élèvent un peu partout, entourées d'une murette et d'une procession d'ormes tordus, coiffées d'ardoises rongées de lèpre jaune, flanquées d'un campanile bourru où pend la cloche. Il faut enjamber la dalle levée avant de pénétrer dans l'enclos. Il y fait sombre et l'on s'y croit seul mais, lorsqu'on s'est accoutumé à cette obscurité, on s'aperçoit que de vieilles femmes, assises près du bénitier, vous regardent en murmurant. De la voûte pendent des voiliers minuscules qu'aucun souffle ne balance.

Je ne manquais pas d'y entrer. C'est là que j'avais les entretiens les plus ardents avec Anne, dont le personnage, de plus en plus flou dans ses formes mais de plus en plus précis par l'émotion qu'il créait en moi, rejoignait par son odeur, sa subtilité et son immobilité, celui des saintes, et particulièrement celui de la Vierge, tant honorée en Bretagne.

J'entrais donc dans ces chapelles dans le but de prier et d'offrir mon sacrifice, ainsi qu'on m'avait appris à le faire à Saint-Pancrace. Mon recueillement, au début de ces visites, était profond. Je sentais très bien la valeur de mon geste. Mais, au bout d'un instant, alors que l'obscurité m'était devenue familière et que les bruits de la vie ne me parvenaient qu'assourdis, mon immobilité devenait douce. Je pensais que j'étais cadavre. Puis la petite lampe du maître-autel ou quelque reflet sur un cuivre m'hypnotisait. Le regard fixe, comme mort, je supprimais par la pensée la distance et le temps, et le merveilleux colloque commençait. Elle était là telle qu'elle m'était apparue parmi les fleurs humides de la Perrine. Elle était sérieuse tout d'abord, puis lentement ses lèvres se détendaient et je la voyais sourire.

Je me plaisais à dire que j'avais mes rendez-vous dans la maison de Dieu. J'en étais heureux et je répétais fièrement le vers fameux : « J'oserais, Dieu puissant, la nommer devant Toi. »

Petit à petit, l'attrait sensuel qu'elle exerçait sur moi s'affirmait en même temps que la jalousie naissait. Charles Le Touzé, en effet, l'avait vue, l'avait suivie, lui avait parlé, l'avait invitée à danser ; il me semblait que son ardeur à la poursuivre avec moi avait un autre mobile que son amitié. Longuement, cette pensée me tortura. Je pris espoir en me répétant que j'avais le privilège du rang et que Charles Le Touzé n'était pas homme à trahir son ami. Mais cet espoir faiblissait lorsque je pensais à la chaleur avec laquelle il m'entretenait d'elle sur ses fidèles lettres.

Etait-il parti sur ce voilier norvégien pour fuir l'occasion de me trahir, même en pensée ? Par affection pour lui, je le croyais. Mais un jour, alors que je rêvais dans sa chambre où j'entrais souvent, devant une carte épinglée au mur je fus surpris de constater combien Lisbonne était proche, en somme, du Maroc, et dès lors je soupçonnai Charles, mon grand ami, d'avoir tenté par ce coup de tête, non pas de fuir une pensée déshonorante en s'arrachant à l'ambiance de la Perrine, mais, au contraire, de se rapprocher de celle qu'il poursuivait avec moi depuis trois ans.

Ce fut un martyre. J'entrevis leurs visages à tous deux puis je les rejoignis dans ma pensée, je les mis en contact l'un avec l'autre et, sous ce contact, leurs traits s'animèrent, leurs yeux brillèrent passionnément, ils se dévisagèrent et sourirent, de ce sourire non équivoque qui précède les étreintes.

Puis, révolté du tour que prenait ma pensée, je fus fâché contre moi d'avoir toléré semblable image. Je m'insurgeai contre l'insolence et l'impudence de l'imagination, cette folle, qui propose, suggère des images en dehors du contrôle de la raison. Pourtant, j'avais beau me répéter que tout cela n'était qu'enfantillage, je ne pouvais cesser de penser à cette rivalité avec Charles, dans laquelle il eût bien pu l'emporter, auréolé de son prestige de marin, de voyageur.

C'est alors que me vint l'idée la plus folle : partir. Mettre à profit les deux derniers mois de vacances universitaires pour me rendre au Maroc par n'importe quel moyen. Y voir Anne et lui dire encore une fois mon égard afin de jalonner l'attente d'un geste, d'une présence réelle qui fût autre chose que des visions dans des chapelles ou des brouillards s'élevant de souvenirs trop longtemps compulsés.

J'avais dix-neuf ans. Je connaissais les choses de la mer pour avoir bourlingué sur la côte depuis mon jeune âge. J'étais vigoureux, je pouvais donc faire un bon marin. L'exemple de Charles Le Touzé majorait toutes mes pensées à ce sujet, je ne voyais qu'une façon de mettre mon projet à exécution : m'engager comme matelot sur un brick norvégien transportant des poteaux de mines à destination du Portugal. De là, avec ma connaissance de l'anglais, de l'allemand et de l'espagnol, je me débrouillerais pour gagner le Maroc, terre brûlée et rébarbative, qui prenait subitement pour moi un visage attrayant. L'entrevue possible l'auréolait d'un charme nouveau et tout le loti africain me revint à la mémoire.

Sans me laisser éblouir par ces rêveries, j'étudiai assidûment les moyens de mettre mon projet à exécution.

Je vivais seul à la Ville Gouarais, car mes parents étaient restés en Bourgogne. Je prenais mes repas chez l'oncle de Charles Le Touzé et je couchais chez mon grand-père d'adoption. L'heure des repas était très variable, comme chez tous les côtiers dont la vie est réglée par la marée et, s'il m'arrivait de ne pas paraître de la journée, ni le premier maître ni l'oncle Le Touzé ne s'en inquiétaient.

Je me rendis donc à Binic, le port voisin, pour savoir si un bateau n'était pas en partance. C'était un petit port qui avait jadis armé jusqu'à cinq goélettes pour Terre-Neuve, mais dont l'avant-port envasé ne recevait plus que les cotres de pêche. Toutefois, il arrivait qu'un voilier, voire un vapeur, vînt y relâcher, et c'était alors dans toute cette partie de la baie un événement qui remuait toute la population et attirait aux quais les galopins, tous futurs mousses, des trois cantons.

Lorsque j'y arrivai, la mer était basse et le port vide. Seuls quelques canots dormaient, bancals, sur un lit de vase, près de leur corps morts. La rivière cheminait, proprette, entre des bancs gluants d'algues pourries.

Je fus déçu. Aucun brick norvégien n'était là, pas plus dans l'avant que dans l'arrière-port puant et jonché d'épaves. Pourtant, j'entrai aux bureaux de l'inscription maritime et du port afin de me renseigner. Aucun bateau n'était attendu. Je bus une bolée de cidre en compagnie d'un pêcheur de maquereaux que je connaissais. Le frère de l'oncle Le Touzé se joignit à nous et nous parlâmes du voyage de Charles. C'était le seul sujet qui me tînt à cœur.

IV
La mort de la jeune fille

Je n'ai qu'un désir, vous revoir. Ce que vous me dites de la Perrine me reporte aux jours les plus humbles de mon enfance. Moi aussi, j'ai aimé ce paysage du Penthièvre et j'y ai senti, pour la première fois, battre mon cœur. Malheureusement, nous ne retournerons probablement jamais à la Perrine. Pour leur prochain séjour en France, mes parents ont en effet projeté de louer une villa près de Dinard où nous arriverons le 15 août. Si vous avez tant de hâte de me revoir, préparez-vous et venez à Meknès. Mon père, à qui j'ai parlé de vous, sera heureux de faire votre connaissance...

Jean Mâle attendait.
– Alors ? demanda-t-il.
Je relevai la tête et je lui répondis :
J'avais raison !
Puis je me mis à relire la lettre. Mon ami se leva :
– Vraiment ? Est-ce possible ?
Je répétai :
– J'avais raison, Jean, j'avais raison, elle m'attend.
Il me regarda affectueusement.
– J'en suis heureux pour toi, dit-il.
On sentait qu'il n'osait pas dire tout ce qu'il pensait, par pudeur et aussi par orgueil. Mais on lisait son émotion sur son visage. Pour moi, je restai à genoux sur le sol, devant

cette lettre étalée sur mon lit. J'aurais voulu tout à la fois hurler de joie, gambader, informer de mon bonheur les amis, les voisins, et me retirer dans le silence et le calme pour remercier Dieu et évoquer la jeune fille.

Jean sortit pour me laisser seul avec ma jeune et émouvante joie. Ma chambre, aux murs nus, était silencieuse. Et, plutôt que de courir sur le boulevard pour éparpiller mon allégresse, je restai là, parmi les livres, devant ma petite table où j'avais dessiné, sur le bois blanc, comme trois ans plus tôt sur ma table d'écolier, la flèche qui indiquait la direction, non pas du Maroc, mais de la Perrine.

Le temps me parut interrompre sa course. Les bruits de la ville ne m'arrivaient plus. Les pas des camarades, allant et venant dans le couloir, semblèrent s'ouater, s'estomper. Une lumière verte, comme il en règne dans les fonds sablonneux des petites criques bretonnes, entrait par la fenêtre ouverte, frissonnante, comme animée de vaguelettes frangées d'écume. La forme même des choses changea, les arbres du boulevard devinrent mouvants et imprécis, les façades, éblouissantes comme des lueurs de magnésium, prirent l'aspect de hautes falaises dressées dans un ciel idéal.

Au bord de la défaillance, dans cet état qui précède la syncope, je restai absolument immobile.

Lorsque Erika entra, je ne l'entendis point. Elle s'approcha de moi et murmura doucement :

– Chérubin !

A ce bruit, tout redevint normal ; ce n'était plus qu'un beau jour de printemps, plus radieux qu'un autre, mais les marronniers avaient retrouvé leur forme et mes mains, longues et blanches, froides comme des algues, lentement agitées dans cette lumière inoubliable, reprirent vie peu à peu.

Je répétai :

– J'avais raison.

Erika répondit :

– Je sais.

Puis, d'une voix dolente et douce, elle dit :

– Nous sommes tous des damnés, nous avons perdu le paradis pour quelques secondes d'impatience. Nous sommes des damnés pitoyables et ridicules. Maintenant, je voudrais refaire ma vie.

Puis nous restâmes silencieux tous deux.

La ville avait repris son mouvement et son murmure. Jean entra. Il me regarda avec tendresse.

– Te voilà heureux, hein !

Il s'assit sur mon lit auprès d'Erika qui lui dit, d'une voix changée :

– Il avait raison.

Elle se leva et partit.

Lorsque le bruit de ses pas se fut éteint, Jean, en riant, me demanda :

– Que comptes-tu faire ?

– Aller au Maroc dès la fin des examens, répondis-je.

Puis, prenant une feuille de papier blanc, je me mis à écrire à mes parents une longue lettre dans laquelle je leur confiais tout.

Jean alluma une cigarette et je l'entendis murmurer :

– C'est extraordinaire !

*

Dès lors, je passai mon temps à préparer mon voyage.

Dès que les listes furent affichées dans le hall de l'école, donnant les dates d'examen, je pus fixer, à quelques jours près, la date de mon départ.

L'Ile-de-France s'éveillait sous la caresse du printemps, mais je me refusai les joies des promenades en forêt de Saint-Cloud et les sorties du samedi et du dimanche dans la vallée de la Seine, toute rose de pêchers. Ce n'était pas le moment de compromettre la réussite par des escapades irréfléchies. Chaque dimanche, je m'octroyais une seule et courte promenade le long des quais. J'allais jusqu'à Javel, à Sèvres, à

Boulogne. Parfois je prenais le train jusqu'à Versailles, mais je rentrais bien vite à Montmartre, dans l'air tiède, sans prendre garde aux arbres fleuris, ni aux couples enlacés, ni aux mille spectacles de la banlieue et du faubourg.

J'hésitais à demander à mes parents une somme importante pour payer ma traversée. Aussi, je résolus tout d'abord de rechercher un engagement dans une compagnie maritime ou de postuler pour une bourse de voyage. Mais l'occasion me vint de gagner de l'argent en donnant des leçons d'anglais et d'allemand et en écrivant, pour le journal de ma province, une chronique parisienne. En outre, à la faveur de la grève des musiciens, j'eus l'occasion de gagner quelques cachets en tenant le piano, le soir, au café chantant de *La Pie saoule*. Mais cette dernière occupation me prenait des instants précieux, ceux où je travaillais avec le plus de facilité, de vingt heures à une heure du matin.

Il arriva que, rentrant de *La Pie saoule* en pleine nuit, il me fut impossible de réviser mon programme tant j'avais eu de peine à déchiffrer, dans l'atmosphère irrespirable du cabaret, des accompagnements fastidieux. Aussi, je quittai le bar de *La Pie saoule* auquel ne me liait aucun contrat, en fournissant simplement mon remplaçant, un voisin de chambre, étudiant en lettres que le jeu décavait périodiquement. Sorti de cette écœurante atmosphère de luxe perverti, j'eus davantage de loisirs à consacrer à mes leçons.

Ce passage dans un cabaret m'avait néanmoins fait faire plus ample connaissance avec un milieu fort différent du mien auquel, cependant, je ne pus jamais m'accoutumer. Ces femmes fort belles et probablement épouses et mères, qui fument et boivent de l'alcool me décevaient. Ma mère, si vertueuse, m'avait donné une autre idée de la femme et les chambres nues, les meubles en bois blanc, les étagères garnies de livres m'avaient mal préparé à ces décors, à ces toilettes, à cette débauche élégante et cynique. Saint-Pancrace me tenait sous son austère et rigide influence, et me faisait considérer tous ces clients des maisons de plaisir comme des débauchés. Une femme dansant et fumant était, à mes yeux, un être perdu, un monstre. Fumai-je ? Dansai-je, moi ?

Mes leçons d'anglais et d'allemand me lièrent en outre avec des familles du quartier du Roule et je ne tardai pas à m'apercevoir que ces maisons, d'apparence honorable et cossues, connaissaient des fissures et des déshonneurs dont le centième m'eût fait mourir de honte.

Tout cela ne faisait que m'encourager dans mon effort. Lentement, comme à Saint-Pancrace, je me sentais prendre de la hauteur. Je voulais ne m'en rendre compte qu'avec modestie et triompher sans orgueil, afin de réunir toutes les caractéristiques de la sainteté. Dans ce but, je m'efforçais d'excuser tous ces débauchés qui, sans doute, n'avaient pas eu comme moi dans leur enfance le bonheur de vivre dans l'atmosphère d'un Saint-Pancrace, cette serre de belles âmes. Et je remerciais Dieu de m'avoir permis de vivre les dix années les plus critiques de ma vie auprès de ces éducateurs dont les méthodes se révélaient maintenant parfaites, et mes doutes à ce sujet me couvrirent de confusion.

Rentrant dans ma chambre, je me réfugiais surtout dans l'évocation de la jeune fille qui, simple et pure, vertueuse et forte, m'attendait quelque part en Afrique.

Ayant, en quelques mois, réuni une somme suffisante pour couvrir les frais de ma traversée, je descendis un beau jour avenue de l'Opéra pour me renseigner des départs aux bureaux de la Compagnie transatlantique. Je descendis, l'espoir au cœur, par la rue Pigalle, la Trinité où des pigeons énormes roucoulaient, la Chaussée d'Antin, si bruyante et si animée, et enfin la place de l'Opéra où un tout nouveau soleil chantait sur les lèvres des midinettes, et les êtres me paraissaient radieux.

En me remettant un portemine réclame marqué aux initiales de la Compagnie, un employé me donna le programme des départs. Dans ce bureau luxueux, avec ces maquettes de paquebots, ces aquarelles de Marin-Marie, ces photographies des ports lointains, je retrouvai l'atmosphère de la chaumière Le Touzé. Il me sembla que, par-delà les accessoires maritimes bien astiqués de la vitrine, il arrivait ce puissant souffle du large, le même qui vous fouette le visage à la Ville Gouarais, le même qui agite les châtaigniers noirs de la Perrine.

Je descendis l'avenue de l'Opéra, l'œil déjà ébloui de la lumière entrevue, lumière glauque du grand large, jouant dans les bastingages blancs, comme un goéland éblouissant, capricieux et sauvage.

En consultant le fascicule qu'on m'avait remis, j'observai que le plus rapide et moins coûteux était de partir par Marseille pour débarquer à Oran et, de là, me rendre à Meknès par le train. Néanmoins, je passai ma soirée sur les quais, assis sur un escalier, près de l'eau, à imaginer une foule de combinaisons séduisantes, la carte en main. Les remorqueurs hurlaient en passant sous le pont de la Tournelle et le clapotis s'éveillait puis s'éteignait à chaque passage.

Ma décision fut vite prise : je partais à bord du *Del Piaz*, qui devait quitter Marseille le 8 juillet, à midi.

Il ne me restait plus qu'à subir les examens de fin d'étude et j'allais enfin connaître à la fois l'ivresse du voyage et celle de l'entrevue, si longtemps attendue.

*

A ma lettre, mes parents avaient répondu par une missive débordante d'affectueuse confiance.

Si tu juges bon de rejoindre cette jeune fille au Maroc, disait mon père, *nous ne nous reconnaissons pas le droit de t'en empêcher. Tu as toujours été sérieux et travailleur, loyal et franc, tu es seul capable de savoir ce que tu dois faire. Nous sommes certains que tu ne t'es décidé à ce voyage qu'après avoir mûrement réfléchi et nous te faisons confiance. Mais, mon cher petit, nous ne pouvons trop te recommander la prudence...*

J'abordai la période des examens avec optimisme. Dès le début, je sentis que j'avais gagné la partie et les deux dernières semaines furent consacrées davantage aux préparatifs du voyage qu'aux révisions hâtives, souvent néfastes.

L'âme sereine, j'abordai le dernier examinateur qui, se sentant en fin de séance, prit plaisir à plaisanter avec moi.

– A votre air satisfait, monsieur, me dit-il, je vois que j'ai affaire à un homme qui se sait une avance de points appréciable.

– En effet, répondis-je, j'ai atteint ma moyenne avant-hier et les points que vous me donnerez ce soir, monsieur, seront superflus !

– Je vous interrogerai néanmoins, dit-il.

Partie sur ce terrain, l'interrogation fut plutôt une conversation qu'un examen et je sortis de l'amphithéâtre vide dûment diplômé. Je me mis à chanter à tue-tête dans le couloir et le professeur eut un sourire.

C'était le 30 juin.

Paris, déjà engourdi sous les premières chaleurs, me parut odieux. Ma chambre d'étudiant était grise, morne et puante. Je pris mes valises, fermai ma porte et m'en fus remettre la clé au gérant qui, étant fort bavard, m'imposa une demi-heure de conversation.

Jean Mâle, qui restait à Paris pour faire un stage à Saint-Louis, tint à m'accompagner à la gare de Lyon. Nous trouvâmes un fiacre découvert et, par les boulevards, en chantant, nous descendîmes vers le XIIe arrondissement.

*

J'arrivai à Marseille par une chaleur torride. L'étang de Berre était brillant comme un acier et les collines de l'Estaque flamboyaient sous le soleil.

Lorsque je découvris la baie, le château d'If et le phare du Planiez, je sortis de ma poche le billet délivré à l'agence parisienne de la Compagnie transatlantique. J'y lus mon nom, le nom du bateau et le but du voyage, puis je regardai la ligne émouvante de l'horizon marin. Enfin, j'allais partir, parcourir les mers, poursuivre et atteindre le but enchanté !

Je descendis les escaliers de la gare Saint-Charles, persuadé que j'étais le point de convergence de tous les regards et que les gens chuchotaient entre eux : « Il va au Maroc... Il atteint son but... Dans quatre jours, il sera vers la jeune fille qu'il poursuit depuis quatre ans !... Il avait raison... Il avait raison... »

Je pris une chambre dans le quartier de la Joliette et je fus enivré par les appels qui me parvenaient des grands paquebots. L'animation du port contribua aussi à me tourner la tête. Je montai à Notre-Dame de la Garde, je redescendis sur le Prado, visitai le jardin zoologique, errai sur le Vieux Port, parcourus, à la nuit tombante, les rues louches qui se blottissent derrière l'hôtel de ville, partout la mer était présente par ses parfums d'épices et d'algues mortes, par ses bruits de sirènes.

*

Septembre approchait. La côte changeait de visage. Elle était plus rousse car les fougères sèches séjournaient sur le sol, marbrant la lande de larges taches roses. La mer devenait plus glauque, de couleur plus profonde et, au loin, on entendait un grondement plus sauvage. On aurait dit qu'elle se fâchait sous ces vents plus frais qui précèdent l'automne.

Retrouvant l'angoisse de mon enfance, je sentis à nouveau que, si j'échouais dans toutes mes tentatives, c'était parce que mon indignité m'alourdissait. J'avais bien remarqué cette tendance que j'avais de regarder autre chose que les yeux des filles et à me laisser envahir par ce trouble agréable que causait en moi la présence d'une de mes camarades. Certaines amies d'enfance, des filles de pêcheurs ou de cultivateurs avec qui j'avais joué innocemment aiguillaient mes pensées vers des zones de stupre et de luxure. Je m'étais laissé aller à admirer les seins de l'une d'elles, il m'en souvenait très bien, et, en laissant traîner mes regards sur ses cheveux follets, j'avais pensé au corps et à ses toisons. Tout cela ne constituait pas à proprement parler des péchés car il y manquait le consentement; je n'étais plus au temps où la simple tentation réclamait contrition. Mais le fait que je fusse plus fréquemment et plus violemment tenté prouvait que le Prince du Mal me jugeait moins bien armé dans ma forteresse et osait m'y assiéger.

J'en eus la preuve lorsque je constatai que, lentement, mon amour pour Anne se nuançait de sensualité. Un jour, je poussai l'imprudence jusqu'à dévêtir le strict fantôme que j'aimais. Alors m'était apparu un corps de femme, blanc comme l'albâtre et palpitant. Lorsque je me rendis compte de ma faute, il était trop tard. Cette image, si douce, si choquante, ne devait plus me quitter.

Un mot de Jean Mâle, le médecin, me vint à la mémoire: «obsession sexuelle», et je me courrouçai à la pensée que toutes ces rêveries et toutes ces angoisses eussent pu passer, aux yeux d'un psychiatre, pour des manies maladives provoquées par mon état de virginité.

Deux théories se livrèrent bataille en moi: d'une part celle qui présente le refoulement comme une source d'amélioration et comme moyen de sanctification, d'autre part celle qui présente la virginité comme la source de tous les dérèglements, la fontaine des lunatiques.

J'entrevis clairement que la satisfaction pure et simple de mes appétits sexuels dût mettre fin à tous ces troubles, mais je ne pouvais croire que mes chers éducateurs de Saint-Pancrace se fussent trompés à ce point, enseignassent sans faiblir la chasteté et condamnassent l'œuvre de chair en dehors du mariage à des milliers de leurs élèves sans être absolument certains de l'excellence de ces principes. Car enfin, on n'engage pas un jeune homme sur la voie de la pureté intrinsèque, de la chasteté totale. On ne l'engage pas à fuir toute sensualité, on ne jette pas un être faible dans cette lutte bouleversante, déprimante, effrayante, si l'on n'est pas expérimentalement sûr que cette voie est la seule bonne, que cette lutte est indispensable et que les sens doivent être matés coûte que coûte.

A bientôt vingt ans, je n'étais pas sans comprendre qu'une fille se fût aisément prêtée à mes volontés et m'eût arraché, d'un seul coup, cette fébrile inquiétude, cette maladive obsession, qui me donnaient cette inégalité d'humeur, ce caractère ombrageux, ces insomnies et ces « tentations ». Car il ne m'échappait pas que mes camarades, moins scrupuleux, connaissaient une insouciance, une alerte gaieté, parfois un peu crue et bouillonnante, et il ne m'apparaissait pas que leur état de luxure permanente les jetât dans les affres du remords.

Je pensais à Saint-Pancrace, à ces messieurs si sévères, si dignes, si pieux et, malgré leurs erreurs, si bons. Non, il ne se pouvait pas que cette pléiade d'intellectuels, ce groupe de savants, d'érudits, de spécialistes, plongeât d'innombrables élèves dans des combats stériles. Non, toutes les « institutions », tous les « Pères », tous les « frères », tous les confesseurs, tous les prélats ne pouvaient se tromper ensemble ni tromper leurs fidèles. Ou alors, ils construisaient leur société sur l'hypocrisie générale et l'Eglise reposait sur un mensonge essentiel.

Douter de ceux pour qui l'on a une admiration de jeunesse, voilà qui est terrible ; aussi, j'évitai une déception possible en admettant désormais, sans discussion, que les enseignements de l'Eglise étaient bons, qu'ils ne pouvaient pas être mauvais et qu'ils seront bons jusqu'à la fin des siècles.

Cette crise pouvait n'être qu'une épreuve, la plus forte, la dernière sans doute, et j'en sortirais vainqueur. Anne, d'ailleurs, dans sa beauté, dans sa pureté, valait largement tous les sacrifices, et l'héroïsme qu'il me fallait déployer pour être digne d'elle n'était rien auprès du bonheur qu'elle me donnerait en récompense.

Je l'imaginais veillant elle-même jalousement sur cette pureté si gracieuse et si parfumée de jeune fille. Sans qu'un doute pût me venir à ce sujet, je la voyais priant et travaillant en m'attendant. Il eût été malhonnête et grossier de ne lui donner, en échange de sa virginité, qu'un corps souillé, des sens émoussés, une âme pervertie ; c'était une simple question d'honnêteté et de bon sens.

Envisagée sous cet angle, la lutte, que certains de mes camarades nommaient « la bataille de Don Quichotte contre les moulins à vent », me parut ramenée à ses véritables proportions. C'était une question d'honnêteté, de propreté morale, de loyauté, d'intégrité, et non pas un cas relevant de l'hôpital psychiatrique. C'était aussi une question personnelle dans laquelle ne devaient entrer en compte que la respectueuse ferveur, la confiante fidélité que j'avais vouées, malgré la séparation, la solitude et l'ignorance, à la demoiselle jadis entrevue.

Pour me détourner de cette ligne de conduite que je m'étais tracée, l'esprit du Mal ne négligeait rien. Il importait donc de ne rien laisser au hasard pour lui tenir tête. Ainsi, chacune de mes heures fut réglée à l'avance, un programme emploi du temps fut tracé, ne laissant aucune place aux fréquentations douteuses ni aux rêveries. Sans retourner au fouet ni à la discipline, je me décidai à porter à nouveau la [*illisible*] et à m'imposer quelques privations d'ordre matériel.

Avec l'équinoxe vinrent les pluies. Je partageai donc mon temps entre la mer et le grenier. Les côtes étaient baignées d'une brume qui rendait la navigation idéale. Les voiles étaient suintantes, les gréements brillaient, tièdes et, sous le suroît de toile huilée, on évoquait immanquablement les Terre-Neuve.

Parfois, nous partions en pleine nuit, fanal en poupe, et l'on devait souffler toutes les minutes dans la conque, tant la brume était épaisse. Puis, amarrés au large de Saint-Herbot, dans le courant où la mer était plate et filante comme de l'huile, nous allumions le brasero pour nous réchauffer. Les bateaux voisins en faisaient autant et c'était alors, dans la nuit, une constellation de points brillants et mobiles. Quand le jour naissait, chassant la brume, on découvrait plusieurs centaines de cotres, voiles rouges pendantes, et les matelots, penchés par-dessus bord, jetaient patiemment l'effare.

D'autres fois, je montais au grenier où vingt générations de navigateurs avaient entassé d'innombrables objets qui transforment la plus humble maison bretonne en musée : dragons grimaçants, panoplies de poignards fantastiques, paravents de soierie, japonaiseries de pacotille achetées le plus souvent en un bazar grec à Beyrouth, tasses de Chine, ivoires, tibias d'éléphants, cuivres et argents d'Asie achetés sans discernement à quelque escale du Levant. Dans les coffres matriculés qui avaient suivi tous les Le Touzé mâles en leurs périples, je trouvais, parmi les portraits du moustachu Loti, l'idole, des uniformes de l'ancienne Marine française dont je me vêtais, par jeu.

C'est là que j'appris à aimer le voyage, la colonie, l'outremer, et c'est là que je pris la décision de choisir la carrière coloniale et de m'inscrire, dès la rentrée, à la section coloniale de l'école qui préparait aux grandes administrations de l'Empire ainsi qu'au commerce lointain et à la colonisation.

C'est surtout dans ce grenier que s'élabora l'emploi de cette dernière année d'études, au terme de laquelle je devais, brillant lauréat, retrouver enfin Anne et la demander en mariage.

Mon sens paternel venait de s'éveiller au spectacle d'un charmant ménage de « ma cousine », mariée depuis peu à un pêcheur de Binic, et surtout à la naissance d'un joli « petit cousin ». Cette vie nouvelle, issue d'une union souhaitée depuis longtemps pour les deux jeunes gens, m'émut à un point que je ne saurais dire. La vie des sens, l'appel violent du sexe prirent alors une signification à mes yeux et, devant la gravité des conséquences normales de l'amour, je sentis que se renforçait en moi la conviction que tout cela n'était pas un jeu et qu'avant de galvauder son capital vital le jeune homme devait penser à ses responsabilités paternelles.

Ces pensées, qui cadraient parfaitement avec l'enseignement reçu à Saint-Pancrace, me remplirent de joie en me donnant la conviction, tant ces joies étaient pures, que là était la Vérité. Le cœur gonflé d'une grande certitude, l'âme sereine, je repris, par les jours de pluie, le pèlerinage à la Perrine où je revis, dans le jardin abandonné, les mêmes fleurs, les mêmes graviers derrière la barrière blanche dont la peinture s'écaillait. Là, je puisais une sorte d'encouragement, de confirmation. Mon horizon s'éclairait d'une lueur douce, douce comme ces ciels translucides de molles pluies chantantes.

– Les principes dans lesquels de vieux éducateurs m'ont élevé ne peuvent pas être abandonnés ainsi. Je suis d'Eglise. Je reste d'Eglise. J'obéirai.

Erika baissa la tête.

– Je n'en attendais pas moins de toi, dit-elle.

Alors, doucement, je repris, dans le but de me faire bien comprendre :

– J'ai foi en Anne. Cela ne veut pas dire que je ne pourrais ni désirer ni aimer Erika qui est éminemment aimable et désirable dans sa générosité. Mais Anne est le but que je me suis proposé dans mon adolescence. Il s'est tissé, entre elle, absente, et moi, un écheveau sacré de liens indissolubles, consacré par une fidélité rigoureuse, une discipline de sentiments, un mirage poétique, tout ce qui concourt à la beauté du mariage chrétien. De toute façon, je n'ai pas le droit de tenir tout cela pour nul.

Erika me regarda profondément.

– Tu me plais ainsi, dit-elle. Ces mots sont bien de toi.

Puis, avec une émotion qu'elle n'essaya pas de masquer, elle dit :

– Mon petit, je te souhaite bonne chance.

Elle se leva, et jamais plus la conversation ne revint sur ce sujet.

*

Je fus amené à comparer mon adolescence à celle de mes camarades. Cette comparaison s'imposait. Les yeux ouverts sur la vie des étudiants, mes frères, je ne pouvais pas ignorer que mon aventure était exceptionnelle. Peut-être eût-elle étonné même les bons Pères qui m'avaient éduqué, mais je pensais qu'ils eussent été les premiers à me féliciter de la rigueur de mes mœurs et de la fermeté de ma volonté.

Il m'arrivait, quoique entrant dans ma vingtième année, de me représenter volontiers cette scène émouvante où, comparaissant devant ces messieurs qui avaient connaissance de ma longue constance et de ma vertueuse conduite, je recevais d'eux les éloges les plus onctueux, et j'imaginais le Préfet de discipline en personne, confondu, souriant derrière ses lunettes ; car, il faut bien l'avouer, je n'avais rien oublié de son odieuse méprise et je devais conserver très longtemps ce besoin ridicule de me justifier à ses yeux. Loin de Saint-Pancrace, l'ayant quitté depuis quatre ans, je continuais néanmoins à lui appartenir sans défaillance. On ne s'affranchit pas facilement de l'influence de ces maisons. Elles semblent parfois disparaître mais, même chez les renégats notoires, elles parviennent toujours à ressortir, à suinter et à inspirer toutes les pensées et tous les gestes. Ma fierté eût été à son comble si j'avais pu alors revenir à Saint-Pancrace et dire : « Me voilà. Ces quatre années d'adolescence n'ont eu raison ni de ma pureté ni de mes scrupules. » Et j'étais certain que les Pères, inaccoutumés à de telles réussites, m'auraient fait certaines excuses que je méritais, et mon nom serait resté dans les annales de l'école.

Cela n'était rien en vérité. Ce qui me réjouissait, c'était de penser que j'atteignais ma vingtième année. J'arrivais donc au but que je m'étais fixé sans avoir faibli. Et, en pensant à ces quatre longues années d'attente, je me sentais peu disposé à les voir se prolonger.

La dernière année scolaire commençait pour moi. Sept mois plus tard, je devais, nanti d'un diplôme, partir dans la direction, la seule que mon regard eût suivie depuis quatre ans. Cette fois, je ne me dissimulerais plus, ni dans les vergers, ni dans les arbres. J'arriverais sur la petite route, le pied ferme. La Perrine serait pleine de vie, des géraniums seraient aux fenêtres, les volets, bien repeints, seraient ouverts, la courette, reconquise, brillerait de toutes ses fleurs, une lumière aveuglante inonderait tout.

Je pouvais alors me répéter fièrement que l'éblouissement serait le même que celui qui avait brûlé mes yeux d'enfant et que jamais le feu ne s'en était voilé. Jamais : mot terrible et familier qui voisinait, en mon âme, avec toujours : mot glacial comme la cellule du moine, mot voluptueux comme le parfum unique et impérissable de l'hymen, mot sublime qui pouvait conduire à la mort aussi bien qu'au triomphe, les deux seules alternatives acceptables pour un homme bien né.

Pour moi, serait-ce le triomphe ou la mort ?

J'étais comme le joueur qui attend que s'arrête la roulette. Je me rendais compte de ma folie. Les dés étaient jetés, il était bien tard pour revenir en arrière.

Parfois, dans ma chambre d'étudiant, je sentais l'angoisse me monter à la gorge et m'étreindre ; alors je quittais ma table de travail, je m'asseyais sur mon lit et, les lettres de Le Touzé à la main, j'essayais de reconstruire le bel optimisme de mes seize ans. Puis, ayant retrouvé l'atmosphère, je refaisais le rêve de mon adolescence, je suivais le sentier de la Perrine, je rôdais par la pensée autour du Mindy.

Erika, qui venait souvent près de moi, me trouvait alors étendu sur le lit, la figure pâle, les yeux creux.

– Mon pauvre petit ! disait-elle. Te voir là, dans cet état, pendant que les gars de ton âge courent les boulevards en chantant !

Je répondais :

– Toi qui connais l'amour, dis-moi si j'ai perdu mon adolescence ?

Alors elle me regardait et, avec son doux accent rhénan, disait :

– Tu es le seul à n'avoir rien perdu. Tu es le vrai gagnant de l'amour et celle qui t'aura sera la plus riche de toutes les femmes.

– Alors, il faut tenir ?

– Bien sûr ! disait-elle.

Un jour, elle me dit :

– Si tu avais fait fausse route, ce serait la grande déception de ma vie.

Ces paroles m'encourageaient plus qu'elles ne me touchaient. De sentir cette grande ferveur près de moi me donnait de l'espoir. J'étais tant subjugué par le souvenir de la demoiselle que jamais je n'ai regardé les yeux d'Erika lorsqu'elle prononçait ces paroles.

Puis je lui racontai, pour la centième fois, les phases de l'éblouissement, les épisodes de la poursuite. Je parlais d'Anne, du pays, de mes voyages à Rennes et de mes innombrables tentations.

Elle m'écoutait en souriant calmement, comme on écoute un vieillard qui radote. Elle hochait la tête. Je prenais ce geste pour un assentiment. Le besoin de parler de la demoiselle était devenu maladif et j'étais heureux de trouver cette pieuse confidente qui guettait, sur mes lèvres, la moindre parole.

Elle me quittait alors qu'il était très tard et me disait :

– Tu vas bien dormir, ce soir. Tu as assez parlé d'elle.

Elle paraissait respecter mon rêve et faisait tout pour l'entretenir dans toute sa pureté. Pourtant, une fois seulement elle eut un sourire ironique pour me dire :

– Comment peut-on parler si abondamment d'une personne que l'on n'a vue que trois fois en tout et pour tout ?

Elle accusait ainsi la fragilité originelle de tout cet édifice construit dans les zones imaginaires pendant ces quatre années.

En effet, tout ce que je savais d'Anne aurait pu tenir en quelques lignes de vérité ; mais ce qui comblait ma mémoire, c'était cette image sublimée et toute cette littérature fiévreuse que nous échangions, Le Touzé et moi. Là-dessus venaient se greffer des paysages mêlés à merveille aux moindres faits. Cela peut sembler pauvre à quiconque mais, pour moi, quelle abondance d'images, que personne n'avait vues que moi ! Quel florilège aussi : vers innombrables, secrets qui avaient jailli de mon âme trop pleine, poèmes soigneusement colligés et conservés en des cartons fermés à clé !

Cette clé, je la portais sur moi. Je la donnerais à Anne et elle seule ouvrirait cette cassette où elle trouverait, telles les cendres de cet extraordinaire brasier, ces trois mille huit cent vingt-six vers, annotés, circonstanciés et datés, comme en vue d'une édition critique, preuve palpitante de ma longue et incorruptible fidélité.

Je conservais également certains objets : un galet de la grève de la Ville Gouarais, une fleur de bruyère, symbole du pays et de la mer, puis quelques quatrains que Jean Mâle avait gribouillés, les soirs d'inspiration, sur le marbre d'une table de café, et dédiés au « petit fiancé », des sonnets, des distiques, inspirés par mon aventure à mes camarades, des caricatures même de la main des amis peintres où j'étais représenté, le front bossué, le menton en avant, l'œil fixé sur des altos cumulus vaporeux et le bras appuyé sur un bloc de granit breton, symbole de ma fermeté. Je conservais aussi le mouchoir, couleur de safran, souvenir de mon embarquement manqué.

Cela formait un musée secret qui réunissait ces choses puériles, ridicules et fanées, mêlées d'une façon ou d'une autre à une des phases de l'attente. A défaut d'image ou de lettre d'elle, c'était tout ce qui se rapportait à elle qui était là rassemblé. Tout ce qui était palpable, s'entend, car ma plus grande richesse, c'était cette collection d'images que je devais à mon étonnante mémoire visuelle.

Erika cherchait-elle vraiment à m'encourager ou tentait-elle plutôt de se documenter sur mon « cas » ?

Admiratrice de Freud, elle se servait de son sens féminin de l'intuition pour se livrer, je le suppose, à des recherches scientifiques. Elle écoutait mes rêveries parlées, s'intéressait aux images qui me hantaient, voulait lire les poèmes dont je n'avais pu lui cacher l'existence, m'interrogeait sur mon passé et semblait s'intéresser particulièrement à la période de Saint-Pancrace. Je me sentais observé par cette fille au regard clair, aux mœurs brutales et franches. Elle eût voulu pouvoir me disséquer, sans doute, fouiller dans les moindres recoins de mon subconscient, me psychanalyser à loisir, et je crus un moment mon intimité menacée. Elle s'en aperçut et ce fut la guerre, la lutte entre le cobaye et le vivisecteur.

Je sentais pourtant bien, au cours de mes rares heures de lucidité sentimentale, que cette fille m'aimait avec tout le désintéressement et toute l'inconscience dont les filles sont capables lorsqu'elles ont passé leur vingtième année sans conserver leurs préconceptions sur le mariage. Mais elle ne pouvait s'empêcher, tout en aimant, d'observer l'être aimé avec un scrupule de savant. Mes camarades m'affirmaient qu'elle avait pour moi un culte émouvant. Jean Mâle, amicalement, m'avait même dit un jour :

– Voilà la femme désintéressée qu'il te faut pour l'initiation. Elle t'éduquera avec joie et dextérité, parce que joyeusement, et ne réclamera rien en retour. Ainsi te seront évités les maladresses, les surprises en même temps que les ennuis d'une liaison vulgaire.

Je lui répondais :

– La Loi dit-elle : « L'œuvre de chair ne désireras qu'en mariage seulement » ?

– Oui, évidemment ! répondait Mâle.

– Alors, j'observerai la Loi !

On me répétait qu'instruite de ces paroles Erika se montrait de plus en plus fervente. En un mot, ma réserve excitait en elle le désir. Jean Mâle s'amusait follement à ce jeu. Lui aussi notait les réactions, mais celles des deux sujets, en médecin.

J'ai beaucoup ri de ces douces manies de mes deux camarades et je m'amusais à mon tour à psychanalyser leurs marottes de psychanalystes.

Tout cela n'était que plaisanteries, boutades d'étudiants. La seule, la grande affaire, c'était cette attente, la rigueur de cette attente, la loyauté ignorée, donc sublime, de cette fidélité, la volonté sacrée d'un obscur étudiant et, par-dessus tout, l'issue de ce long refoulement qui devait être le triomphe de toute une conception de la vie.

N'ayant connu que des roués, il était possible qu'Erika se fût accrochée à cette expérience pour tenter de reprendre goût à la vie. Mais, aussitôt que je m'imaginais qu'elle m'analysait, je fermais mon immense et plantureux domaine secret où je me réservais de me promener seul, comme un riche châtelain qui n'a composé un parc rare bordé de hauts murs que pour s'y complaire, solitaire. Livrer si peu que ce fut de mon enchantement me paraissait trahir Anne.

Je tentai de renouer les relations épistolaires avec Le Touzé, car cet échange de lettres m'avait grandement aidé, jadis. Mais il ne répondit pas. J'étais ainsi, désormais, isolé.

J'évoquai les campagnes de Terre-Neuve, où les hommes étaient, jadis, ainsi isolés pendant six mois. Ma campagne avait duré quatre ans.

La fin de la campagne fut donc monotone ; puis, un jour, n'y tenant plus, je pris la résolution d'écrire à Anne. J'avais eu son adresse à la fin de septembre. J'étais donc certain maintenant d'être reçu définitivement à mes examens et, comme je ne voulais pas perdre une seconde, je jugeai bon de commencer, dès la fin de l'hiver, de préparer l'entrevue.

Mon cœur battit lorsque je traçai, sur un papier blanc, ce mot : *Mademoiselle.*

Après ces quatre ans d'une intimité de toutes les secondes, je ne pouvais lui dire que : *Mademoiselle !*

J'écrivis :

Il y aura quatre ans au 1er août que, sur la grève de la Ville Gouarais, j'ai fait votre connaissance. Je vous ai parlé alors d'un camarade mort. Vous m'avez répondu : « Ne le pleurez plus, il vous sera remplacé. » Depuis ce jour, vous en avez été informée, je vous ai recherchée, non pas seulement en me rendant à Rennes plusieurs fois ou en tentant de vous rejoindre même en Afrique sur un voilier espagnol, mais chaque jour, à chaque seconde, par la pensée.

J'ai eu la grande joie de vous rencontrer à Rennes, alors que vous vous rendiez au lycée, il y a deux ans. Le court colloque que nous avons eu est resté gravé dans ma mémoire. Il m'a récompensé de ma constance et m'a encouragé à continuer.

Aujourd'hui, après quatre ans de séparation qui furent, je pense, une épreuve suffisante, je prends la liberté de vous faire savoir que je n'ai pas de plus cher désir que celui de vous revoir et de vous affirmer que la pieuse admiration que je vous portais, étant enfant... etc.

Je relus cette lettre. Elle me déplut, bien entendu. Je fus tenté de mettre dans l'enveloppe une feuille sur laquelle j'écrivis simplement : *Je désire vous revoir après quatre ans d'attente.* Puis je rédigeai un long poème, pour dire à peu près la même chose, en deux cents vers.

Je me résolus à envoyer la première lettre, dans laquelle j'introduisis, en la recopiant, de telles modifications qu'elle en fut tout à fait transformée et me déplut davantage encore.

Je compris alors qu'il m'était impossible d'exprimer, par lettre, ce que je ressentais. Je pris donc le parti de le lui dire, bien franchement, dans une septième ou huitième lettre où je la priais de m'avouer, en toute sincérité, si elle avait eu la naïveté de rester, comme moi, fidèle pendant quatre ans, à un souvenir d'enfance.

Je mis cette lettre dans la boîte, un soir de mars, à neuf heures.

Et ce geste me fit un bien immense. Immédiatement, je me mis à calculer le temps minimum qu'il me faudrait attendre avant de recevoir une réponse. Je déduisis que je ne devais rien recevoir avant le lundi suivant. Pour m'en assurer, je me rendis aux bureaux de la Compagnie transatlantique, avenue de l'Opéra, où avec un horaire des traversées je refis mon calcul à loisir.

Erika fut avertie de mon initiative, ainsi que Jean Mâle. L'un et l'autre étaient plus anxieux que moi.

Un soir, je dis :

– Si elle était mariée ?

*

Nous partîmes.

La brume se levait.

Erika avait changé de toilette et courait en chantant dans le chemin des douaniers. Puis, assis sur un tertre, nous regardâmes la baie en jasant. Tout à coup, elle me dit :

– Embrasse-moi !

– Quelle mouche te pique ?

– Je voudrais que tu m'embrasses !

– Pourquoi ?

– Je voudrais recevoir un baiser d'homme vierge.

– C'est pour cela que tu es venue à la Ville Gouarais ?

– Oui. Et pour te proposer quelque chose.

Elle me regarda.

– J'ai trouvé, dit-elle, une occupation très lucrative. Je suis sortie de ma misère d'étudiante pauvre et je gagne suffisamment pour deux.

– Et alors ?

– De ton côté, tu es l'homme dont j'ai besoin près de moi.

– Pour t'embrasser ?

– Non, répondit-elle gravement, pour me rendre heureuse.

– Et tu es venue me demander en mariage ?

– Si tu veux, oui.

Je la regardai à mon tour. Elle était très calme, ses beaux yeux étaient graves. Je ne fus point étonné de cette demande de sa part. Aussi, je cessai de plaisanter.

– Tu sais bien que...

– Oui, oui, je sais, tu aimes, tu es fidèle, oui. A propos, où est-elle ?

– Au Maroc.

– L'as-tu revue ?

– Pas depuis quatre ans, en somme.

– Alors viens avec moi. Cette fille ne te connaît plus, tu ne la connais plus. En quatre ans on change tellement.

– Je n'ai pas changé.

– Mais elle ?

– J'ai confiance.

– Les filles n'ont pas la fermeté des garçons de ton genre. Tu te prépares une déception énorme, crois-moi. Viens avec moi. Tu ne mérites pas le chagrin qui t'attend.

Puis, me regardant :

– En toute sincérité, me trouves-tu désirable ?

– Oui.

– Si tu n'avais pas connu cette jeune fille, m'aimerais-tu ?

Je ne répondis rien.

– Me désirerais-tu ? Réponds-moi.

Je la regardai. Elle était étrangement belle, saine et gaie, jeune, éclatante.

– Oui, lui dis-je.

– Alors, tu me désires déjà et notre amour est possible, il est né.

– Le corps ne compte pas, seul.

– Me trouves-tu sotte ?

– J'aurais mauvaise grâce.

– Alors ?

– Mais nos races, notre éducation... nos religions.

– Des mots. Lorsque tu auras vécu, tu verras que seule la vie sensuelle du couple compte.

– Et Jean ? lui dis-je.

– Je ne l'aime plus depuis que je te connais. Il le sait bien. D'ailleurs, sa famille l'a repris. Le voilà médecin, il se mariera à une fille de médecin. C'est un esclave de sa caste, de sa profession, de son rang, de ses préjugés. A quarante ans, il prendra une maîtresse pour me donner raison. (Puis, avec chaleur :) Non, ne te livre pas à cette odieuse comédie. Commence par où ces gens la finiront et unis-toi dès aujourd'hui à une femme qui te désire et que tu désires.

– Et alors je serai assuré de ne pas prendre, à mon tour, une maîtresse, à quarante ans ?

– Je n'ai jamais eu la prétention de t'accaparer jusqu'à ta mort. Vis avec moi tant qu'il te plaira, lorsque tu sentiras une lassitude, tu me quitteras.

– C'est le désordre !

– Comme Jean Mâle, mais l'hypocrisie en moins.

Je la regardai. Elle était à peine exaltée, visiblement sincère et touchante. Je lui dis :

– C'est une bien étrange chose en vérité que cet acharnement avec lequel les femmes viennent solliciter l'amour d'un jeune homme presque laid, sans fortune, sans surface, simplement parce qu'elles savent qu'il est vierge. Tu es la troisième jeune fille qui vient me faire des propositions.

Elle me prit la main.

– Mais comprends donc. Un homme si sauvagement, si éperdument volontaire, si incroyablement loyal ne peut être qu'un homme de caractère, et sa personnalité doit être intacte, puissante. C'est un fort et nous aimons trouver la force en celui que nous aimons.

Elle se tut puis, avec une voix douce :

– Je t'aimerai bien, va !

Tout ce qui m'arrivait était étrange. Etait-ce le diable qui m'envoyait cette femme ? Il n'en fallait pas douter. Pour ne pas la renvoyer brutalement, je lui dis :

– En somme, que me proposes-tu ?

Elle releva crânement la tête et dit :

– Je te propose une union libre. J'ai de l'argent pour te permettre de terminer tes études et te lancer dans la vie.

J'eus un sourire.

– Et en retour ? lui dis-je en badinant.

– Ta présence près de moi, des enfants de toi que j'élèverai dans ton culte et que j'essayerai de modeler à ton image. Si ta fierté le réclame, je cesserai de travailler et tu subviendras seul aux besoins de notre clan. Le jour où tu seras las, tu quitteras tout, sans remords, car j'ai la possibilité de gagner largement le pain de mes enfants, tu le sais.

Sans le vouloir, je soupirai :

– Las ? Pourquoi un homme se lasserait-il près d'une femme aussi généreuse, aussi spontanée, aussi loyale que toi, Erika ?

Puis, la prenant par la main :

– Vois-tu, ma petite Erika, tu viens de me causer le plus grand étonnement de ma vie. Tes propositions, qui t'honorent plus que moi, viennent de me faire éprouver, pour la première fois, l'indulgence. On ne m'avait pas accoutumé à cela à Saint-Pancrace. J'ai longtemps méprisé l'union libre. Mes jugements, désormais, seront plus timides, plus humbles. Aujourd'hui, j'ai compris que l'union libre avait ses beautés et peut-être suis-je navré d'appartenir à ce monde formaliste qui ne connaît que le mariage en matière d'accouplement.

Elle coupa :

– Affranchis-toi.

– Je ne refuse pas de m'affranchir, en principe. Mais j'ai commencé une expérience, Erika, je m'y suis engagé à fond, je veux la poursuivre jusqu'au bout avec rigueur. J'attendrai Anne. J'arriverai vierge au mariage. Je l'épouserai selon la religion.

[*Fin du manuscrit*]

TABLE

Composé et mis en pages par DV Arts Graphiques à Chartres,
cet ouvrage a été achevé d'imprimer sur Roto-Page
par l'Imprimerie Floch à Mayenne
pour le compte des éditions Anne Carrière
104, bd Saint-Germain 75006 Paris
en mars 2002

Imprimé en France
N° d'édition : 227 – N° d'impression : 53822
Dépôt légal : mars 2002